P.-D. PONTSEVREZ

Ancien professeur de philosophie au Collège Sainte-Barbe
Professeur de morale aux Écoles supérieures municipales de Paris

NOTIONS MORALES

L'Individu — La Famille — L'État — L'Humanité

CLASSES DE QUATRIÈME ET DE TROISIÈME

Conformes aux programmes de 1902

POUR L'ENSEIGNEMENT SECONDAIRE

PARIS

LIBRAIRIE HACHETTE ET Cie

79, BOULEVARD SAINT-GERMAIN, 79

1903

NOTIONS MORALES

878-02. — Coulommiers. Imp. PAUL BRODARD. — 12-02.

P.-D. PONTSEVREZ

Ancien professeur de philosophie au Collège Sainte-Barbe
Professeur de morale aux Écoles supérieures municipales de Paris

NOTIONS MORALES

L'Individu — La Famille — L'État — L'Humanité

CLASSES DE QUATRIÈME ET DE TROISIÈME

Conformes aux programmes de 1902

POUR L'ENSEIGNEMENT SECONDAIRE

PARIS

LIBRAIRIE HACHETTE ET Cⁱᵉ

79, BOULEVARD SAINT-GERMAIN, 79

1903

PROGRAMMES DE MORALE

PREMIER CYCLE

Divisions A et B.

CLASSE DE QUATRIÈME.

La Sincérité. — La franchise et l'esprit de ruse. La véracité et le mensonge. Être et paraître. Hypocrisie.

Le Courage. — Le brave et le lâche. Énergie et mollesse. Persévérance et Caprice. Courage contre la souffrance, contre le plaisir. Courage de résister à l'opinion par respect pour sa conscience; courage de reconnaître ses torts, de s'accuser. La faiblesse morale.

La Délicatesse morale. — Le dégoût des plaisirs grossiers.

La Probité. — Le vol, la fraude et les passe-droits. Le respect des engagements, la probité de l'écolier.

La Bonté. — L'affection pour les parents, pour les frères. La bonne camaraderie. L'amitié. La politesse. La pitié et la cruauté. La générosité. La bonté envers les animaux.

L'Éducation de soi-même. — Le sentiment de la dignité morale distingué du point d'honneur. Le gouvernement de soi-même. L'autorité intérieure de la conscience et le respect de la règle. L'homme de devoir.

CLASSE DE TROISIÈME.

La Solidarité. — Action et réaction des individus les uns sur les autres. Ce que l'individu reçoit de la société; répercussion de ses actes dans le milieu social. Les devoirs qui résultent de la solidarité. Obligations créées par l'instruction que l'on a reçue.

Justice et Fraternité sociale. — Les droits de l'individu. La liberté de penser, la tolérance. L'assistance.

La Famille. — Rôle social et moral de la famille.

La Profession. — L'obligation morale et sociale du travail.

NOTIONS MORALES

PREMIÈRE PARTIE

LA MORALITÉ

CHAPITRE I

LE PRINCIPE DE LA MORALITÉ

SOMMAIRE. — 1. Définition. — 2. Rapport de la moralité et du bonheur. — 3. Se connaître soi-même. — 4. Fondements de la morale. — 5. Les facultés humaines. — 6. Les fondements de la morale. — 7. Division de la morale pratique.

1. Définition. — La *moralité* est l'aptitude à produire des actes bons ou mauvais selon l'*intention* qui les dirige.

Les êtres vivants sont capables ou incapables de moralité, selon qu'ils sont ou ne sont pas en état : 1° de comprendre la cause et le but de ce qu'ils font ; 2° d'accomplir, ou de n'accomplir point, à leur volonté, l'acte conçu ou proposé.

L'être moral est donc celui qui tout à la fois est *intelligent* et *libre*.

L'homme est, dans la nature, le seul être moral. Sa moralité monte ou descend à mesure que son intelligence et son éducation d'une part, sa liberté d'autre part, se développent ou se restreignent.

2. Rapport de la moralité et du bonheur. — Tout homme aspire naturellement au *bonheur*, et par ce mot représente la satisfaction complète de ses tendances ; or ces tendances sont diverses et parfois contradictoires; il est en effet dans l'homme une double nature : *animal* par son corps et soumis à toutes les lois de la vie physique, l'homme par son âme est *raisonnable*, c'est-à-dire capable de concevoir des lois supérieures à celles de la vie physique.

Pour atteindre le bonheur, il faut que l'homme fasse l'accord entre la nature animale et la nature raisonnable, et l'accord n'est réel que par la subordination de la première à la seconde, de l'inférieure à la supérieure. D'où nécessité pour lui de connaître suffisamment l'une et l'autre. Quand il méconnaît ou enfreint les lois de la nature physique, il tombe dans la maladie, dans la mort; ignore-t-il ou méprise-t-il les lois de la nature rationnelle, la loi morale, il gâte son âme, et s'avilit dans la faute, dans le crime.

3. Se connaître soi-même. — *Connais-toi toi-même*[1], l'antique précepte inscrit au fronton du temple de Delphes, c'est vraiment la condition première de la moralité et du bonheur. La *vertu* donne le bonheur[2], puisqu'elle est la pratique régulière et constante des règles qui mettent en harmonie toutes les forces de la double nature de l'homme soit dans sa conduite envers lui-même soit dans sa conduite envers les autres.

La *science*[3] qui enseigne l'emploi légitime de ces forces est la morale.

4. Les fondements de la morale. — Les fondements de la morale se trouvent dans l'homme lui-même, dans ses facultés, dans sa raison. Toute chose, tout être a en effet sa *fin* en soi-même, c'est-à-dire que le but qui lui convient, bien loin d'être arbitraire et changeant, se définit par les qualités essentielles de la chose ou de l'être.

Les facultés mentales de l'homme, considérées, non pas dans leurs degrés, mais dans leur principe, font discerner sa fin et sont la base du règlement qui en rend possible la réalisation.

---

1. Voir dans nos *Problèmes de morale*, I, 3, Comparaison de l'homme et de l'animal.

2. Voir *Ibid.*, II, 2, La Vertu et le Bonheur.

3. Voir *Ibid.*, I, 1, La Science morale, et, 3, Utilité de la Science morale.

5. Les facultés humaines. — Ces facultés générales sont : 1° l'*intelligence*, par laquelle il forme et associe des idées ; 2° la *sensibilité*, qui le rend propre à ressentir le plaisir et la douleur, soit à cause des modifications de son corps soit à cause des modifications de son âme ; 3° l'*activité* ou puissance de prendre des résolutions et d'accomplir des actes.

L'intelligence apparaît à un faible degré chez les animaux, mais ses formes supérieures, le jugement, le raisonnement, la raison ou conception des vérités universelles, absolues, sont l'apanage de l'homme : cette intelligence *rationnelle*, consciente d'elle-même et de ses progrès, est la condition première de la moralité.

« L'homme, dit Pascal, n'est qu'un roseau, le plus faible de la nature, mais c'est un roseau pensant. Il ne faut pas que l'univers entier s'arme pour l'écraser. Une vapeur, une goutte d'eau suffit pour le tuer. Mais quand l'univers l'écraserait, l'homme serait encore plus noble que ce qui le tue, parce qu'il sait qu'il meurt, et l'avantage que l'univers a sur lui, l'univers n'en sait rien.

« Toute notre dignité consiste donc en la pensée. C'est de là qu'il faut nous relever, et non de l'espace et de la durée que nous ne saurions remplir. Travaillons donc à bien penser : voilà le premier principe de la morale. »

La sensibilité est ou physique ou spirituelle : de ces deux formes, la première est commune à l'homme et à l'animal ; la seconde est exclusivement humaine ; c'est donc elle qui prendra un caractère moral.

L'activité se manifeste sous diverses formes : l'*instinct*, l'*habitude*, la *volonté*.

L'*instinct* est une impulsion naturelle, aveugle, qui fait agir l'animal, conformément à l'intérêt de la conservation provisoire de l'individu et de la conservation continue de l'espèce, mais sans discernement de la cause ni du but ; l'homme est doué d'instinct, mais en cela il n'est qu'animal.

L'*habitude* est un mode acquis de l'activité, elle est la répétition fréquente, involontaire, d'un acte qui dans l'homme fut à l'origine soit instinctif, soit volontaire, et dans l'animal soit instinctif, soit imposé. La moralité de l'habitude dans l'homme dépend de son origine, du caractère volontaire ou involontaire de l'acte initial; elle sera bonne ou mauvaise, et pourra devenir une vertu ou un vice selon la qualité morale de l'action.

La *volonté*, forme supérieure de l'activité, est le pouvoir de choisir librement l'acte et le motif; elle consiste essentiellement dans la résolution : c'est elle qui, guidée dans la délibération par l'intelligence, crée l'intention. D'où l'on dit que *dans l'ordre moral l'intention est réputée pour le fait.*

Ces facultés dans leurs formes supérieures sont l'homme lui-même, elles marquent chacun de nous, pour ainsi dire, du sceau d'*humanité*. Elles ont par cela même une *dignité*.

6. **Les fondements de la morale.** — *a.* LE RESPECT DE LA DIGNITÉ DES FACULTÉS HUMAINES EST LE PREMIER FONDEMENT DE LA MORALE. — L'homme doit le pratiquer envers lui-même et envers chacun de ses semblables. Sa supériorité sur l'animal est proportionnelle à ce respect.

b. LE SECOND FONDEMENT DE LA MORALE EST L'IDÉE DU BIEN. — La raison commune à tous les hommes conçoit nécessairement l'idée que par elles-mêmes certaines actions sont bonnes, et les actions contraires, mauvaises, que la loi naturelle de l'homme est d'accomplir les bonnes actions, de s'interdire les mauvaises. Mais l'être humain n'est capable de discerner pratiquement le bien et le mal qu'après un exercice de sa raison : le rôle et le but de l'éducation est de régler et de perfectionner cet exercice.

L'idée du Bien est intimement associée aux idées du Vrai et du Beau. C'est pourquoi l'on dit presque indifféremment une *belle* ou une *bonne* action, et aussi que bien agir c'est être dans le vrai, mal agir se tromper.

La diversité des jugements ne prouve pas contre le principe rationnel du bien. — L'idée du bien est *universelle*, tous les hommes la conçoivent; elle est *nécessaire*; il n'est pas possible qu'elle ne soit pas conçue par eux, elle s'impose à l'esprit. Mais l'application de cette idée aux actes pour les qualifier peut varier suivant le temps, le lieu, les mœurs. Une action n'est pas nécessairement, partout et toujours, jugée bonne ou mauvaise. Mais il faut bien le remarquer : ce jugement ne dépend que de l'usage fait par les hommes de leur faculté de juger; et c'est toujours au nom du principe du bien qu'ils approuvent ou condamnent la même action différemment interprétée.

c. Le principe de la responsabilité personnelle est le troisième fondement de la morale. Il est complexe et suppose l'intelligence et la liberté.

L'homme étant par sa nature capable de connaître sa fin, ne peut justement, s'il s'en éloigne, invoquer l'ignorance comme excuse : ignorer sa fin et les moyens de la réaliser est une première faute. S'en détourner, quand on la connaît, en est une autre et plus grave. De l'une et de l'autre l'homme est *responsable*, c'est-à-dire qu'il encourt des châtiments, dont le premier et le plus terrible est la perte de sa dignité d'homme.

7. Division de la morale pratique. — De ce qui précède il ressort deux idées capitales : l'une que nous *devons* agir suivant une loi morale à l'égard de nous-mêmes et à l'égard des autres; cette idée établit la division de la morale pratique en deux parties bien nettes : *morale individuelle et morale sociale.*

L'autre idée, c'est que nos facultés spirituelles intelligence, sensibilité, volonté, étant la base de la dignité humaine, elles marquent aisément la division de l'éducation morale de la personne.

CHAPITRE II

RESPONSABILITÉ MORALE

Sommaire. — 1. Définition. — 2. Le fait et l'intention. — 3. Conditions de la responsabilité : intelligence et liberté. — 4. Variabilité de la responsabilité morale. — 5. Responsabilité directe ou indirecte. — 6. La conscience morale : faits de conscience dans lesquels est impliquée la notion de responsabilité.

1. Définition. — La responsabilité est le caractère d'un être qui doit *rendre compte de ses actions et en recevoir* *le prix*, une récompense si l'action est bonne et méritoire, une punition si elle est mauvaise et dégradante. Mais n'est-on responsable que de l'action? Toute action ne suppose-t-elle pas une intention? Chez les êtres intelligents, oui; par conséquent il y a une double responsabilité, pour le fait et pour l'intention dont il a été la suite.

2. Le fait et l'intention. — La responsabilité morale est celle qui résulte de l'intention. Nous voyons ainsi qu'un même fait prend, selon l'intention qui le précède et l'accompagne, des caractères différents. Qu'un malfaiteur embusqué dans un bois tue pour se venger un gendarme qui autrefois l'arrêta et le conduisit devant le juge, — et qu'un chasseur, par erreur ou maladresse, tue un garde-chasse, il y a bien deux faits analogues, deux hommes tués. Mais les meurtriers ont agi avec des intentions bien distinctes. L'un est un assassin, responsable moralement, qui mérite un châtiment; l'autre un homicide, mais non pas un criminel; moralement il n'est ni responsable ni coupable.

Toutefois n'est-il tenu à aucune réparation? Si, mais à une réparation matérielle, car on ne lui impute qu'une faute matérielle. Il a causé un préjudice, un tort grave à la famille du défunt : il doit autant que possible réparer ce malheur. Il sera légitimement condamné à payer des dommages-intérêts. Dans tous les cas de même nature et de moindre gravité, on est tenu de réparer le dégât : une blessure, un coup donné, et pareillement la destruction de la propriété, l'atteinte portée à la réputation, donnent lieu à une revendication de la part de celui qui en a souffert; l'auteur du dommage ne peut s'y soustraire : c'est ce qu'on appelle la *responsabilité civile*.

3. Conditions de la responsabilité : intelligence et liberté. — Tout acte, par cela seul qu'il est commis, n'engage pas la responsabilité de son auteur : il faut considérer si cet auteur était dans la possibilité de comprendre ce qu'il a fait et dans la possibilité de s'abstenir.

Comprendre ce qu'on fait, cela ne veut pas seulement dire s'en apercevoir : il est trop évident que l'acte inconscient[1],

1. Voir dans nos *Problèmes de Morale*, I, 4, L'Inconscience.

l'acte qu'on accomplit sans même savoir qu'on agit, comme dans le rêve, dans le délire ou le somnambulisme, ne constitue aucune responsabilité. Comprendre ce qu'on fait, cela signifie apprécier la qualité bonne ou mauvaise, utile ou nuisible, juste ou injuste de l'action. Cette appréciation exige un certain degré ou développement d'intelligence et d'éducation.

Avoir la possibilité d'agir ou de s'abstenir, c'est être libre. Il est contre toute idée de justice de faire peser une responsabilité sur un être soumis à des lois fatales, auxquelles il lui est impossible de se soustraire. Pas plus que nous ne rendons l'océan et le vent responsables des tempêtes et des naufrages, nous ne rendons un animal responsable de ses instincts. L'homme lui-même, selon qu'il aura plus ou moins été maître de sa volonté, nous paraîtra plus ou moins responsable. Si même sa liberté a été suspendue tout à fait, soit par une cause naturelle comme la folie, soit par une violence subie de la part d'un plus fort que lui, nous le déclarons irresponsable.

4. Variabilité de la responsabilité morale. — Il suit de ces deux conditions nécessaires, intelligence et liberté, que la responsabilité est variable selon les individus, et dans le même individu selon les moments et les circonstances. La liberté en effet est en rapport direct avec l'intelligence. La volonté, pour être libre, doit être éclairée et guidée dans le choix des motifs par l'intelligence. Celle-ci croît et décroît selon l'application, l'étude et l'expérience, la santé et la maladie, la force et la fatigue. Elle est plus ou moins entravée et troublée par les passions et les instincts.

De là vient que nous admettons différentes mesures de responsabilité selon que nous jugeons un enfant, un homme mûr ou un vieillard, un homme instruit ou un rustre sans éducation, un homme sain d'esprit et en pleine possession de ses moyens intellectuels ou bien un halluciné ou un maniaque.

5. Responsabilité directe ou indirecte. — Lorsque l'agent connaît clairement la nature de son acte, la cause et le but pour lesquels il l'accomplit, lorsqu'en un mot c'est de lui-même qu'est issue sa résolution, sa responsabilité est directe et entière; seul il encourt le châtiment, seul aussi il a droit à la récompense.

Mais s'il n'a produit l'acte que sous l'influence d'excitations, de conseils ou même par l'ordre de ceux qui peuvent exercer sur lui de l'autorité ou de l'ascendant, comme les parents, les maîtres, les patrons, la responsabilité se fractionne pour ainsi dire; elle remonte aux auteurs des conseils ou des ordres donnés. L'auteur de l'acte ne porte plus qu'indirectement la responsabilité.

Dans l'ordre civil aussi bien que dans l'ordre moral, cette distinction a dû être établie. Ainsi les parents sont responsables des fautes ou délits commis et des dégâts causés par leurs enfants, les patrons et les maîtres sont responsables des accidents que peuvent occasionner dans leur service leurs ouvriers ou leurs serviteurs. Mais ils n'assument, bien entendu, que la responsabilité civile pour la réparation du dommage, mais nullement la responsabilité morale : chacun porte le poids de ses intentions.

Il résulte d'ailleurs de cette condition une obligation particulière pour les enfants et pour les serviteurs : c'est de se surveiller eux-mêmes et d'éviter les occasions de causer un dommage, puisqu'ils n'en supportent pas eux-mêmes les conséquences.

6. La conscience morale : faits de conscience dans lesquels est impliquée la notion de responsabilité. — Il existe dans l'homme une faculté spéciale qui lui permet de se juger lui-même, d'apprécier la valeur de ses intentions eu égard au principe du bien, et d'éprouver du plaisir et de la peine à la suite de ce jugement : c'est la *conscience morale.*

Son rôle ne se borne pas à l'appréciation de nos actions propres. Elle étend sa juridiction jusqu'aux actes d'autrui. Chacun la possède, et chez tous elle présente les mêmes caractères généraux [1]. Elle est en effet de l'essence de

---

1. Voir dans nos *Problèmes de Morale*, I, 6, Degrés de la conscience morale.

l'homme. Elle se rattache à la fois à la raison et à la sensibilité, qui sont des facultés humaines.

On peut la définir *la raison jugeant les actes dans leur rapport avec la loi du bien, et la sensibilité jouissant de la conformité ou souffrant de la non-conformité des actes à la loi du bien.*

Comment se manifeste la conscience morale? Par des phénomènes faciles à reconnaître : le remords ou la satisfaction de soi, l'estime ou le mépris de soi; la sympathie ou l'antipathie, le blâme ou l'admiration, l'estime ou le mépris pour autrui.

De ces phénomènes, les uns sont des *jugements*, c'est par là que la conscience se rattache à la raison : ils ont pour objet ou nos propres actes (estime ou mépris de soi), ou les actes d'autrui (blâme ou admiration, estime ou mépris pour autrui); les autres sont des *sentiments* (remords ou satisfaction, antipathie ou sympathie).

Ces sentiments sont excités en nous par ces jugements; sinon quelle raison aurions-nous de nous affliger ou de nous réjouir, de sympathiser avec nos semblables ou de les repousser ?

Mais pourquoi portons-nous ces jugements? D'où vient que je me déclare coupable et que je me déteste moi-même après un mensonge, après une fraude, etc.? Si je suis convaincu d'avoir agi malgré ma volonté, je ne prononce pas contre moi une telle sentence; je ne ressens aucun remords. Si l'homme dont l'action m'a révolté me prouve qu'il a été le jouet d'un ensemble de causes indépendantes de lui, je réforme mon jugement sur sa valeur morale.

Je reviens de mon antipathie pour sa personne. L'action en elle-même n'a pas changé de qualité. Mais qu'est-ce donc qui a modifié mes dispositions de conscience? C'est l'idée que celui qui a produit l'acte est ou n'est pas responsable.

De là cette différence importante dans la façon de juger ce chasseur et ce malfaiteur dont nous avons parlé plus haut. Avant toute réflexion et antérieurement à toute théorie morale, les faits primitifs et spontanés de la conscience morale nous révèlent la notion de responsabilité.

CHAPITRE III

LES MOTIFS DE LA CONDUITE

SOMMAIRE. — 1. Définition et distinction des motifs. — 2. Leur valeur relative. — 3. Relation variable des motifs et des actions volontaires. — 4. Caractères nécessaires de la loi morale. — 5. Distinction du Bien, de l'Agréable et de l'Utile. — 6. Le devoir. — 7. La vertu. — 8. Division des devoirs.

1. Définition et distinction des motifs. — Le propre d'un être intelligent est de n'agir pas sans savoir pourquoi. Toute fois que l'homme accomplit un acte, soit spontané, soit suggéré ou commandé, sans en comprendre la cause, sans en prévoir l'effet, il ressemble à une machine, son action ne revêt pas un caractère moral.

Le *motif* c'est l'idée ou le sentiment reconnu par l'agent comme source de sa résolution.

On peut ramener à trois principaux les motifs de nos actions : 1° le plaisir ou la passion ; 2° l'intérêt ou recherche de l'utile ; 3° le devoir ou commandement de la raison prescrivant le bien par cela seul qu'il est le bien.

Ces *motifs* souvent se contredisent et se heurtent ; souvent aussi l'homme éclairé peut, sans affaiblir sa moralité, les concilier.

Mais ils sont loin d'avoir tous les trois la même valeur morale ni le même avantage pratique.

2. Les motifs de la conduite. — Un philosophe français du XIX° siècle, M. Jouffroy, comparant ces motifs, en marque excellemment la relation.

« Il y a un accord profond entre la conduite prescrite par la loi du devoir ou par l'idée du bien en soi, et la conduite conseillée par l'intérêt bien entendu ou l'idée de notre bien. Et comme l'intérêt bien entendu coïncide avec la satisfaction des tendances instinctives de notre nature, il s'ensuit que ces trois motifs s'impliquent mutuellement, et qu'au fond, malgré les luttes qui se produisent à la surface, au fond, dis-je, il y a entre eux un profond accord.

« Mais, pour s'accorder, ces trois motifs n'en sont pas

moins parfaitement distincts et il n'est pas égal d'obéir à l'un ou à l'autre.

« Si vous cédez aux passions, vous vous ravalez au rang des bêtes, car c'est précisément là le mode de leurs déterminations.

« La nature des animaux, comme la nôtre, les pousse à leur fin ; ils ont comme nous des facultés pour y aller ; mais jamais aucun motif ne s'interpose chez eux entre l'impulsion mécanique de leurs besoins et les facultés dont ils sont pourvus pour les satisfaire. Quand donc l'homme cède à la passion, sa détermination est purement animale ; tant qu'il n'agit que de cette manière, sa vie est celle des bêtes.

« Le jour où l'homme s'élève à l'intérêt bien entendu, il devient un être raisonnable, il calcule sa conduite, il est maître de ses facultés, il les soumet au plan qu'il s'est formé, il est déjà homme, mais il n'est pas encore homme moral ; et il ne le devient que le jour où il délaisse l'idée de son bien à lui, pour n'obéir qu'à l'idée du bien en soi ; ce jour-là, il devient moral, car il obéit à une loi ; ce jour-là, il s'élève autant au-dessus de l'être égoïste qu'il est élevé lui-même au-dessus de l'animal ; en un mot, le phénomène moral est produit, et avec lui tout ce qui fait la grandeur et la gloire de notre nature. »

3. **Relation variable des motifs et des actions volontaires.** — Le même motif peut d'ailleurs mener à des actions différentes ; et la même action peut procéder de motifs très distincts : par exemple, d'une part le même désir de servir ma patrie peut me faire préférer l'état militaire, ou un emploi civil, une fonction publique, ou la vie privée, consacrée à une profession libérale, au commerce, à l'industrie ; — d'autre part l'empressement à sauver un homme en danger peut provenir soit de l'idée désintéressée du devoir, soit d'une affection personnelle (la personne à sauver est un parent ou un ami), soit d'un mouvement d'amour-propre ou de vanité : on veut se faire admirer, soit même d'un calcul d'intérêt : on espère une récompense.

4. **Caractères nécessaires de la loi morale.** — Tous les hommes sans exception ont un droit naturellement égal

à obtenir le bonheur par la réalisation de leur *fin*. La loi qui régit leur conduite de façon qu'ils atteignent cette fin ne saurait donc être un *privilège*; et pour n'être pas un privilège, elle doit s'imposer de même à tous, être intelligible à tous, dans tous les temps, dans toutes les conditions; si l'on propose comme loi morale un principe tel que pour le comprendre une intelligence supérieure et une instruction spéciale soient nécessaires, que pour la pratiquer l'agent doive être pourvu de moyens particuliers, ou que l'un ou l'autre parmi les hommes puisse impunément s'en affranchir, assurément ce principe n'est pas la loi morale.

Universelle, constante, évidente, nécessaire, obligatoire, c'est-à-dire munie d'une *sanction*, récompense ou châtiment, telle doit être, telle est la véritable loi morale; sinon il ne serait pas possible qu'il existât une commune mesure de la valeur des actes; nous serions incapables d'apprécier et notre conduite et celle de nos semblables n'importe en quel temps, n'importe en quel lieu.

5. Distinction du Bien de l'Agréable et de l'Utile. — *a.* Le bien existe par soi. — Le bien est une loi naturelle; le propre de la loi naturelle est d'être *constante* et *identique*. Le bien ne peut donc pas dépendre de nos goûts et de nos besoins, qui sont passagers et variables. Il est naturel que nous ayons des goûts et des besoins, mais non pas tels goûts ou tels besoins que nous pouvons nous créer par caprice ou inattention. Il est des choses qui par elles-mêmes sont bonnes, d'autres qui sont mauvaises, quel que soit le temps, le lieu ou l'individu en qui elles se trouvent. Le bien est ce qui est bon par soi et en soi; et c'est en comparaison de ce bien que les autres choses sont dites bonnes ou mauvaises, meilleures ou pires.

Par exemple : causer la mort d'un homme est chose mauvaise en soi, parce que la loi naturelle est que tout homme achève sa carrière d'après les conditions mêmes de sa vie, et non par l'intervention d'un autre.

Mais on peut causer la mort d'un homme soit par accident imprévu, soit par préméditation de vengeance ou de vol, soit par légitime défense, soit enfin par motif de justice et pour punition d'un crime. Autant de circonstances qui modifient le degré d'éloignement du bien.

6. LE BIEN EST DISTINCT DE L'AGRÉABLE, MAIS LE BIEN ET LE BONHEUR SONT IDENTIQUES. — L'agréable est tout ce qui flatte la sensibilité et devient un plaisir.

Chacun reconnaît en soi une tendance innée au plaisir, personne ne recherche la douleur. L'agréable serait-il donc le bien?

Dès lors la conduite de notre vie semblerait bien simple : Tout ce qui cause un plaisir sera *bon*, tout ce qui provoque une douleur sera *mauvais*.

Mais le plaisir engendre parfois la douleur; comment le bien engendrerait-il le mal?

Question de quantité, dira-t-on. Ce n'est pas le plaisir qui a engendré la douleur, c'est l'excès du plaisir. Il suffira de se modérer.

Dans quelle proportion?

Pas de règle. La quantité de plaisir qu'il est possible de se procurer sans qu'il existe une douleur varie de jour en jour et d'homme à homme.

Et tous les plaisirs ne sont pas de même ordre ni de même valeur; le plaisir et la douleur sont plus ou moins estimables selon qu'ils affectent la partie élevée ou la partie basse de l'homme, l'âme ou le corps?

Ainsi, au point de vue du bien naturel, le plaisir n'est pas le bien; car, par exemple, il est agréable de plonger dans l'eau fraîche le corps en sueur; et il en résulte une maladie.

Il est pénible de s'astreindre à un travail fatigant ; mais le résultat, c'est le développement des forces musculaires et des facultés intellectuelles et du talent, et aussi l'acquisition du bien-être.

Au point de vue du bien moral, il est agréable, par exemple, d'exercer une vengeance ; mais nous en éprouvons ensuite du regret, même du remords. Il est dur parfois de renoncer à la fortune, au pouvoir, que nous aurions acquis par une bassesse, ou par un vol, ou par un mensonge, ou par quelque violence. Mais notre conscience ressent une satisfaction plus profonde, plus durable et plus pure.

Donc le plaisir est différent selon les personnes, et variable dans chaque personne selon l'âge, le sexe, l'éducation, les circonstances les plus diverses.

Que suit-il de là? 1° que tout plaisir n'est pas un bien, ni toute douleur un mal; 2° que le bien est naturellement accompagné de plaisir. Le plus grand bien est accompagné du plus grand plaisir. *Le bien et le bonheur sont identiques.*

c. LE BIEN EST DISTINCT DE L'UTILE.

Est-il utile de posséder la richesse? Sans doute.

Est-il utile d'être doué d'une bonne santé et de membres vigoureux? Assurément oui.

Est-il mal d'être riche et bien portant? Non.
Alors l'utile et le bien sont une même chose? Non.

L'utile n'est bien que *conditionnellement*, le bien l'est *asbolument*.

Il ne sera pas bon, par exemple, d'être riche au moyen d'une fraude.

Et cependant cela ne cessera pas d'être utile.

L'utile, — son nom l'indique, — veut dire ce qui sert à quelque chose; il est un moyen. Et c'est un but que nous cherchons pour l'activité humaine.

L'utile est chose relative. Il est utile d'être l'ami d'un homme au pouvoir; quand il tombe, cette amitié devient un danger. L'histoire nous le prouve trop souvent.

L'utile comme l'agréable se transforme et se déplace selon l'âge, le sexe, les circonstances multiples de la vie.

L'utile n'est donc pas un *principe*.

Les partisans de l'utilité eux-mêmes repoussent l'idée unique du plaisir comme fondement de la morale et veulent un choix parmi les plaisirs.

Mais qu'est-ce qui réglera ce choix? Ce ne peut être l'utilité, qui n'est ni plus stable ni plus claire que le plaisir.

Il sera toujours utile de bien agir; de l'action conforme au bien il ne peut sortir pour la personne morale aucune souffrance réelle, aucun préjudice véritable.

L'erreur est de renverser la proposition.

d. **Bien absolu et bien moral.**

Le bien absolu, c'est ce qui en soi et par soi est bon, conforme à la nature, avantageux : faire fortune est un bien absolu, car il est assurément conforme à la nature de posséder des richesses qui nous aident à vivre et protègent notre indépendance.

Le mal absolu, par contre, est tout ce qui en soi et par soi contredit la nature et nous fait souffrir : perdre quelqu'un qu'on aime est un mal absolu, parce qu'on en est malheureux; être obligé de se faire couper un bras ou une jambe à cause de la gangrène est un mal absolu.

Le bien moral est ce qui est bon selon la loi morale, ce qui constitue une valeur morale à l'individu.

Tandis que les richesses ne donnent aucune valeur morale par elles-mêmes à celui qui les possède, l'aumône et le travail lui en apporteront une proportionnelle à sa privation et à son effort, et il acquerra ainsi le bien moral.

Le mal moral résulte de la contravention à la loi du bien moral : tel le mensonge, la fraude, la dureté de cœur.

Le bien absolu et le mal absolu résident dans l'acte luimême, dans le *matériel de l'acte,* comme on disait au xvii⁰ siècle.

Le bien moral et le mal moral résident dans l'*intention,* de sorte qu'il peut y avoir désaccord entre ces deux ordres de bien et de mal. Tel qui fait l'aumône par ostentation et se sert de la charité étalée au grand jour comme d'un moyen favorable à son ambition produit le bien absolu, parce qu'il est utile aux pauvres de leur donner un secours; mais il ne s'acquiert aucun mérite moral, parce qu'il n'a pas en vue la moralité intérieure ni le bien propre d'autrui. Et pour revenir à notre exemple plus haut cité, l'homicide par imprudence demeure un mal absolu sans que le mal moral puisse être imputé à l'imprudent: son intention n'est pas d'accord avec son acte.

L'idéal le plus élevé de la moralité est de n'accomplir jamais que le bien absolu avec l'intention fixe de réaliser le bien moral.

6. Le devoir. — *a.* DÉFINITION. — *Le devoir, c'est le bien prescrit par la raison;* on l'appelle aussi l'*honnête* ou le *juste.* Le mot devoir marque le caractère de cette prescription : c'est une dette, contractée envers qui? Envers nous-même et envers l'humanité tout entière. C'est en l'acquittant que nous acquérons le titre d'homme.

b. CARACTÈRE DU DEVOIR. OBLIGATION, UNIVERSALITÉ, NÉCESSITÉ, ÉVIDENCE, IDENDITÉ, DÉSINTÉRESSEMENT. — Pouvons-nous être dispensés d'acquitter cette dette; autrement dit, nous est-il loisible de négliger la règle du devoir? Le caractère premier avec lequel il se présente nous empêche de le croire : c'est le caractère *impératif.* Avant même que nous ayons discerné les formes du devoir, nous avons aperçu l'obligation de lui obéir : « Fais le bien, ne fais pas le mal », dit d'abord la conscience. Ce qui peut se traduire plus complètement : « Mets-toi en mesure de distinguer les actions bonnes des mauvaises, exécute les premières, abstiens-toi des autres ».

Le devoir est donc une obligation : il lie en quelque sorte notre personne; lien moral et obligation idéale, c'est clair; il ne s'agit pas ici d'une contrainte supprimant la liberté, car du même coup disparaîtrait le caractère moral, le mérite de l'obéissance à la règle : l'obligation est reconnue par l'intelligence et consentie par la volonté; par suite, si nous la rejetons, se manifeste en nous le sentiment de notre faute, de notre injustice : notre conscience nous avertit de notre déchéance.

En cela, le devoir est bien distinct de l'intérêt qui conseille et du plaisir qui attire. Se méprendre sur son véritable intérêt, manquer un plaisir, ce peut être l'occasion d'un regret, ce n'est jamais la source d'un remords ni d'un repentir.

Les autres caractères du devoir apparaissent clairement dès qu'on remonte à son origine : il est l'ordre de la raison. Il recevra d'elle ses caractères :

1° *La raison est universelle,* le devoir l'est aussi : la même obligation s'impose à l'Américain et à l'Européen. Attenter à la vie, à la réputation ou à la propriété de ses semblables est un crime en tous lieux; la bonne foi doit être observée de nos jours comme aux premiers temps de l'humanité, envers nos ennemis comme envers nos concitoyens et nos amis.

2° *La raison est nécessaire*, le devoir portera le caractère de nécessité. Nous ne concevons pas le monde moral sans le principe de l'obligation. Si nulle règle ne fixe nos rapports, si le caprice ou la passion devient un motif légitime que rien ne contient, nous sommes hors de l'harmonie ; l'humanité n'est plus qu'un chaos : — non, il ne se peut pas qu'un acte ne soit pas meilleur qu'un autre ; et il ne se peut pas davantage que le meilleur ne soit pas obligatoire.

3° *La raison est évidente ;* les principes qui viennent d'elle, ce sont les axiomes. Le devoir participe à ce caractère d'évidence : il a la clarté d'un axiome. Si nous hésitons entre deux plaisirs ou bien entre le plaisir et l'intérêt, il n'y a jamais lieu d'hésiter dans la distinction du plaisir et du devoir, du devoir et de l'intérêt ; l'obligation morale, même aux intelligences médiocres, apparaît toujours sans voile. Et il faut qu'il en soit ainsi : sinon les esprits cultivés ou naturellement inspirés seraient seuls capables d'atteindre leur fin et le bonheur : ce qui serait injuste. Demandez au plus rustre ce qu'il convient de faire si l'on a contracté une dette, la nier ou la payer ? il ne doutera pas un instant qu'il faut payer. Ce qui n'empêchera pas, s'il n'est pas honnête, qu'il ne cherche pour lui-même des moyens retors de ne pas solder sa dette.

4° *La raison ne change pas ;* les autres facultés intellectuelles se modifient sous diverses influences ; elle seule reste immuable ; elle est la marque identique à laquelle les hommes se reconnaissent de la même espèce. Le devoir ne peut être autrement qu'*identique*. Que vaudrait en effet une loi ordonnant aujourd'hui de respecter la vie humaine, cessant de l'ordonner demain, interdisant aujourd'hui le vol et le mensonge, et les permettant plus tard ? Ce ne serait pas une loi, ce ne serait pas le devoir. Dans tous les temps, le devoir a été le même ; mais il a pu être interprété plus ou moins exactement. Les erreurs des hommes jugeant avec leurs facultés empiriques n'entament pas la stabilité d'un principe rationnel.

5° Enfin le devoir est *désintéressé*. C'est pour lui-même,

c'est à cause du bien et non à cause de notre plaisir ou de notre profit qu'il doit être pratiqué. C'est par respect pour la loi supérieure de notre nature. C'est pourquoi, même quand il renverse notre fortune et brise nos affections, il est encore obligatoire. *Fais ce que dois, advienne que pourra*, n'a pas d'autre sens. Le devoir d'abord ; le reste ne nous regarde pas.

c. FORMULES DU DEVOIR. — Pour éviter des erreurs d'interprétation d'un principe que l'on proclame évident, il n'est pas sans opportunité d'en donner la formule, c'est-à-dire de le tirer du vague et de l'amener à la précision : à quoi nous oblige le devoir?

Nous allons le savoir par l'examen des formules qui l'expriment :

1° *Faire pour autrui ce que nous voudrions pour nous-même; ne pas faire pour autrui ce que nous ne voudrions pas pour nous-même.*

C'est la plus ancienne, et à ce qu'il semble d'abord la plus complète des formules du devoir. Elle ordonne et elle défend : elle indique toute une classe de devoirs positifs et impératifs, toute une autre de devoirs négatifs et prohibitifs. Les uns et les autres sont fondés sur nos dispositions personnelles et sur l'analogie nécessaire entre tous les hommes ; le principe tourne l'égoïsme contre lui-même au profit de l'humanité. Il est excellent certainement et renferme toute la morale ; mais Kant a fait remarquer que c'est une condition : ce principe suppose déjà une sorte de perfection dans celui qui le prend pour guide. Il faut qu'il sache déjà ce qu'est le bien et que pour lui-même il ne veuille que le bien, afin de le vouloir pour autrui, que de lui-même il ne repousse que le mal, afin de ne pas l'appeler en autrui. Car, par exemple, le malheureux adonné à l'ivrognerie y trouve un bestial plaisir et se réjouit quand on flatte son vice : il agirait pourtant mal en inculquant ce vice à son compagnon et en le faisant boire à perdre la raison.

2° *Agis toujours de telle sorte que ton action puisse devenir une loi universelle.* (Kant.)

Afin de discerner le devoir véritable des fausses apparences, Kant a proposé la formule ci-dessus : en soumettant toutes nos actions à cette mesure, nous pouvons en effet nous garder de l'injustice. Toute action d'une probité seulement douteuse n'a d'autre but que de fournir un avantage à celui qui la médite. Il la voudrait sans doute comme privilège ; mais, comme loi universelle, il en aperçoit le défaut. Si mon action devient une loi universelle, tous l'accompliront envers moi-même; on se prévaudra contre moi de ce que moi-même j'aurai fait? Ai-je choisi l'intérêt comme but sans me soucier des droits d'autrui? Chacun choisissant à son tour l'intérêt comme règle, comme loi, méprisera mon droit et mon intérêt au profit de son calcul. D'où je vois clairement l'impossibilité d'établir une pareille loi universellement, et par là l'injustice de mon action. Le voleur ne peut souhaiter que le vol devienne une loi universelle; il serait volé à son tour et ne garderait aucun profit de son vol. Puis-je au contraire vouloir que la bonne foi, la tempérance, le courage, la bienfaisance soient pour tous des lois d'action? Évidemment, et dès lors je reconnais mon devoir de respecter la parole donnée, de modérer les penchants et les passions, d'affermir mon âme, d'accorder des secours à mes semblables dans le besoin.

d. Rapports du devoir et du droit. — Du même principe de la dignité de la personne humaine sort une idée corrélative de celle du devoir : *l'idée du droit.*

Le droit est le pouvoir moral qu'un être possède d'atteindre librement sa fin, et par conséquent d'exiger qu'on ne l'en détourne pas.

Tout ce qui m'est imposé comme un devoir envers les autres, je puis le réclamer des autres pour moi-même comme un droit, et dans la même mesure. Si le devoir est absolu, comme de ne pas détruire la vie ou la propriété, le droit est absolu de même. Si le devoir est relatif, comme de faire l'aumône, le droit suit la même condition.

Il ne faut pas croire toutefois que le droit est une conséquence du devoir, pas plus que le devoir n'est issu du droit. Ceux-là seuls ont des droits, il est vrai, qui ne nient pas leurs devoirs. Mais c'est qu'en n'accomplissant pas son devoir on renonce à sa dignité d'homme. Et c'est la dignité de la personne qui fonde le droit comme le devoir.

Le droit fondamental de tout homme est d'accomplir tous ses devoirs; son devoir le plus général est de respecter tous les droits d'autrui.

La vertu. — *a.* DÉFINITION ET ANALYSE. — On conçoit un état moral permanent, exempt de faiblesse, tel qu'aucun des devoirs qui incombent à un homme ne soit enfreint ou négligé : c'est cet état de *pure moralité* que l'on dénomme communément *vertu*; ceux que nous appelons honnêtes gens sont ceux qui se maintiennent ordinairement dans cet état.

Bossuet en détermine les conditions en une concise et claire analyse.

« La vertu est une habitude de vivre selon la raison, et comme la raison est la principale partie de l'homme, il s'ensuit que la vertu est le plus grand bien qui puisse être en l'homme. Elle vaut mieux que les richesses, parce qu'elle est notre véritable bien; elle vaut mieux que la santé du corps, parce qu'elle est la santé de l'âme; elle vaut mieux que la vie, parce qu'elle est la bonne vie, et qu'il serait meilleur de n'être pas homme que de ne vivre pas en homme; c'est-à-dire de ne vivre pas selon la raison, et faire de l'homme une bête; elle vaut mieux aussi que l'honneur, parce qu'en toutes choses l'être vaut mieux, sans comparaison, que le sembler être; il vaut mieux être riche que de sembler riche; être sain, être savant que de sembler tel; il vaut donc mieux, sans comparaison, être vertueux que de le paraître; et ainsi la vertu vaut mieux que l'honneur[1].

« Il n'est donc pas permis ni de quitter la vertu pour se faire estimer des hommes, ni de rechercher la vertu pour s'attirer de la gloire, parce que ce n'est pas estimer assez la vertu; or celui qui ne l'estime pas ne la peut avoir, parce qu'on la perd en la méprisant. »

---

1. *L'honneur*, dans le sens de l'estime et de la considération que nous accordent les hommes en raison de nos mérites apparents ou supposés, et de la façon de vivre que nous adoptons pour nous conformer aux mœurs et coutumes dont la pratique nous vaut cette estime et cette considération.

L'idée de vertu implique : 1° la connaissance exacte du bien qui préserve des extrêmes ; 2° l'amour du bien, non pas pour faire notre devoir parce qu'il nous plaît, mais pour nous plaire à le faire parce qu'il est le bien ; 3° une lutte contre le mal, non pas passagère, accidentelle, mais constante, non pas calculée mais désintéressée [1]. C'est donc une habitude qui ne dégénère pas en routine machinale. La définition complète en sera donc : *l'effort constant de la volonté pour obéir avec lumière et avec amour au commandement de la raison.*

b. Les vertus pratiques. — L'unité du principe de la vertu n'est pas contredite par la distinction de plusieurs formes vertueuses dans la pratique. Les moralistes anciens avaient marqué la division des devoirs par la distinction de quatre vertus qualifiées *cardinales* parce qu'elles représentaient à leurs yeux le pivot de la vie morale.

Ces vertus sont la *Prudence*, la *Tempérance*, le *courage* ou force d'âme, la *Justice* complétée par la *Bienfaisance* [2].

La *Prudence*, c'est la science morale ; elle est la vertu initiale, elle consiste dans la direction de l'intelligence vers le Vrai, vers le Bien. On ne peut être vertueux si l'on ignore la source et la forme du Bien.

La *Tempérance* règle la sensibilité dans toutes ses manifestations ; elle nous place et nous maintient dans un juste milieu entre deux extrêmes. Elle ne modère pas seulement le boire et le manger ; elle détermine la mesure en toute chose, même dans le travail.

Le *Courage* est la vertu qui fait agir la volonté pour le Bien, si périlleuses que soient les circonstances. Les anciens l'appelaient aussi *Force d'âme*, et par là entendaient que cette vertu donne à l'âme l'énergie qui la soutient en équilibre parmi les vicissitudes de la fortune, l'empêche de s'emplir d'orgueil et de vanité dans la prospérité et de s'abattre et s'abandonner dans l'adversité.

Ces trois vertus représentent surtout la culture morale

1. Voir dans nos *Problèmes de morale*, II, 4, La fausse Vertu, et, II, 5, La Vertu et le Bonheur.

2. Lire dans Cicéron, *Traité des Devoirs (De Officiis)*, liv. I, chap. v à xxii.

que l'individu se doit à lui-même pour assurer sa dignité personnelle et son bonheur.

Le quatrième, la *Justice*, vise les devoirs que chacun doit remplir envers les autres; elle consiste à rendre à chacun ce qui lui appartient, à ne nuire à personne, à moins d'y être contraint par une attaque imméritée; c'est la vertu sociale par excellence. Sans justice, pas de société possible. La *Bienfaisance*, ou libéralité, consiste à accorder aux autres plus que nous ne leur devons, afin de les aider à vivre honnêtement. Elle tempère et perfectionne la justice en ce qu'elle détend la raideur du droit sans rien relâcher du devoir.

Le devoir qu'elle impose est proportionnel à la possibilité où chacun se trouve de la pratiquer.

Toutes ces vertus procédant de la même source et tendant au même but sont intimement liées entre elles : pour en posséder parfaitement une il faut les posséder toutes.

8. Division des devoirs. — L'homme considéré en tant qu'être moral ne peut se désintéresser de sa destinée; il se doit donc quelque chose à lui-même : il doit respecter en lui l'humanité, dont il est en quelque sorte la miniature ou l'abrégé. Par conséquent voici une première classe de devoirs, qui constitue la morale *individuelle*.

Mais l'homme naît dans certaines conditions de famille; il a un père, une mère, souvent des frères et des sœurs : envers eux tous, il est tenu à des obligations précises; c'est ce qui fait l'objet de la morale *domestique*.

La famille elle-même n'est pas isolée : les familles se groupent et forment des cités, des États; chaque homme contracte, par le seul fait de sa naissance et de la protection qu'il reçoit de la cité et de l'État, des devoirs nouveaux envers ces personnes collectives : c'est ce dont s'occupe la morale *civique* ou *politique*.

Les États, considérés comme personnes morales, se doivent entre eux des égards que définit et prescrit la morale *internationale* ou *droit des gens*.

Puis, laissant de côté toute distinction de race, de nation, d'État et de cité, on peut rassembler tous les hommes en un même genre d'êtres doués des mêmes facultés et appelés à une destinée du même ordre : ils ne peuvent être indifférents les uns aux autres. Leurs devoirs réciproques sont déterminés par la morale *sociale*.

Enfin, si l'homme remonte à son origine première, à sa cause suprême, sa raison conçoit l'existence d'un être supérieur et parfait, à qui la créature imparfaite doit un hommage : de là, indépendamment de toute secte sacerdotale et de tout rite particulier, une morale *religieuse* fondée sur la raison.

RÉSUMÉ DE LA PREMIÈRE PARTIE

La moralité tient à la capacité de distinguer le bien du mal, et de pratiquer l'un plutôt que l'autre. Ses conditions sont l'intelligence et la liberté; sa conséquence, la responsabilité; son signe, la conscience. L'homme est en principe un être moral : ses facultés, et surtout parmi elles la raison, le rendent supérieur à l'animal. Le respect de la dignité des facultés est, avec l'idée du bien et le principe de la responsabilité personnelle, le fondement de toute morale. L'être moral n'agit pas sans motif; on réduit à trois principaux tous les motifs d'action : le plaisir, l'intérêt, le devoir. De ces trois motifs un seul peut être érigé en loi à cause de son universalité, de sa constance, de son évidence, c'est le devoir : il est impératif et désintéressé; l'idée du devoir et l'idée du bien ne sont qu'une même idée sous deux aspects, celui de la pensée spéculative et celui de la réalité pratique. La pratique constante du devoir crée l'état de vertu. Les vertus cardinales sont la Prudence, la Tempérance, le Courage, la Justice complétée par la Bienfaisance. Les devoirs, dans la pratique, se divisent en devoirs envers nous-même, en devoirs envers les autres, c'est-à-dire envers la famille, la patrie, la société en général et l'humanité.

DEUXIÈME PARTIE

LA VIE INDIVIDUELLE

CHAPITRE I

LA SINCÉRITÉ

SOMMAIRE. — 1. La direction de la pensée. — 2. La sincérité. — 3. La franchise et l'esprit de ruse. — 4. La véracité et le mensonge. — 5. Être et paraître ; l'hypocrisie.

1. La direction de la pensée. — *a.* Le principe fondamental de la vie individuelle c'est le respect de soi-même. Il est nécessaire en ce qui concerne la vie du corps, dans les attitudes, les mouvements et l'entretien physique ; il l'est bien davantage encore à l'égard des facultés spirituelles, puisque c'est par elles que nous sommes des hommes. Les cultiver et les développer toutes suivant une méthode rationnelle et en vue de cette harmonie intérieure qui est le plus sûr bonheur et le signe de la vertu, tel est d'une manière générale le devoir envers l'âme. Il est une hygiène et une gymnastique morales de la plus haute importance. L'âme pas plus que le corps ne vit ni ne se développe dans un milieu empoisonné. Il faut se défier des fréquentations malsaines et de la contagion de l'exemple ; pas plus que le corps, elle n'a de vigueur si elle désapprend l'action : il faut donc l'exercer régulièrement, mettre en œuvre ses forces.

Chacune de nos facultés est l'objet de devoirs spéciaux. L'intelligence est en elle-même digne des plus grands soins, puisque c'est elle qui nous élève au-dessus des animaux, et l'on peut considérer aussi qu'elle est la source de notre industrie, de notre science, de nos arts, de tout ce par quoi nous rendons la vie meilleure ou moins mauvaise. D'elle nous viennent les plaisirs purs de la recherche et de la découverte de la vérité. L'étude, abstraction faite de ses résultats, présente déjà cet avantage qu'elle est un remède toujours prêt, toujours à notre portée, dans toutes les circonstances possibles de la vie. Il faut donc s'efforcer d'atteindre la vérité, éviter les causes de l'erreur, et s'en corriger si par malheur on y est tombé.

6. CE QU'IL FAUT SAVOIR. — Mais quelles sont les choses qu'il importe de savoir? C'est mal comprendre ce qu'on doit à son intelligence que de consacrer de longues études à des questions difficiles ou subtiles et sans aucune utilité pour l'amélioration de nous-même ou de nos semblables. Il ne s'agit pas de se meubler l'esprit de connaissances vaines pour s'en glorifier devant les ignorants. L'instruction a pour but le perfectionnement moral et le progrès matériel des individus et de la société.

La première chose et la plus importante à distinguer, c'est donc ce qui est bien et ce qui est mal, l'honnête et le déshonnête, le juste et l'injuste; puis vient le droit naturel par lequel nous connaissons précisément ce que nous devons à nos semblables, et le droit positif, qui règle, du consentement commun, la forme des rapports que nous entretenons avec nos concitoyens. Ensuite la langue, la littérature et l'histoire du pays auquel on appartient, et la biographie de ses grands hommes; par là, chacun se rattache au passé et aux ancêtres. Enfin, selon le loisir et la nécessité, il est honnête de s'adonner aux sciences, aux arts, aux lettres, qui élèvent la pensée et nous font mieux apprécier la grandeur de l'homme et l'étendue de ses devoirs.

La modération nécessaire même à l'étude. — Toutefois, même en s'appliquant à des études qui le méritent, l'excès est encore à éviter. Celui-là comprend mal son devoir envers l'intelligence qui, par amour de l'étude, néglige d'autres devoirs, les obligations sociales ou les devoirs civiques, ou ce qu'il doit à sa famille. Et ce serait aussi une faute que de donner ces soins à son esprit dans un but de satisfaction égoïste, et par exemple, ayant découvert une vérité, de la tenir secrète avec un soin jaloux. L'enseignement mutuel est une obligation; nul n'avancerait dans la science s'il ne recueillait l'héritage intellectuel de ses devanciers.

2. La sincérité. — La sincérité consiste à ne rien dire qu'on ne pense, à n'accomplir aucun acte qui masque la véritable intention ou un acte différent. Elle ne nous oblige pas à dire tout ce que nous pensons, — nous avons le droit, et parfois le devoir, de garder secrets tels de nos jugements et de nos sentiments, dont la révélation causerait à nous-mêmes ou à d'autres plus de peine ou de préjudice qu'il n'en peut résulter d'avantages pour personne; — elle nous oblige seulement à penser en vérité ce que nous voulons faire croire.

La sincérité n'est pas moins nécessaire avec nous-mêmes qu'avec les autres; trop souvent une âme en faute ou défaillante cherche à se créer une illusion, s'efforce par des subtilités sophistiques de se donner à elle même une abusive justification : c'est une funeste corruption de la conscience.

Le manque de sincérité est une forme du mensonge. Un penseur du xixe siècle, Doudan a dit courageusement comment il faut être sincère même dans ses doutes, « que chacun respecte les croyances d'autrui, qu'il n'abuse pas de sa force pour détruire ce qu'il ne saurait remplacer, mais que chacun aussi sache discerner et confesser résolument ses doutes, s'il en est requis. Est-il dans l'erreur? La meilleure chance pour en sortir est encore de confesser cette erreur avec fermeté. Voyez ces hommes qui balbutient je ne sais quels dogmes croyant bien faire en s'essayant à croire ce que leur raison repousse; bientôt ils ne sauront plus, s'ils s'en soucient encore, retrouver leurs vrais sentiments, leurs vraies opinions. Ils auront mêlé ce qu'ils croient aux croyances d'autrui, sans plus s'en apercevoir. Ils ont chassé par servilité d'esprit ce que leur raison repousse pour croire ce que le monde leur impose. Non, non! il n'est pas nécessaire, d'être croyant[1] comme l'affirment insolemment les nouveaux fanatiques de tout dogmatisme, mais il est ordonné d'être sincère ; c'est la grande condition de l'être moral. Les doutes de l'honnête homme contiennent plus de vérité morale que les professions de foi des gens placés sous le joug de la mode. Les professions vives de ce qu'on ne croit qu'à demi sont la gangrène de l'âme. Elle retombe peu à peu par l'effort de cette hypocrisie sous les lois du dehors, comme le corps retombe sous les lois physiques quand la vie s'en est allée. Le besoin d'adhésion énergique à ce qu'on croit, c'est la vie de l'âme ».

3. La franchise et l'esprit de ruse[2]. — La franchise est une des plus belles qualités de l'homme ; l'enfant peut et doit aussi la posséder ; elle ne doit pas être confondue avec la *naïveté* ; celle-ci est involontaire et tient à l'inexpérience ou à l'irréflexion. Être *franc* c'est être *affranchi* de toute crainte qui opprime la conscience et contraigne la pensée ou le sentiment à se cacher, à se déguiser, ou à ne se montrer qu'incomplètement.

Le manque de franchise tient à l'une de ces deux causes, soit la peur de subir une punition ou un dommage, soit le désir de tromper autrui afin d'en tirer profit. C'est donc une sorte de lâcheté et une sorte de duperie.

« La franchise, expliquait Mme de Maintenon à l'une des dames de Saint-Cyr, ne consiste pas à dire beaucoup, mais à dire tout, et ce tout est bientôt dit quand on est sincère, parce qu'il n'y a pas grand avant-propos et qu'il ne faut point employer beaucoup de paroles pour ouvrir le cœur.... Celles qui ne sont pas simples ne peuvent se résoudre ni à parler ni à se taire ; il leur faut arracher leur confiance ; et on se perd dans leurs tours et détours..., on a dit mais on n'a pas tout dit, on n'a pas voulu dire une circonstance, et

---

1. Doudan ne veut pas dire qu'il est bon de ne rien croire ; il condamne ceux qui s'attachent sans conviction à une croyance factice ; la dernière phrase de la citation marque le véritable sens de sa pensée.

2. Voir dans nos *Problèmes de morale*, VI, 11, l'anecdote sur Till Ulenspiegel, et l'analyse critique de l'immoralité de sa ruse.

puis la peur prend de ne l'avoir pas dite et on veut la redire ainsi que plusieurs autres. Un cœur droit dit dès la première fois tout ce qu'il sait. »

« Du manque de franchise à la ruse l'intervalle est vite franchi. Chez l'individu faible d'esprit le manque de franchise devient de la dissimulation; de la ruse chez celui qui a l'intelligence plus aiguisée et de l'imagination. L'homme rusé prend plaisir à sa propre astuce au point que même sans profit personnel, pour le seul amusement, il ourdit sa machination, et goûte une joie perverse à la mésaventure, voire à la ruine de sa victime. Il s'applaudit de son succès, et s'innocente cyniquement en jugeant [1] qu'il a fait un bon tour. »

Malheureusement nombre de personnes, même parmi les honnêtes gens, ne prennent pas garde au caractère odieux de ces ruses, n'en aperçoivent que l'apparence plaisante, et par une coupable indulgence encouragent le rusé tout à la fois en paraissant admirer sa malice comme si c'était de l'intelligence supérieure, et en riant comme de sots ridicules de ceux qu'il abusa.

LA FINESSE ET LA DUPLICITÉ. — En des pages excellentes, Fénelon fait la guerre à l'esprit de ruse, à la dissimulation, à la finesse; selon lui, les causes principales en sont la timidité et la fausse honte; c'est à propos de l'éducation applicable aux deux sexes.

« Combien ce que la finesse cherche est bas, méprisable; c'est ou une bagatelle qu'on n'oserait dire, ou une passion pernicieuse. Quand on ne veut que ce qu'on doit vouloir, on le désire ouvertement, et on le cherche par des voies droites avec modération. Qu'y a-t-il de plus doux que d'être sincère, toujours tranquille, d'accord avec soi-même, n'ayant rien à craindre ni à inventer? Au lieu qu'une personne dissimulée est toujours dans l'agitation, dans les remords, dans le danger, dans la déplorable nécessité de couvrir une finesse par cent autres.... Observons encore que la finesse

---

1. Voir, dans nos *Problèmes de morale*, Hachette, édit., l'anecdote sur Till Ulenspiegel et l'analyse critique de l'immoralité de sa ruse.

vient toujours d'un cœur bas et d'un petit esprit. On n'est fin qu'à cause qu'on veut se cacher, n'étant pas tel qu'on devrait être, ou que, voulant des choses permises, on prend pour y arriver des moyens indignes, faute d'en savoir choisir d'honnêtes. »

L'esprit de ruse se manifeste de diverses façons, plus ou moins subtiles. Diderot analyse et caractérise clairement en ces lignes deux de ses formes les plus perverses.

« La duplicité, c'est le sens propre de l'homme double, et l'homme double est un méchant qui a toutes les démonstrations de l'homme de bien, c'est-à-dire belle apparence et mauvais jeu [1].

« La duplicité de caractère suppose, ce me semble, un mépris décidé de la vertu. L'homme double s'est dit à lui-même qu'il faut toujours être assez adroit pour se montrer honnête homme, mais qu'il ne faut jamais faire la sottise de l'être.

« Je croirais volontiers qu'il y a deux sortes de duplicité : l'une systématique et raisonnée, l'autre naturelle et, pour ainsi dire, animale; on ne revient guère de la première; on ne revient jamais de la seconde [2]. Je doute qu'il y ait un homme d'une duplicité assez consommée pour ne s'être jamais décelé.

« Il y a des circonstances où la finesse est bien voisine de la duplicité. L'homme double vous trompe, et l'homme fin, au contraire, fait que vous vous trompez vous-même. Il faudrait quelquefois avoir égard au ton, au geste, au visage, à l'expression, pour savoir si un homme a mis de la duplicité dans une action ou s'il n'y a mis que de la finesse. Quoi que l'on puisse dire en faveur de la finesse, elle sera toujours une nuance de la duplicité. »

4. La véracité et le mensonge. — Il faut aimer la vérité en deux sens, pour la chercher et la connaître, et

1. Il ressemble d'assez près à l'hypocrite.
2. Affirmation excessive et qui ferait désespérer de l'efficacité de l'éducation; mais Diderot considère l'homme fait, sur qui l'éducation n'a plus de prise.

pour la dire, la propager. La *véracité* est la qualité de l'homme qui ne dit rien qu'il ne croie fermement vrai.

Toute altération de la vérité est doublement immorale : elle introduit dans notre propre personne la dégradation, la corruption, elle rend l'esprit tortueux ; dans l'esprit d'autrui elle sème l'erreur ; la fausse pensée que le mensonge y établit peut devenir le germe de l'aberration complète de son jugement et de sa conduite. Le respect de l'intelligence en nous-même et dans nos semblables nous ordonne d'être toujours véridiques.

« Quelle n'est pas, dit Mme Necker de Saussure, pour tout être humain, l'importance de la vérité du caractère ! L'influence de cette qualité sur l'ensemble de la moralité est si grande qu'il semble inutile de la signaler. L'enchaînement du vice et de la fausseté est inévitable. On s'apprend d'abord à dissimuler, parce qu'on a fait le mal ; on continue à faire le mal parce qu'on s'est appris à dissimuler. Invisible et immatérielle par son essence, l'âme ne se donne à connaître au dehors que par les actions et le langage. Il nous est néanmoins bien important de nous connaître les uns les autres. Les événements sont si incertains, les relations se combinent, se multiplient de tant de manières, que nul ne peut dire si les plus faibles liens ne viendront pas tout à coup à se resserrer, et si tel individu n'influera pas sur votre vie.

« Il y a un caractère moral à démêler chez les peuples, dans les gouvernements, dans les familles. Nos projets pour l'avenir, bien que fondés sur des conjectures, reposent néanmoins sur quelques données. Nous croyons savoir quelle sera, dans telle occasion, la conduite de telle personne, et cette connaissance plus ou moins exacte, c'est à l'étude de son caractère que nous la devons...

« Ne pouvant jamais compter sur elle, nous la laisserions de côté sans mot dire, et nous irions chercher de la certitude autre part.

« C'est là ce qui nous arrive avec les êtres faux, affectés, avec tous ceux qui ont coupé le pont de communication entre leur âme et celle des autres. Ils sont frappés de nullité quoi qu'ils fassent. S'ils nous amusent ou nous instruisent c'est à la manière des livres, s'ils nous servent, c'est à la manière des instruments. Mais eux, ce ne sont plus des personnes, ils n'ont pas pour nous de réalité.

« Les paroles, ce moyen de s'entendre si charmant, si facile, les paroles n'ont pas par elles-mêmes de valeur fixe; elles en prennent chez chaque individu une particulière dont on est averti par des indices très délicats, mais qui dans leur ensemble, trompent rarement. Cette valeur peut être fort élevée. Tel mot, prononcé par tel homme, répond de sa conduite à jamais; ce mot est lui; il saura le soutenir, quoi qu'il en coûte; il empreint sa moindre expression du sceau de son âme auguste, et produit une impression profonde en la prononçant. En revanche, les protestations les plus fortes de tel autre homme ne comptent pas; ce sont des assignats démonétisés dont on ne regarde plus le chiffre. »

a. Aucune vertu sans la vérité.

Rien n'est beau que le vrai; le vrai seul est aimable.

Ce n'est pas seulement une thèse d'esthétique, c'est aussi un principe de morale et l'on peut dire sans exagération, la base de la moralité.

L'amour de la vérité est inséparable de toute vertu, même de la moindre, puisqu'une vertu détournée de son sens vrai, non seulement perd toute valeur morale, mais devient un vice. Par exemple le courage employé dans une action mauvaise la rend non pas meilleure mais plutôt pire : tel est le cas du malfaiteur s'imposant une grande fatigue et de grands risques pour perpétrer son crime, ou luttant avec énergie, sans crainte des coups ni de la mort contre les agents de la loi.

Toute concession à l'esprit de mensonge entame profondément l'honnêteté. Facilement le mensonge devient une habitude; on ment aux autres, on se ment à soi-même, d'abord par calcul, puis par une sorte de besoin maladif, sans utilité aucune, même contre l'utilité. On ne connaît que trop d'enfants qui sont devenus pour ainsi dire incapables de dire la vérité. Corneille a très bien mis en scène le caractère du *Menteur*. Le vice du mensonge, par une contagion pernicieuse, gagne même tout un groupe, toute une nation; les Crétois, dans l'antiquité, étaient considérés comme menteurs par nature; cette tare semblait chez eux héréditaire et congénitale; aujourd'hui encore certains peuples orientaux portent cette réputation honteuse. De tels hommes, pris isolément ou en masse, sont mis au ban de l'humanité civilisée. Impossible d'avoir en eux la moindre confiance. Il a fort bien défini le menteur, le moraliste qui a dit : « Le menteur est moins un homme réel que l'apparence trompeuse d'un homme ».

Mentir c'est parler autrement qu'on ne pense, avec l'intention de tromper en vue d'un avantage personnel. Celui qui volontairement pousse l'homme dans l'erreur, le met sur le chemin de la faute, du crime, et assume par conséquent une part de responsabilité dans les actions qui s'ensuivront. La gravité du mensonge vient de ce que nous abusons de la confiance qu'on nous témoigne. Il est une lâcheté en lui-même, il est bas et vil, car il ôte à celui qui le prononce l'estime de soi, puisqu'il ne peut croire à ce qu'il dit.

Il est d'ailleurs plusieurs manières de mentir : il n'est pas toujours nécessaire de parler pour commettre le mensonge. Celui qui se tait sachant que son silence sera interprété dans un sens contraire à la vérité commet un mensonge.

Celui qui ne dit qu'une partie de la vérité, comprenant que celle qu'il réserve modifie la première, commet un mensonge partiel appelé *restriction mentale*.

Enfin c'est encore mentir que de dire des paroles vraies d'un ton qui donne à croire qu'elles ne le sont pas.

Car ce qui constitue le mensonge, c'est l'intention d'induire en erreur.

b. Mensonges apparents excusables. — Aussi, par contre, dans plusieurs cas, ne pas dire la vérité ou dire le contraire de la vérité, ce n'est pas mentir.

D'abord si l'on croit vrai ce que l'on dit.

On me demande l'heure; je réponds : Quatre heures! Il en est cinq.

Ma réponse n'est pas la vérité. Mais je croyais qu'elle l'était; je n'ai pas menti.

Ensuite si le devoir professionnel interdit de divulguer un secret.

Le prêtre ou le médecin à qui un pécheur ou un malade s'est confié peut répondre : « Je ne sais pas », si on l'interroge sur l'état de conscience ou l'état de santé de cet homme, bien qu'il le sache, ayant reçu l'aveu ou constaté le mal.

De même encore, si l'aveu complet de la vérité peut être funeste à celui qui la demande, le tromper dans son intérêt et sans qu'il en résulte de mal pour autrui, ce n'est pas mentir :

Par exemple, dire à un malade qu'il va mieux, tandis que lui annoncer sa mort prochaine serait la hâter et accroître son angoisse.

Enfin les fictions des poètes et des romanciers ne peuvent être prises pour des mensonges : leur but n'est pas de jeter le trouble et l'erreur dans l'intelligence, mais de récréer l'imagination et d'émouvoir la sensibilité.

Bien plus, il y a des mensonges héroïques : ceux que l'on commet pour sauver la vie de quelqu'un à son propre risque. Tel un fils qui, lorsqu'on réclame son père pour le mener au supplice, répond à l'appel du nom : « C'est moi ».

Mais l'exception est bien nette et facile à définir : il faut ou qu'on n'ait pas l'intention de tromper, ou qu'en trompant dans le fait sciemment on ait un but élevé, tel que le bien surpasse le mal.

Hors de là, tout mensonge est gravement coupable. « Il n'y a pas, dit M. Franck, jusqu'à ces compliments exagérés ou sans fondement dont le monde est si prodigue, qui ne soient difficiles à justifier devant la saine morale. » Souvent, en effet, cette sorte de mensonge devient la flatterie qui aveugle nos semblables et les entraîne à la faute.

c. LE FAUX TÉMOIGNAGE. — De toutes les formes du mensonge, la plus odieuse et la plus criminelle est le faux témoignage et le faux serment.

Dans ce cas, en effet, on renforce, afin de la mieux

tromper, la confiance du prochain en attestant la vérité de ses paroles par l'invocation de la divinité et de l'humanité tout entière.

Aussi la loi humaine qui ne punit pas le mensonge ordinaire, à cause des difficultés de constatation et d'appréciation, et laisse à la conscience individuelle et à l'opinion publique le soin de le châtier, la loi édicte des peines sévères et justes contre le faux témoignage et le faux serment qui peuvent être plus positivement constatés.

5. Être et paraître[1]. **L'hypocrisie.** — L'homme double, que Diderot nous a montré, retrouve ici sa place.

L'hypocrisie, c'est le mensonge en action. Molière dans *Tartufe*, La Bruyère dans *Onuphre* ont incarné ce vice odieux, au point qu'il peut être appelé le plus odieux des vices.

Mlle de Scudéry, dans une de ses *Conversations morales*, fait définir par les interlocuteurs et interlocutrices l'hypocrite et les diverses formes dé l'hypocrisie.

« Les hypocrites, dit l'une, n'ont pas de morale. — Je vous assure, répond une autre, qu'ils en ont les plus belles apparences du monde, et il n'y en a point de si sévère dont l'extérieur promette davantage que celle des véritables hypocrites, car comme toutes leurs actions sont concertées, il n'y paraît rien qui découvre la fourberie de leur cœur.... — Je suis persuadé, dit un autre personnage, qu'il y en a de deux sortes : les uns ne se connaissent pas, et les autres ne peuvent pas s'ignorer. Les premiers ont un certain honneur, du moins, qui les porte à vouloir passer pour gens de probité et de vertu; ils voudraient même quelquefois être ce qu'ils paraissent; ils font quelques légers efforts pour cela, mais ayant le malheur d'avoir de mauvaises inclinations, avec un esprit faible et chancelant qui n'y résiste pas, ils succombent aux appas de la volupté et aux penchants des autres vices sans renoncer pourtant à cet honneur purement humain dont j'ai parlé; et peu à peu pour accorder leur faiblesse à cette fausse gloire, ils s'accoutument à cacher le

---

1. Voir nos *Problèmes de morale*, II, 8, Les apparences morales.

mal qu'ils font et deviennent insensiblement hypocrites, sans en avoir le dessein, et sans le bien savoir; parce qu'ayant de temps en temps de faibles désirs de se corriger, ils ne croient pas qu'on puisse justement les accuser d'hypocrisie.

« Mais il y a d'autres hypocrites, beaucoup plus détestables, car ils ne prennent tout cet extérieur de vertu que pour cacher leurs vices, ou du moins pour des intérêts purement humains.... — L'hypocrisie est bien plus étendue qu'on ne pense, ajoute la seconde personne, car il y a des hypocrites d'amour, des hypocrites d'amitié, des hypocrites de modestie, de générosité... Dès qu'on veut paraître ce qu'on n'est pas on est hypocrite. »

En quelques traits vifs et précis Bourdaloue, dans ses *Pensées*, dénonce et blâme une forme d'hypocrisie trop commune dans le monde, bien que le plus souvent, dans le reste de leur conduite, ceux qui ont le tort de s'y laisser aller ne soient pas des hypocrites de profession :

« Qu'est-ce que ces airs de franchise, de simplicité, de cordialité que nous affectons quelquefois, en parlant au prochain, et lui disant certaines vérités très désagréables? Est-ce un adoucissement que nous prétendons mettre aux avis que nous lui donnons pour en tempérer l'aigreur et pour les lui faire mieux goûter! Rien moins que cela; mais tout au contraire, c'est souvent une voie plus subtile, plus adroite, que notre indignité nous inspire pour mieux contenter, en l'outrageant et l'humiliant, la passion qui nous anime. On dit à une personne les choses les plus dures et les plus piquantes de la manière, à ce qu'il semble, la plus douce et la plus naïve; et l'on prend plaisir à lui enfoncer le trait dans l'âme d'autant plus avant et plus sensiblement qu'on paraît le faire plus charitablement et plus aimablement. »

Toutefois il faut prendre garde de confondre avec l'hypocrisie une certaine retenue qu'exigent les convenances sociales et la décence. Et ce serait mal comprendre, que de tomber d'un vice dans un autre, et sous prétexte d'éviter l'hypocrisie, de s'abandonner au *cynisme*.

« Je demanderais volontiers, dit encore un des personnages de Mlle de Scudéry dans le morceau cité plus haut, si lorsqu'on ne peut être véritablement vertueux, il ne vaut pas mieux du moins le paraître, et si en ce cas-là l'hypocrisie de cette espèce ne mérite pas quelque excuse? — Pour moi, répond un autre, je permets à celui que vous dites de cacher ses vices, mais non pas de les couvrir sous des apparences de vertu. En effet se cacher pour faillir est un reste d'honnête honte; mais vouloir passer pour homme de grande vertu quand on est fort vicieux, est une véritable fourbe et une vraie hypocrisie. »

C'est dans le même sens de la condamnation du cynisme qu'un moraliste a dit : « L'hypocrisie est le dernier hommage du vice à la vertu ».

CHAPITRE II

LE COURAGE

SOMMAIRE. — 1. Définition. — 2. Divers aspects de courage. — 3. Le brave et le lâche. — 4. Énergie et mollesse. — 5. Persévérance et caprice. — 6. Courage contre la souffrance. — 7. Courage contre le plaisir. — 8. Courage de résister à l'opinion. — 9. Courage de reconnaître ses torts. — 10. La faiblesse morale.

1. Définition. — Cette vertu correspond spécialement à l'éducation de la volonté.

Le *courage* ou *force d'âme* est défini par les stoïciens la vertu armée pour l'équité; et Platon dit aussi fort exactement : le courage qui affronte le péril doit s'appeler audace plutôt que force d'âme s'il est poussé par une ambition personnelle et non par l'intérêt public. Toute vertu, en effet, perd son caractère essentiel si elle n'est désintéressée. La définition des stoïciens marque bien que le courage ne doit pas être seulement passif, comme dans la résignation, mais qu'il doit être actif, et nous faire entreprendre la lutte pour la justice contre l'injustice.

La grandeur d'âme se reconnaît à deux marques principales : la première est le mépris des choses extérieures, fondé sur la persuasion que l'homme ne doit rien admirer, rien préférer, rien souhaiter que ce qui est beau et honnête ; qu'il ne doit se laisser vaincre ni par son semblable, ni par la passion, ni par la fortune ; — la seconde est qu'on accomplisse des actions grandes, utiles, mais aussi d'une exécution difficile, laborieuses et pleines de ces périls qui menacent ou la vie elle-même ou cette foule d'intérêts qui rattachent à la vie. Mais il est bien certain qu'on n'est pas capable de ces actions si l'on ne s'est d'abord perfectionné dans le mépris des choses extérieures.

La force d'âme consiste par conséquent à ne se laisser ébranler ni par la prospérité, ni par l'adversité : garder un esprit égal et les mêmes principes de dignité et de respect du droit dans toutes les situations. Par elle on évitera et cette paresse de l'esprit qui se décourage sans motif, et cette confiance exagérée qui naît de l'ambition.

Être courageux c'est non seulement supporter les blessures et affronter la mort, comme les soldats, mais aussi soutenir toutes les charges de la vie, dans la famille et dans l'État ; ménager son existence dans l'intérêt de ceux qui ont besoin de nous, mais être prêt à en faire le sacrifice si leur sûreté et leur indépendance l'exigent. De là deux formes également nobles et désirables de la force d'âme : le courage militaire et le courage civil ; un bon citoyen doit s'efforcer de les posséder grandement l'un et l'autre.

2. Divers aspects du courage. — Vauvenargues distingue finement que cette même vertu se diversifie et dans la forme et dans le degré.

« Le vrai courage, dit-il, est une des qualités qui supposent le plus de grandeur d'âme. J'en remarque de beaucoup de sortes : un courage contre la fortune, qui est philosophie ; un courage contre les misères, qui est patience ; un courage à la guerre qui est valeur ; un courage fier et téméraire, qui est audace ; un courage contre l'injustice, qui est fermeté ; un courage contre le vice, qui est sévérité ; un courage de réflexion, de tempérament, etc.

« Il n'est pas ordinaire qu'un même homme assemble tant de qualités. Octave, dans le plan de sa fortune, élevée sur des précipices, bravait des périls imminents; mais la mort, présente à la guerre, ébranlait son âme. Un nombre considérable de Romains qui n'avaient jamais craint la mort dans les batailles, manquaient de cet autre courage qui soumit la terre à Auguste.

« On ne trouve pas seulement plusieurs sortes de courages, mais dans le même courage bien des inégalités.

« Brutus, qui eut la hardiesse d'attaquer la fortune de César, n'eut pas la force de suivre la sienne : il avait formé le dessein de détruire la tyrannie avec les ressources de son seul courage, et il eut la faiblesse de l'abandonner avec toutes les forces du peuple romain, faute de cette égalité de force et de sentiment qui surmonte les obstacles et la lenteur des succès. »

Une forme excellente et rare du courage, c'est l'*intrépidité*; Diderot la définit et la décrit en ces termes :

« L'intrépidité est une force extraordinaire de l'âme, qui l'élève au-dessus des troubles, des désordres et des émotions que la vue des grands périls pourrait exciter en elle; et c'est par cette force que les héros se maintiennent en un état paisible, et conservent l'usage libre de leur raison dans les accidents les plus surprenants et les plus terribles.

« L'intrépidité doit soutenir le cœur dans les conjurations, au lieu que la seule valeur lui fournit toute la fermeté qui lui est nécessaire dans les périls de la guerre.

« Souvent entre l'homme intrépide et le furieux il n'est pas de différence visible que la cause qui les anime. Celui-ci, pour des biens frivoles, pour des honneurs chimériques qu'on achèterait encore trop cher par un simple désir, sacrifiera ses amusements, sa tranquillité, sa vie même. L'autre, au contraire, connaît le prix de son existence, les charmes du plaisir et la douceur du repos : il y renoncera cependant pour affronter les hasards, les souffrances et la mort même, si la justice et les devoirs l'ordonnent; mais il n'y renoncera qu'à ce prix. La vertu lui est plus chère que sa vie, que ses plaisirs et son repos. Mais c'est le seul avantage qu'il préfère à tous ceux-là.

« Un moyen propre à redoubler l'intrépidité, c'est d'être homme de bien. Votre conscience alors vous donne une sécurité sur le sort de l'autre vie; vous en serez plus disposé à faire, s'il est besoin, le sacrifice de celle-ci. « Dans « une bataille, dit Xénophon, ceux qui craignent le plus les « dieux sont ceux qui craignent le moins les hommes. »

« Pour ne point redouter la mort, il faut avoir des mœurs bien pures, ou être un scélérat bien aveuglé par l'habitude du crime. Voilà deux moyens pour ne pas fuir le danger : choisissez. »

3. Le brave et le lâche. — Être brave, ce n'est pas accomplir exceptionnellement un acte de bravoure; le soldat présenté par le poëte Horace n'avait jamais été un vrai brave; pourtant il s'était bien battu en mainte occasion; c'est qu'alors il était pauvre et malheureux, n'attachait pas grand prix à la vie. Cette bravoure apparente et occasionnelle lui vaut une récompense : le général lui donne une assez forte somme. A la bataille suivante le soldat prend la fuite. Étonnement du chef. « Comment, toi, si brave auparavant? — Auparavant ma ceinture était vide, maintenant elle est pleine. »

On ne peut qualifier exactement de brave celui qui ne connaît pas le danger auquel il marche; « brave comme un conscrit à son premier combat », ce n'est pas un compliment. Affronter sous l'inspiration d'une idée généreuse, dans un élan de dévouement, le danger connu, constaté, voilà l'acte de bravoure; le pompier dans l'incendie, le sauveteur dans la tempête, le médecin, la garde-malade dans les cas de maladie contagieuse, donnent des exemples de courage qui, étant habituels et non accidentels, leur font appliquer justement l'épithète de braves.

D'autre part éprouver une impression de trouble physique en face du danger, ce n'est pas être lâche. Nous ne sommes pas toujours absolument maître de notre organisme. Turenne, qui n'est pas certes suspect, confessait qu'aux premiers coups de canon d'un engagement il ressentait un inévitable émoi : on connaît son mot adressé à lui-même en pareille occurence : « Tu trembles, carcasse... ». Frédéric le Grand prit la fuite dans le premier combat où il commanda. Par la suite il s'est montré sur le champ de bataille plein de calme et de sang-froid ; on l'a vu se battre corps à corps comme un simple soldat et recevoir des blessures sans sourciller.

Émoi *inévitable*, mais non pas *insurmontable*. L'effort de la volonté doit nous faire réussir à le dominer. Le courage est dans la résistance, la lâcheté dans l'abandon à cette impression.

On guérit de la lâcheté *physique* par l'habitude du danger, par l'exemple et l'entraînement des braves ; la lâcheté morale est pire, les moyens de correction sont moins aisés et moins sûrs. Elle tire son origine du goût des jouissances, de la mesquine ambition, de la peur de perdre des plaisirs ou des biens que l'on s'est accoutumé à préférer au devoir. Elle se manifeste par le servilisme, l'acceptation des offenses et des humiliations, voire la complicité passive en des actions honteuses ou criminelles. On trouve cette lâcheté, abandon complet de tout devoir, dans la collectivité comme dans l'individu. Le Sénat romain sous les empereurs n'a-t-il pas donné le spectacle écœurant de toutes les abjections de la lâcheté ?

4. Énergie et mollesse. — L'énergie est quelque chose de plus que la force ou vigueur de l'âme et du corps ; c'est une puissance qui naît de la volonté d'employer cette force ou cette vigueur.

Il y a sans doute une énergie native qui tient à la bonne constitution générale de l'individu. Mais c'est surtout l'énergie cherchée, voulue, préparée par une éducation ferme qui compte dans la vie morale, comme une qualité des plus estimables, et dans la pratique commune de la vie extérieure comme la plus grande ressource et le gage le plus sérieux du caractère, si les circonstances deviennent critiques.

Si l'énergie physique a pour facteurs essentiels la bonne santé, dans une constitution robuste, l'énergie morale peut être indépendante de ces conditions corporelles ; elle est supérieure à la première précisément en ceci qu'elle surmonte les imperfections organiques, les efface ou les transforme, et anime et soulève par la force spirituelle l'être tout entier. Des hommes chétifs, souffrants, malades, mutilés, déploient cependant une infatigable activité, résistent à toutes les infortunes dominent toutes les douleurs. Nelson, les jambes coupées, se fait placer dans un tonneau de son, et continue ses ordres ; d'Assas, sous les baïonnettes qui s'enfoncent dans sa poitrine, crie à son régiment : « L'ennemi est là ! » Voilà des exemples frappants d'énergie.

Que si l'on veut savoir la source de l'énergie, elle est dans une vie simple, laborieuse, qui n'accorde aux sens que les satisfactions nécessaires et n'admet pas les raffinements du luxe et de la volupté. Sur toute la surface du globe, les peuples qui ont toujours témoigné la plus puissante et la plus constante énergie sont ceux qui mènent une existence rude, particulièrement dans les pays de montagnes, où la configuration du sol oblige à des exercices de marche et d'agilité, et son aridité au régime le plus sobre ; une autre condition importante de l'énergie morale, c'est le sentiment de l'indépendance et l'amour de la liberté.

Le tableau de la mollesse, de ses causes, de ses effets, nous est présenté en pleine lumière par Fénelon dans une lettre adressée à un jeune officier :

« Ce que vous avez le plus à craindre, monsieur, c'est la mollesse et l'amusement. Ces deux défauts sont capables de jeter dans le plus affreux désordre les personnes même les plus résolues à pratiquer la vertu, et les plus remplies d'horreur pour le vice. La mollesse est une langueur de l'âme, qui l'engourdit et lui ôte toute vie pour le bien : mais c'est une langueur traîtresse, qui la passionne secrètement pour le mal, et qui cache sous la cendre un feu toujours prêt à tout embraser. Il faut donc une foi mâle et vigoureuse qui gourmande cette mollesse sans l'écouter jamais. Sitôt qu'on l'écoute et qu'on marchande avec elle, on est perdu....

« Un homme mou et amusé ne peut jamais être qu'un pauvre homme ; et s'il se trouve dans de grandes places, il n'y sera que pour s'y déshonorer. La mollesse ôte à l'homme tout ce qui peut faire les qualités éclatantes. Un homme mou n'est pas un homme, c'est une demi-femme. L'amour de ses commodités l'entraîne toujours, malgré ses plus grands intérêts. Il ne saurait cultiver ses talents, ni acquérir les connaissances nécessaires à sa profession, ni s'assujettir de suite au travail dans les fonctions pénibles, ni se contraindre longtemps pour s'accommoder au goût et à l'humeur d'autrui, ni s'appliquer courageusement à se corriger.

« C'est le paresseux de l'Écriture, qui veut et ne veut pas; qui veut de loin ce qu'il faut vouloir, mais à qui les mains tombent de langueur dès qu'il regarde le travail de près. Que faire d'un tel homme? Il n'est bon à rien. Les affaires l'ennuient, la lecture sérieuse le fatigue, le service de l'armée trouble ses plaisirs, l'assiduité même de la cour le gêne. Il faudrait lui faire passer sa vie sur un lit de repos.... Il ne faudrait que de l'orgueil pour ne pouvoir se supporter soi-même dans un état si indigne d'un homme. Le seul honneur du monde suffit pour faire crever l'orgueil de dépit et de rage, quand on se voit si imbécile.

« Souvenez-vous, monsieur, que la mollesse énerve tout, qu'elle ôte leur sève et leur force à toutes les vertus et à toutes les qualités de l'âme, même suivant le monde. Un homme livré à sa mollesse est un homme faible et petit en tout. »

5. **Persévérance et caprice.** — Il faut savoir clairement ce qu'on veut et le vouloir avec continuité; est-il besoin de répéter que cette volonté soutenue, cette *persévérance* n'est louable qu'à la condition de la légitimité et de l'honnêteté du but? L'emploi de la volonté est ce qui distingue le plus nettement les caractères des hommes; la nature ne donne pas plus de volonté aux uns qu'aux autres, mais l'éducation et l'instruction différentes et l'inégale intelligence déterminent des directions dissemblables du vouloir. La mobilité des idées, conséquence de l'ignorance de leurs rapports et de l'insuffisante application, entraîne un incessant déplacement de la volonté; ces variations multiples et subites des

résolutions, c'est ce qu'on appelle *caprices*. Les capricieux sont incapables de faire ni leur propre bonheur, puisqu'ils n'ont pas sitôt essayé d'atteindre un but qu'ils s'en détournent et ne peuvent jamais être contents, ni le bonheur des autres, que déconcertent et bouleversent à tout instant les sautes imprévues, impossibles à prévoir, de leur inconsistante fantaisie.

Au caractère capricieux on peut donner comme pendant son contraire, l'entêté. L'*entêtement* n'est pas la persévérance; il est de courte vue, il s'appuie sur l'ignorance, le préjugé, la passion et l'incapacité de jugement et de raisonnement. Les ânes sont entêtés; l'homme persévérant n'a pris son parti qu'en connaissance de cause, sans rien omettre pour et contre son dessein.

6. Courage contre la souffrance. — La souffrance peut rendre lâche un homme qui, avant qu'il n'en fût atteint, avait montré du courage et de l'énergie; parfois aussi tel supporte patiemment une certaine douleur, et cède à une autre : les uns trouvent dans les ressources de leur intelligence un remède aux douleurs morales, et la douleur physique les rend faibles comme des enfants, au point de leur arracher des aveux ou des apostasies, voire de fausses dispositions, et ils ne les auraient pas commis au prix de leur vie, pourvu que la mort leur fût infligée subite et complète d'un coup. Inversement des hommes très résistants aux tortures physiques s'amollissent et perdent toute vigueur sous l'influence de la souffrance morale. Un père, une mère, un époux, courageux dans le supplice de son corps, pour sauver la vie de son enfant, de son épouse, et s'épargner la douleur de sa perte, abaisse sa fierté, consent à de honteuses capitulations.

Comment nous préserver de cette dégradation? en développant de bonne heure en nous l'énergie morale et la vigueur physique, en considérant toujours que pour nous-même et pour ceux qui nous sont chers, l'honneur, la dignité intérieure, la pure indépendance de l'âme, la liberté de conscience sont les biens les plus précieux. C'est en ce sens qu'il faut interpréter la parole célèbre de Blanche de Castille à

Louis IX : « Mon fils, j'aimerais mieux vous voir mort que souillé d'un péché mortel ».

Notre constitution mentale nous permet d'échapper à la souffrance, au moins relativement. Les lois qui régissent les opérations de nos facultés font que l'une décroît à mesure qu'augmente l'action d'une autre. Nous ne pouvons dans le même moment être très sensibles et très appliqués intellectuellement, ou très agissants. Il nous est donc possible de soustraire notre âme à la douleur, soit par une grande dépense d'activité, soit par la concentration soutenue de l'intelligence sur des idées nobles et élevées, c'est ce qui explique la sérénité empreinte sur le visage des martyrs au milieu des supplices.

7. Courage contre le plaisir. — Plus encore que la douleur le plaisir est notre ennemi. Bien qu'elle semble contraire à la nature, la douleur, dans une âme qui s'estime elle-même, a cela de bon qu'elle la stimule à se détacher de la sensibilité et à s'élever et se purifier par la résistance, ou par la résignation stoïque, et surtout par la contemplation des plus hautes vérités; la douleur ennoblit l'âme. L'attrait du plaisir est naturel, il est naturel et jusqu'à certain point légitime de goûter et de chercher le plaisir : mais le plaisir affadit et affaiblit l'âme; il l'encombre de sensations et de sentiments qui voilent l'intelligence, et amollissent la volonté.

Il est d'autant plus important de savoir résister aux séductions du plaisir, qu'elles sont incessantes, infiniment variées et parfois même revêtues d'un aspect d'innocence. Une ferme discipline, imposée à nous-même par nous-même, sera la cuirasse la plus protectrice : il ne s'agit pas de se rendre insensible et de proscrire systématiquement tout plaisir. Cette discipline se ramène à deux règles fort simples : la première est de faire de bonne heure la distinction et le choix entre les plaisirs inférieurs, qui sont aussi les plus faciles et les plus fréquemment offerts, les plaisirs des sens, et les plaisirs supérieurs, les joies délicates qui naissent des occupations de l'intelligence et des affections avouables et nobles : la seconde règle est de ne s'accorder un plaisir même noble et délicat que si, pour en jouir, il n'y a pas à sacrifier le moindre devoir.

On trouve du reste bientôt par cette voie même un plaisir d'une qualité incomparable, le sentiment de sa force morale, la satisfaction sérieuse de se connaître inaccessible aux défaillances.

8. Courage de résister à l'opinion. — Il est deux causes principales de la soumission servile à la pression de l'opinion courante : l'incapacité intellectuelle, et le calcul d'intérêt.

Il ne serait pas sage de poser comme règle qu'on ne doit jamais tenir compte de l'opinion et qu'il est toujours glorieux de lui faire opposition. L'esprit de contradiction est un travers et non pas la marque d'une supériorité intellectuelle ni de la véritable indépendance morale. Mais l'opinion régnante n'est après tout qu'un total d'opinions individuelles; chaque individu est faillible. Il est donc d'abord légitime et nécessaire de subordonner l'opinion publique à l'examen méthodique de notre propre jugement.

La faiblesse morale, où donc apparaîtrait-elle? Lorsque ayant reconnu l'erreur de l'opinion, vérifié le témoignage contraire de notre conscience, nous nous soumettons cependant à la tyrannie de l'opinion, soit par peur, soit dans l'espoir misérable d'obtenir un profit. Nous manquons alors à la loi de dignité personnelle et à la loi de fraternité sociale. La première exige que nous ne commettions pas une sorte de suicide mental, en renonçant ou en prenant l'air de renoncer à nos idées; la seconde que nous fassions tout ce qui est en notre pouvoir, même à nos risques et périls, pour proclamer la vérité que nous croyons posséder et en faire profiter nos semblables.

L'exemple de Socrate, de Jésus est le plus haut enseignement que l'humanité ait connu de cette forme du courage; mais n'allons pas, en ne fixant les yeux que sur ces modèles sublimes, en déduire qu'il faut pour les imiter même de loin une vertu trop difficile et trop rare. Pour l'honneur de l'humanité, l'histoire a enregistré un grand nombre de preuves de la présence de ce courage en des âmes moins distantes du commun des mortels.

9. Courage de reconnaître ses fautes[1]. — La tendance instinctive du coupable conscient de sa faute, c'est de la cacher; deux causes, isolées ou réunies, la déterminent : la peur du châtiment et le sentiment de la honte; au degré le plus bas de la moralité, la peur du châtiment en est l'unique cause, cette peur est une lâcheté; le sentiment de honte est déjà un indice de moralisation-commençante, il est permis d'espérer que le coupable honteux évitera la récidive. Mais la dissimulation n'en constitue pas moins une faiblesse morale; l'adage « péché avoué est à moitié pardonné » signifie très justement que l'aveu dénotant la franchise, fondant présomption de regret et de repentir, prédispose à l'indulgence le juge quel qu'il soit; et c'est précisément parce que nous savons l'impulsion à la dissimulation, même à la négation de la faute que l'aveu nous en paraît méritoire; il résulte, à ce qu'il nous semble, d'un effort de la volonté vers la réparation du mal; c'est une preuve de courage, et l'estime que nous inspire le courage fait contrepoids au jugement sévère mérité par la mauvaise action.

Toutefois cela n'est vrai que si l'aveu est sincère, complet, et pur d'arrière-pensée. Le coupable qui, pour obtenir sa grâce, spécule sur une reconnaissance partielle de ses torts, ajoute la fourberie à la faute initiale, et le calcul intéressé qui préside à son fallacieux amendement aggrave encore son immoralité. Ce n'est plus un coupable repentant, franc et courageux, c'est un cynique rusé.

10. La faiblesse morale. — L'âme faible est celle qui trop facilement s'ouvre aux influences extérieures, exemples, conseils, suggestions de toute sorte, sans les contrôler, ou qui se soumet sans résistance sérieuse à ses propres inclinations, à ses désirs, à ses passions. Dans un cas comme dans l'autre c'est la volonté qui manque de direction ferme et de soutien. Il ne faut pas accuser l'intelligence : ce n'est pas l'ignorance du bien, qui cause cette faiblesse morale : ne voit-on pas des personnes très intelligentes et très ins-

---

1. Voir dans nos *Problèmes de morale*, VIII, 1, le sujet sur l'Expiation et les idées de Socrate sur le bienfait de la punition.

truites de leur devoir, y manquer tout en se reprochant cette défaillance? Le célèbre vers d'Ovide :

Video meliora proboque, deteriora sequor,

« je comprends ce qui est le meilleur, j'y donne mon assentiment, et je poursuis le pire », — caractérise bien ces âmes désarmées et perpétuellement vaincues par les appétits, les instincts, les passions, âmes molles et fluctuantes, aussi incapables de grandeur dans le vice que dans la vertu, âmes esclaves, responsables de leur esclavage. Diderot distingue deux formes dans cette pauvreté de l'âme : la *fragilité* et la *faiblesse*.

« La fragilité c'est, dit-il, une disposition à céder aux penchants de l' nature malgré les lumières de la raison. Il y a si loin de ce que nous naissons [1] à ce que nous voulons devenir; l'homme, tel qu'il est, est si différent de l'homme qu'on veut faire; la raison universelle et l'intérêt de l'espèce gênent si fort les penchants des individus, les lumières reçues contrarient si souvent l'instinct; il est si rare qu'on se rappelle toujours à propos ces devoirs que l'on respecterait; il est si rare qu'on se rappelle à propos ce plan de conduite dont on va s'écarter, cette suite de vie qu'on va démentir; le prix de la sagesse que montre la réflexion est vu de si loin; le prix de l'égarement que montre le sentiment est vu de si près; il est si facile d'oublier, pour le plaisir, et les devoirs, et la raison, et le bonheur même, que la fragilité est du plus au moins le caractère de tous les hommes. On appelle fragiles les malheureux entraînés plus fréquemment que les autres au delà de leurs principes par leur tempérament et par leurs goûts.

« Une des causes de la fragilité parmi les hommes est l'opposition de l'état qu'ils ont dans la société où ils vivent, avec leur caractère. Le hasard et les convenances de fortune les destinent à une place et la nature leur en marquait une autre. Ajoutez à cette cause de fragilité les vicissitudes de l'âge, de la santé, des passions, de l'humeur, auxquelles

1. De ce que sont nos qualités natives.

la raison ne se prête peut-être pas toujours assez, on est soumis à certaines lois qui nous convenaient dans un temps et ne font que nous désespérer dans un autre.....

« L'homme fragile diffère de l'homme faible en ce que le premier cède à son cœur, à ses penchants, et l'homme faible à des impulsions étrangères. La fragilité suppose des passions vives, et la faiblesse suppose l'inaction et le vide de l'âme. L'homme fragile pèche contre ses principes et l'homme faible les abandonne, il n'a que des opinions. L'homme fragile est incertain de ce qu'il fera et l'homme faible de ce qu'il veut. Il n'y a rien à dire à la faiblesse, on ne la change pas ; mais la philosophie n'abandonne pas l'homme fragile : elle lui prépare des secours, et lui ménage l'indulgence des autres ; elle l'éclaire, elle le conduit, elle le soutient, elle lui pardonne. »

On doit ne ratifier pas absolument la conclusion de Diderot, s'efforcer de rendre forte l'âme faible, et garder quelque sévérité à l'âme fragile. A l'une comme à l'autre que leur manque-t-il pour s'affranchir et se régénérer? de regarder en dehors et au-dessus d'elles-mêmes, d'aimer une cause plus pure que leurs égoïstes sensations ; il leur manque un idéal, dont la conception sublime leur donnerait pour l'atteindre la force de combattre en elles-mêmes les éléments pernicieux.

LE SUICIDE. — La violence de la douleur morale ou de la douleur physique, ou des deux réunies, emporte parfois l'homme jusqu'au désir de la mort, et à la résolution de se la donner lui-même. Nombre de personnes parlent du *courage de se tuer*. C'est mal parler : le suicide est au contraire l'irréparable et lamentable preuve de la pire faiblesse morale.

Toutefois il n'est pas inutile d'examiner les arguments par lesquels il a été excusé ou même prétendu légitime [1].

a. Chacun, dit-on, est maître de sa personne et peut disposer de sa vie, qui est presque la seule chose qu'il possède

[1]. Voir, dans *La Nouvelle Héloïse* de J.-J. Rousseau, les deux lettres de Saint-Preux et de mylord Édouard.

en propre. — Nous nous appartenons, il est vrai, mais sous condition que nous nous efforcions vers le bien. Or la destruction totale de l'individu ne peut être considérée comme le but le plus moral; de plus, nous n'appartenons pas à nous seul, mais à l'humanité, à la patrie et à l'État, à nos amis, à nos parents, qui ont acquis des droits sur nous par les soins et les services qu'ils nous ont rendus. C'est nous soustraire au devoir de payer une dette de reconnaissance que de supprimer notre existence dans un but personnel.

b. Mais, dit-on, si l'humanité, l'État, la famille, etc., nous délaissent? — A supposer qu'ils manquent à leur devoir, cela ne nous dispense pas du nôtre, d'autant moins que l'on ne se doit pas exclusivement à ceux qu'on connaît ou à ceux du moment présent; mais on se doit aussi aux inconnus et aux générations futures, car nous avons profité des travaux des générations antérieures et tous les jours nous bénéficions des découvertes d'hommes qui ne nous connaissent nullement.

c. Mais si je suis infirme, incapable, inutile et à charge aux autres? — Ce sera d'abord exercer le courage qui est une obligation et qui consiste à supporter les maux; ce sera en outre rendre service à nos semblables, en leur procurant l'occasion d'exercer la charité et de s'élever ainsi au mérite de la vertu. D'ailleurs, celui qui possède assez d'énergie morale et de force physique pour exécuter un tel dessein est-il si dépourvu de tous moyens de servir ses semblables, soit intellectuellement, soit matériellement?

d. Mais on permet de couper un membre rendu inutile ou dangereux par la maladie; pourquoi l'homme ne pourrait-il supprimer tout à fait son corps? — On ne retranche un membre que pour préserver le reste du corps; c'est donc pour arriver à la conservation qu'on recourt à une destruction partielle. D'ailleurs l'homme doit se considérer comme un soldat à son poste; déserter est un crime.

e. Oui, réplique-t-on; mais ne puis-je considérer le malheur qui dépasse mes forces comme le mot d'ordre qui me relève de mon poste? — La nature elle-même mesure l'intensité de la douleur à la force du patient. Toute douleur qui naturellement ne fait pas mourir doit être réputée supportable. Les grandes douleurs sont courtes, elles tuent ou elles se calment, et parfois disparaissent.

f. On ajoute que le suicide est un moyen d'échapper au déshonneur. — Faux argument : le déshonneur provient des fautes commises, on ne peut l'effacer qu'en réparant. Ce n'est pas réparer que de se soustraire à ses devoirs. Ce n'est qu'une considération égoïste, puisque nous laissons retomber le poids de nos fautes et la peine de notre mort sur notre famille et sur nos amis.

g. Cependant on admire comme héroïques des personnages illustres ayant eu recours au suicide. — Ceux-là étaient illustres avant le suicide; c'est leur vie passée, fertile en preuves de courage, qui laisse présumer que leur suicide n'était pas une lâcheté. Il convient en outre de considérer les circonstances particulières dans lesquelles ils s'y sont décidés. On verra le plus souvent que ce n'est pas par égoïsme qu'ils se sont réfugiés dans la mort; peut-être même se croyaient-ils utiles à leur patrie ou à la morale, en s'immolant au sentiment de l'honneur, et qu'enfin, tout en louant leur fermeté, on n'est pas sans regretter qu'ils aient cru devoir l'employer ainsi (tels Caton, Lucrèce, Beaurepaire).

h. Enfin « je souffre, donc je me tue », c'est un raisonnement fondé sur un état de sensibilité, par conséquent fragile, sans consistance. Rien de variable comme le plaisir et la douleur. Attendez une heure : votre douleur est apaisée, vous reprenez goût à la vie, et parfois même vous êtes étonné de reconnaître que d'avoir souffert vous êtes devenu meilleur et plus heureux.

CHAPITRE III

LA DÉLICATESSE MORALE

Sommaire. — 1. L'homme délicat. — 2. Le scrupule. — 3. Effets
de la délicatesse morale : dégoût des plaisirs grossiers; le
tact.

1. L'homme délicat. — Faire le bien, faire du bien, c'est
la règle fondamentale et universelle; quiconque en est instruit ne saurait s'y soustraire. Mais l'action n'est pas tout,
il y a la manière. On peut faire le bien sans *délicatesse*;
mais alors le bien perd de son prix, et parfois même offense.
Certaines personnes s'acquittent de leurs devoirs avec une
sorte de raideur, de brusquerie, ou vous rendent un bon
office avec un air bourru, accordent un bienfait avec rudesse.
Elles gâtent ainsi leur propre mérite, et la satisfaction
d'autrui. Le fameux Schaabaham souhaitait sans doute
mettre en joie ses sujets en leur offrant un jour une fête
splendide, des spectacles variés, des festins, des feux d'arti-
fices; mais en donnant le signal des divertissements il criait
à tout son peuple : « Allez! et maintenant le premier qui ne
s'amuse pas, recevra cent coups de bâton sous la plante des
pieds ». Ce n'était pas *délicat*. — On vous prête un livre,
vous le rendez, c'est la probité élémentaire; on vous l'a
prêté en bon état, vous le rendez maculé, déchiré; ce n'est
pas délicat.

La *délicatesse* est un perfectionnement dans la pensée et
dans les sentiments, qui augmente le discernement, découvre et choisit les nuances. Elle est quelquefois naturelle; le
plus souvent elle est le fruit précieux et fin de la double
culture combinée de l'intelligence et de la sensibilité.

La *délicatesse morale* est l'effet de l'éducation soignée de
la conscience. Elle tend tout à la fois à éviter pour nous-
mêmes les petites capitulations, les compromis, qui, sans aller
jusqu'à entamer l'honnêteté vulgaire, la ternissent plus ou
moins, et à épargner aux autres le plus léger froissement
de leur dignité, la moindre atteinte à leur moralité. Elle

donne à l'homme même isolé une valeur dont il jouit lui-
même, et en société un charme qui attire, retient et fortifie
la confiance et la sympathie.

2. Le scrupule. — C'est le fait de conscience par lequel
se manifeste la délicatesse morale; il réside dans l'examen
minutieux du droit et du devoir. L'homme scrupuleux
craint toujours d'outrepasser son droit ou de ne remplir pas
assez exactement son devoir.

L'excès de scrupule est un défaut comme tous les excès;
il raffine jusqu'à l'insaisissable, il trouble le jugement, le
rend perpétuellement hésitant, il rompt à tout instant la
volonté et finalement la paralyse.

Mais entre cette exagération maladive et l'absence de
scrupules, il y a place pour une très grande variété de degrés.
Même pour une conscience saine, tel cas peut se présenter
qui suggère un doute. L'essentiel est de sortir du doute, par
un vigoureux effort de raisonnement guidé par la bonne foi.

Observons qu'il est deux façons de n'avoir pas de scrupules : soit parce que la conscience étroite et fermée montre
avec précision en pleine lumière tout le devoir; soit parce
que la passion, l'intérêt ont étouffé tout avertissement ou
toute protestation de la conscience. C'est dans ce dernier
sens qu'est employée couramment l'expression d'*homme
sans scrupules*.

3. Effets de la délicatesse morale. — La délicatesse
morale détermine un double effet dans la direction et la
manifestation de la sensibilité.

a. Dégoût des plaisirs grossiers. — On la reconnaît
d'abord à la répulsion qu'éprouve l'âme pour tout ce qui est
bas, malpropre ou vil, pour les procédés louches et les équi-
voques qui couvrent d'apparences à peu près correctes une
conduite malhonnête au fond, puis au dégoût des plaisirs
grossiers qui ne flattent que les sens et affaiblissent et dégradent les facultés spirituelles, comme la gourmandise, la
gloutonnerie, la luxure, l'ivrognerie. La délicatesse morale
s'écarte pareillement des jeux brutaux dans lesquels la
force musculaire, au lieu d'être réglée par l'intelligence et
subordonnée à l'adresse, est au contraire au service de la

violence et de l'instinct; elle se révolte contre les jeux cruels tels que les combats d'animaux; et plus exigeante encore avec raison, elle nous fera prendre en horreur la grossièreté des manières, des attitudes, du langage, et par suite nous guidera dans le choix des fréquentations.

b. LE TACT. — Le second effet et, pour ainsi dire, le second degré de la délicatesse morale c'est l'inspiration d'actes supérieurs à la commune mesure de l'honnêteté nécessaire et de la civilité conventionnelle; elle nous garantit d'abord du risque de tomber dans l'inconvenance, cela n'est que le minimum; elle suggère les attentions, les prévenances, les ingénieuses gentillesses par lesquelles nous témoignons notre désir d'être agréable ou notre gratitude; de cette délicatesse naît le *tact*, qualité rare et importante dans la vie sociale, qui consiste dans le discernement immédiat et exact de l'à-propos et des situations relatives des personnes et des choses. L'intelligence y contribue largement mais n'y suffit pas; il faut *sentir* ces nuances.

Mais encore une fois rappelons la règle de la modération : « Les délicats sont malheureux », a-t-on dit. Ils sont en effet plus que les grossiers sensibles à mille incorrections, à des manques de goût, à des défauts de tact et ils peuvent en souffrir. La prudence veut que nous soyons en surveillance de nous-même, afin d'arrêter à temps l'excessif raffinement de la délicatesse qui deviendrait une susceptibilité maladive.

CHAPITRE IV

LA PROBITÉ

SOMMAIRE. — 1. La probité est une forme de la justice. — 2. Le vol, la fraude et les passe-droits. — 3. Le respect des engagements. — 4. La probité de l'écolier.

1. La probité est une forme de la justice. — Ne nuire à personne et rendre à chacun ce qui lui est dû, c'est la stricte justice. Dans le sens le plus général la *probité* c'est la scrupuleuse attention à ne léser personne, même involontairement, et à réparer tout dommage. Elle représente donc la forme supérieure et complète du respect du bien et du droit d'autrui. Et comme c'est nuire à autrui que de n'apporter pas tout le soin possible dans l'accomplissement des missions, des offices ou des travaux qui nous sont confiés, nous péchons par improbité toutes fois que par une négligence inconsciente ou calculée nous livrons une marchandise ou un ouvrage ou faisons un service inférieur à ce qu'il doit être.

La probité est plus sévère, plus méticuleuse que la justice vulgaire, souvent confondue avec la légalité. La loi positive par exemple admet la prescription des dettes au bout d'un certain temps; ce temps fût-il deux fois, trois fois écoulé; l'homme probe ne profitera pas de cette facilité légale pour s'affranchir de sa dette sans la payer. La loi sur la faillite établit qu'un commerçant failli à qui ses créanciers accordent un concordat, c'est-à-dire un accord en vertu duquel leur débiteur sera tenu quitte de sa dette s'il en paie une partie seulement, même si plus tard ses affaires devenues prospères, il s'enrichit. L'homme probe ne considère son concordat que comme une mesure d'indulgence, et, dès qu'il le peut, renonçant au bénéfice de la loi, désintéresse ces créanciers.

La probité nous défend de nous approprier un objet trouvé.

2. Le vol, la fraude, le faux et l'abus de confiance; les passe-droits. — Dérober, de quelque façon que ce soit, le bien d'autrui, c'est le priver de ses moyens d'existence et de perfectionnement. Le vol est un crime contre l'individu et contre la société : contre l'individu à qui il enlève le fruit légitime de son travail ou du travail de ses ancêtres; contre la société, dont il menace la sécurité, chacun pouvant redouter d'être à son tour victime du voleur. Le vol est l'acte précis par lequel on s'approprie plus ou moins ouvertement le bien d'autrui. La fraude [1] s'en distingue en ce qu'elle se dissi-

1. Voir, dans nos *Problèmes de morale*, V, 5, le sujet sur les fraudes commises au préjudice du trésor public à la douane, à l'octroi.

mule et ne laisse pas au propriétaire la possibilité certaine de défendre son bien : elle est compliquée d'hypocrisie et de mensonge. Cartouche arrêtant des diligences sur les grandes routes, le pick-pocket soutirant des poches de ses voisins leur montre et leur porte-monnaie sont des voleurs avérés. Le marchand qui trompe sur le poids ou la qualité de la marchandise vole d'autre façon ; son vol se nomme *fraude*. D'autre part celui qui achète et ne paye pas sa dette commet la même faute ; et, s'il savait au moment d'acheter qu'il serait hors d'état de payer, c'est une circonstance aggravante.

Il est une forme particulière de la fraude qui consiste à dissimuler l'introduction d'objets soumis à des taxes de douanes ou d'octroi, ou des biens frappés d'un impôt comme dans les successions.

L'immoralité de ce procédé éclate aux yeux ; la tromperie repose sur une fausse déclaration, sur un mensonge et proprement elle dérobe au trésor public ce qui lui doit revenir.

Il y a *dol* lorsque, sous des apparences honnêtes ou légales, on ne rend pas à autrui ce qui lui est dû, ou qu'à l'aide de paroles captieuses on l'amène à consentir à une convention désavantageuse qu'il n'eût certainement pas acceptée s'il eût reconnu ce qu'elle est.

Le *faux* par lequel on altère les chiffres d'un compte ou la signature d'un écrit est un crime du même ordre. Il s'aggrave encore lorsque le faussaire est commis à la garde ou à la vérification de ces écritures. Il a reçu cette mission à cause de la confiance qu'il inspire ; on est moins prémuni contre lui, on ne le surveille pas, lui qui est chargé de surveiller : sa fraude se double d'un abus de confiance ; de même lorsque celui qui vole est employé dans la maison à titre de commis ou de serviteur, puisque comme tel il pénètre partout sans qu'on s'en défie ; et encore lorsqu'un dépôt a été confié et que le dépositaire refuse de le rendre selon les conventions.

Tous ces crimes contre la propriété ont pour origine la cupidité, et le coupable en espère un profit. Il en est d'autres qui, bien que ne devant pas profiter à celui qui les commet, n'en sont pas moins condamnés par la morale et par les lois ; tels le pillage, l'incendie et tous les autres moyens par lesquels on cherche à nuire aux biens d'autrui par un sentiment de haine, d'envie ou de vengeance.

a. COMPLICITÉ DES CRIMES CONTRE LA PROPRIÉTÉ. — On commet l'injustice, nous l'avons dit, en ne l'empêchant pas quand on le pourrait. L'application de ce principe est bien évidente à propos de la propriété. Recéler le produit du vol, avertir le voleur des précautions utiles pour perpétrer son vol, acheter à bas prix ou accepter en cadeau des objets sachant qu'ils ont été volés, en un mot tout acte aidant ou encourageant le voleur est une complicité et à différents degrés engage la responsabilité.

b. EXTENSION DU RESPECT DE LA PROPRIÉTÉ. — La règle morale s'étend même plus loin : elle interdit de garder les objets trouvés par hasard, si l'on en connaît le propriétaire ; et elle ordonne de le rechercher s'il n'est pas connu.

Enfin elle veut que notre négligence ou notre imprudence ne portent aucun préjudice ou ne provoquent aucun dégât dans la propriété, et, si malgré notre volonté nous avons causé un dommage, elle ordonne de le réparer de notre mieux. Ce n'est même pas une raison légitime de tromper autrui que d'avoir été trompé soi-même ; ainsi celui qui a reçu de la fausse monnaie n'a pas le droit de la passer à un autre. Les deux actes sont indépendants. Chaque auteur est responsable du sien.

c. LES BIENS COMMUNS. — Il n'est pas que des biens particuliers et des propriétés privées : il est aussi des biens communs à tous les hommes et dont la nature destine à chacun sa part. Ce sont précisément les éléments naturels nécessaires à la vie : l'air, la lumière, le feu, l'eau. Ce que chacun en use ne prive personne : ils sont par leur essence intarissables, et ce n'est pas se dépouiller que de les partager : de là les prescriptions anciennes : « *Ne jamais interdire l'eau courante, ne refuser pas du feu au voyageur qui passe* ».

d. RESPECT DES PROPRIÉTÉS PUBLIQUES. — Enfin les propriétés collectives, comme sont les édifices et jardins publics, les domaines de l'État, sont aussi sacrées que les propriétés privées. Elles ont même, s'il est possible, un caractère plus respectable encore, puisqu'elles servent à tous, et celui qui les détériore, les pille ou les soustrait en est plus coupable peut-être, puisqu'il nuit à un plus grand nombre.

b. LES PASSE-DROITS. — La capacité prouvée, l'expérience acquise, la durée du service créent à tout travailleur — ouvrier, artisan, commis, fonctionnaire, collaborateur et coopérateur, — des droits particuliers et proportionnels soit à une augmention de salaire, soit à un avancement dans la carrière. Le chef ou patron a le devoir strict de tenir très précisément compte des mérites de chacun de ses subordonnés, et de lui attribuer, le moment venu, les avantages ou récompenses légitimement espérés.

Le *passe-droit*, par lequel *passant par-dessus le droit* d'un subordonné, le chef donne par faveur la préférence à un autre, est une révoltante iniquité. Cette façon d'agir dénote l'absence de scrupule ; dans la vie privée la morale (parfois aussi les tribunaux en cas de contrat explicite, mais c'est rare) est la seule loi du supérieur, la seule sauvegarde de l'inférieur ; dans les fonctions publiques il est possible et nécessaire que le principe d'équité soit sanctionné. L'acte de favoritisme devrait faire priver de toute autorité l'homme qui par là se montre indigne d'en être investi. Sa conduite est en effet blâmable à plusieurs points de vue : d'une part elle cause un préjudice grave à la victime du passe-droit, préjudice matériel par la privation des améliorations attendues, préjudice moral, par le froissement d'amour-propre, par la colère et l'aigreur et par le découragement qui résultent du droit méconnu ; d'autre part elle propage la démoralisante idée que la faveur est un plus sûr moyen d'avancement et de fortune que le mérite ; en conséquence on ne croit plus qu'au pouvoir de la *recommandation* ; dès lors chacun cherche à se faire *recommander*, quémande le secours de l'influence des hommes en place, se fait le *client*, au sens le plus défavorable du terme, des personnages puissants. Abaissement des caractères, esprit de courtisanerie, voilà où mène le passe-droit.

3. Respect des engagements. — *a.* LES INDIVIDUS VIVENT PAR DES SERVICES MUTUELS. — La société a pour but de permettre aux hommes d'atteindre plus sûrement leur fin par de mutuels services : dans l'ordre matériel comme dans l'ordre moral ils ont besoin les uns des autres. Parmi ces services, les uns proviennent de la sympathie, de la bienveillance, de la charité : leur caractère, c'est d'être volontaires, comme de partager sa nourriture ou son vêtement avec celui qui en est dépourvu. Les autres ont pour principe et pour objet l'intérêt, comme quand il s'agit d'exécuter un travail, soit de bâtir une maison, soit d'apprendre un art ou un métier. Ceux-là sont réglés par des conventions mutuelles, des contrats, où de part et d'autre on s'engage à échanger le service rendu contre une rémunération spécifiée.

La vie économique des peuples et des particuliers repose sur la valeur de ces contrats : entre acheteur et vendeur, patron et ouvrier, maître et serviteur, propriétaire et locataire ou fermier, prêteur et emprunteur, c'est la promesse réciproque qui établit la confiance, et, comme dit le langage juridique, *la convention fait la loi des parties.*

b. LA BONNE FOI EST UNE LOI SOCIALE. — Dans l'observation du contact consiste la bonne foi; dans la violation, la mauvaise foi.

Le premier effet funeste de la mauvaise foi, si elle n'était réprimée sévèrement, serait l'arrêt des transactions, la cessation des travaux, l'interruption des entreprises, la ruine pour tous. Dans l'ordre moral elle ne serait pas moins désastreuse : elle jette le trouble et la méfiance dans l'esprit, engendre la haine et le désir de la vengeance. Elle est un des pires mensonges : le *parjure*; elle est une fraude, puisqu'on refuse alors de supporter les charges qu'on a d'abord acceptées en échange d'un avantage, et qu'on les rejette sur celui qui nous a concédé cet avantage.

La justice exige donc qu'on observe toute promesse faite librement; il n'est pas nécessaire qu'elle ait été écrite : la parole suffit, et dans beaucoup de cas même le consentement tacite. Il faut comprendre que notre promesse constitue pour celui à qui nous avons promis une sorte de propriété;

et toutes les règles relatives au droit de propriété sont applicables à cette circonstance.

c. **A quelles conditions une promesse est-elle sacrée ?** — Toutefois il importe de spécifier les caractères d'une promesse valable.

1° *Il faut qu'elle ait été faite librement et consciemment.*

La promesse que l'on arrache par la violence ou par la menace est nulle de plein droit, et le coupable est non celui qui ne l'exécute pas, mais celui qui l'a extorquée.

La promesse faite par un fou sans qu'on l'y contraigne, ou par tout homme qui n'est pas dans son bon sens, est aussi comme si elle n'était pas, puisqu'il n'a pu comprendre ni mesurer l'effet de son engagement. C'est même une faute que d'accepter une promesse dans ces conditions et d'en réclamer l'exécution.

2° *Il est nécessaire en outre que l'on n'ait rien promis de contraire à la justice, aux bonnes mœurs, ni aux lois.*

Lorsqu'on a commis cette première faute de promettre contre l'honnêteté, tenir sa parole en serait une seconde : le devoir est de s'abstenir. Celui qui s'est engagé à voler ou à tuer ne doit pas rester fidèle à cet engagement. Ce serait corrompre la règle morale que de prétendre respecter la loi des contrats dans un cas semblable.

3° *La règle est aussi que l'exécution de la promesse ne soit pas nuisible à celui qui l'a reçue.*

Ainsi, pour emprunter un exemple au théâtre, si Neptune n'avait pas fait ce qu'il avait promis à Thésée, Thésée n'eût pas été privé de son fils Hippolyte, dont il pleura ensuite amèrement la mort.

De même ce serait agir contre le devoir que de rendre certains dépôts. Si un homme sain d'esprit vous confie une épée, et que, devenu fou, il la réclame, le devoir est de ne pas la rendre. Et il faudrait encore la refuser si, bien que demeuré sain d'esprit, il eût l'intention, connue de vous, de s'en servir contre lui-même, ou contre un autre, ou contre l'État.

Il est même certains cas où l'on est dégagé justement de

sa promesse si l'exécution vous apportait plus de préjudice que d'avantages à celui envers qui vous vous êtes obligé. Supposons, dit Cicéron, que vous ayez pris jour avec un homme pour l'accompagner devant la justice en qualité de conseil, et que dans l'intervalle votre fils tombe dangereusement malade, vous ne manquerez pas au devoir en ne vous trouvant pas au rendez-vous ; celui auquel vous l'avez donné y manquera bien plutôt s'il se plaint que sa cause est délaissée.

Ajoutons qu'il est criminel d'introduire dans un contrat des clauses captieuses, obscures, dans le dessein de s'en prévaloir contre celui qui les accepte sans en pouvoir découvrir le danger : car la pire injustice est celle qui affecte l'apparence de la justice et parfois même s'appuie sur le texte des lois.

4. La probité de l'écolier. — Il n'y a pas *plusieurs probités*, mais il y a selon l'état des manifestations diverses de la probité. Pour un caissier, être probe c'est tenir sa comptabilité exacte et claire et ne soustraire pas un centime de sa caisse ; pour un commerçant c'est ne vendre que la marchandise de bon emploi, et ne livrer pas à la consommation même à bas prix des denrées avariées éventuellement nocives, remplir ses engagements, même si une indulgente disposition de la loi l'en exonère, par exemple, dans le cas plus haut cité de faillite et de concordat.

La probité n'est pas une vertu supérieure à la moyenne mesure de l'honnête : c'en est au contraire le minimum, et pour s'en convaincre il suffit de considérer l'idée éveillée par le terme contraire, improbité. Ingres, le grand artiste, disait : « Le dessin c'est la probité de la peinture ». Il appliquait ainsi à son art le principe que nous énonçons ; il exprimait que la couleur peut faire illusion, mais qu'il n'y a pas, malgré la richesse et l'harmonie du coloris, de tableau vraiment bien fait s'il est négligemment ou maladroitement dessiné.

Cela posé quelle sera la probité de l'écolier ? Elle touche d'une part à ses rapports avec ses maîtres, d'autre part à ses rapports avec ses camarades, et doit gouverner et sa tâche d'étude et sa conduite.

Probe sera l'écolier qui en aucune circonstance ne cherche à tromper le professeur ou le surveillant : présenter des devoirs qu'il n'a pas faits lui-même, s'ingénier à lire sans être surpris la leçon non sue qu'il devrait réciter de mémoire, enfreindre sournoisement la discipline en ne commettant la faute qu'avec l'assurance ou l'espoir que l'auteur n'en sera pas découvert, que peut-être un autre sera soupçonné à sa place, autant d'improbités graves; car l'élève se propose pour but ou de subtiliser, on pourrait dire *escroquer*, une note, une récompense, à laquelle il n'a pas droit, ou d'esquiver une punition qu'il mérite; et combien plus grave la *tricherie* commise dans une composition, dans un concours! par ce moyen frauduleux non seulement il trompe l'examinateur, mais il *vole* la place d'un concurrent.

Et de quel mépris ne semble pas devoir être accablé l'écolier qui, après avoir commis une faute, laisse le soupçon, l'accusation, le châtiment s'égarer sur un innocent! En parlant du courage nous avons exposé que se dénoncer après la faute, en est une preuve honorable. Il ressort par simple opposition des termes que ne revendiquer pas la responsabilité de ses actes, c'est une lâcheté.

Le plus souvent le délinquant ne se rend pas compte de la gravité morale de sa supercherie. Il n'est pas permis de pallier son tort; il est nécessaire de lui en montrer toute l'injustice, toute la laideur, afin qu'il s'en détourne.

Et si la probité doit présider au travail, elle ne doit pas non plus être absente des jeux : le tricheur est un compagnon à éviter; sa mauvaise foi, si elle n'est tout de suite corrigée, empire par l'impunité : la tricherie au jeu est le prologue de la fraude et du vol dans les affaires sérieuses.

C'est du reste une profonde erreur, trop fréquente dans l'esprit des écoliers que la vie à l'école et la vie dans le monde sont différentes, et qu'il suffira, les études terminées, qu'un jeune homme ou une jeune fille quitte le collège ou la pension, pour posséder aussitôt, par simple changement d'air, toutes les qualités requises, pour être une personne sociable, estimable et agréable dans le monde. L'école est un des cercles de la société : comme chaque cercle elle a ses règles et sa discipline propres, mais elle n'est pas pour cela soustraite aux lois générales de la vie de relations. L'expérience démontre que, sauf de rares exceptions, les qualités acquises et les vices contractés au cours de l'adolescence persistent toute la vie.

CHAPITRE V

LA BONTÉ

Sommaire. — 1. Définition et caractères de la bonté. — 2. La bonté est une qualité essentiellement humaine. — 3. Les formes de la bonté. — 4. Affection pour les parents, pour les frères. — 5. L'amitié. — 6. La bonne camaraderie. — 7. La politesse. — 8. La pitié et la cruauté. — 9. La générosité. -- 10. La bonté envers les animaux.

1. Définition et caractères de la bonté[1]. — La qualité suprême de la sensibilité est la *bonté*. Être bon c'est vouloir le bonheur d'autrui et s'efforcer d'y contribuer par des actes

[1]. « C'est, dit notre vieux Pierre Charron, une doulceur, facilité et débonnaireté de nature, non pas (afin que personne ne se trompe) une mollesse, une féminine[*], sotte, bonasse et vicieuse facilité, qui faict que l'on veult plaire à tous, ne desplaire ny offenser personne, encore qu'il y ait subject juste et légitime, et que ce soit pour le service de la raison et de la justice. D'où il advient qu'ils ne veulent s'employer aux actions légitimes quand c'est contre ceulx qui s'en offensent ny aussy refuser du tout les illégitimes quand c'est envers ceulx qui y consentent. D'eulx on dict, et est ceste louange injurieuse, *il est bon, puisqu'il est bon mesme aux meschants*. Et cette accusation vraye, *comment serait-il bon*, puisqu'il *n'est pas mauvais aux meschants?* Il faudrait plutôt appeler ceste bonté, innocence, selon que l'on appelle les petits enfants, brebis, et autres telles bestes innocentes. Mais une actifve, forte, masle et efficace bonté qui est une prompte, aysée et constante affection à ce qui est bon, droict, juste, selon raison et nature. »

[*] Au temps de Charron, l'éducation généralement négligée de la femme contribue à faire méconnaître et mésestimer ses capacités intellectuelles.

désintéressés. La bonté ajoute à toutes les actions justes un charme et une grâce qui les embellissent, et font aimer leur auteur. Elle engendre la douceur, l'indulgence et la patience, cette si merveilleuse vertu qui allège pour nous-mêmes et pour ceux qui nous entourent les tracas et les misères inévitables; par contre la bonté exclut la malice, la moquerie, l'intransigeant rigorisme. Il se peut qu'une personne soit bonne par nature, il se peut aussi que, réformant une propension à la malignité, à la méchanceté, une personne devienne bonne par l'éducation; la bonté, même instinctive, est pour soi si douce et si effectivement sympathique que dans les animaux aussi elle nous semble une qualité supérieure à l'intelligence. Qui ne sait et ne sent tout ce que nous faisons entrer d'estime, d'attachement et de confiance dans la familière locution, « c'est un bon chien »?

Mais il y a une bonté plus morale, et par cela plus admirable, c'est la bonté intelligente. Trop souvent et à grand tort, dans le commun usage de la vie, on associe l'idée de *bon* à celle de *naïf* ou de *faible*. Et, par une déviation du jugement, de peur d'être taxé de naïveté ou de mollesse, on referme, on rétrécit, on endurcit le cœur; là encore manque de discernement et de mesure. Il faut *savoir* comment, envers qui, à quel point, à quel moment, la bonté doit s'exercer.

Mais à tout prendre mieux vaut pécher par excès de bonté, dût-on passer un moment pour naïf aux yeux des gens trop *malins*, que de leur ressembler et d'étouffer son cœur sous la préoccupation de montrer beaucoup d'esprit, auquel cas on en veut souvent montrer plus qu'on n'en a, ridicule plus honteux que la simplicité d'esprit.

2. La bonté est essentiellement humaine. — « La bonté, quand on la considère de près, dit un éminent écrivain du XIXe siècle, Prévost-Paradol, n'est rien moins que le privilège le plus particulier de notre nature et le trait qui, peut-être, nous distingue le plus profondément du reste de l'univers.... Au milieu de toutes les grandeurs du monde physique, des éclatantes beautés qui le décorent, de ces vastes monuments soumis à des lois inflexibles, au milieu de cet âpre combat pour la vie, auquel tout ce qui existe est condamné, vous chercheriez en vain la bonté; elle n'habite que le cœur de l'homme.

« Seul entre toutes les créatures, l'homme connaît une autre émotion que celle de sa propre souffrance; le contre-coup de la douleur d'autrui l'atteint, et, en portant secours à ceux qui souffrent, il sent qu'il se soulage lui-même. Bien plus, il sent qu'il s'élève, il découvre qu'il y a de ce côté, dans son âme, une sorte de chemin ouvert vers une région supérieure à celle où s'agite tout ce qui l'entoure et où le reste de son être le tient lui-même attaché! Enfin il ne peut se résoudre à se croire le seul être bon dans l'univers et à regarder son cœur comme l'unique sanctuaire où la bonté réside. Il cherche donc à entrevoir, au delà des rigueurs du monde visible, la souveraine bonté unie à la pleine puissance, et c'est là qu'il met son espoir ou plutôt son recours contre la dureté de la nature et contre les froissements de la vie. Quand les mœurs s'adoucissent, quand l'homme s'améliore, la bonté est le trait qui le frappe et l'attire le plus dans sa conception de la personne divine. Un poète ancien [1] a dit que la crainte avait enfanté les dieux; soit. Si pourtant c'est le culte de la peur qui a élevé les premiers autels, c'est le culte de la bonté qui les conserve. »

Ainsi définie et comprise la bonté paraît le point culminant de l'éducation de la sensibilité, et l'un des éléments supérieurs de la moralité.

3. Les formes de la bonté. — Sous des formes diverses, elle est l'inspiratrice de toutes les affections désintéressées : disposition à bien juger autrui, désir d'être utile et d'accorder le bienfait, que peut-être la pénurie des moyens rend impossible, c'est la *bienveillance*; si à la volonté se joint la puissance de donner l'aide et le secours matériels, c'est la *bienfaisance*; moins haut, s'il s'agit non plus d'accorder des bienfaits palpables, mais seulement de rendre des services qui ne coûtent aucun sacrifice matériel, ni une grande dépense de temps, elle est l'*obligeance*. S'applique-t-elle

1. Lucrèce.

surtout à soulager les souffrances physiques, et mieux encore
à les prévenir et les empêcher, on l'appelle *humanité*; à
l'allégement des misères qui atteignent l'être physique,
ajoute-t-elle la consolation des peines morales, la guérison
des plaies de l'âme, elle devient *charité*; quand elle entraîne
l'âme à donner libéralement, avec ardeur, soit les biens
extérieurs, soit les richesses morales, c'est la *générosité*; et
quand l'effort qu'elle propose à l'âme est non plus seulement de faire du bien à qui ne nous a fait ni bien ni mal,
mais de pardonner à qui nous a nui, la bonté s'élève plus
magnifiquement encore, nous la reconnaissons sous le nom
de *clémence*; elle présente le plus doux aspect de la grandeur d'âme.

4. Affection pour les parents, pour les frères. —
a. AFFECTION FILIALE. — Jusqu'à l'âge où le développement
de nos forces physiques et spirituelles nous permet d'assurer
et de conduire notre existence, nous recevons tout de nos
parents; nous contractons envers eux une dette et nous
l'acquittons par l'obéissance dans l'enfance et la jeunesse, par
le respect et la reconnaissance dans tout le cours de notre
vie, par l'assistance matérielle et morale, si besoin est, dans
le temps de leur vieillesse correspondant à notre âge mûr.
L'accomplissement de ces devoirs est rigoureusement
ordonné par la justice, comme le paiement d'une dette; il
ne suffit pas : si l'affection ne s'y mêle, et ne le pare du
charme de la bonne grâce, le cœur de l'enfant resté froid et
comme à l'écart, n'éprouve point de joie dans le bienfait, il
n'en donne pas au cœur des parents, que blesse même
l'exacte observation des obligations auxquelles le fils ou la
fille semble ne se soumettre que pour n'être pas en défaut.

Notre vieux maître Charron émet cette mélancolique
réflexion, trop souvent vraie : « L'affection est réciproque
et naturelle entre les parents et les enfants : mais elle est
plus forte et plus naturelle des parents aux enfants, pour ce
qu'il est donné de la nature allant en avant, poussant et
avançant la vie du monde et sa durée. Celuy des enfants
aux pères est à reculons, donc il ne marche si fort ne si
naturellement, et semble plustost être payement de dette et

reconnaissance du bienfait que purement un libre, simple et naturel amour. » Et la raison qu'il en donne est fort logique : « Les choses sont plus aymées qui plus nous coustent; plus est cher ce qui est plus cher. Or engendrer, nourrir, esleiver, couste plus que recevoir tout cela. »

L'enfant de bonne nature et de réflexion sensée ne se fera pas faute de contredire par son affection filiale le raisonnement de Charron. Qu'il se représente l'effort continu de son père pour lui fournir tout le nécessaire et parfois le superflu, la vigilance perpétuelle de sa mère, les alarmes que cause à ses parents la moindre altération de sa santé; la facilité avec laquelle ils sacrifient leurs plaisirs, voire leurs commodités pour que lui soit mieux élevé, préservé des rudesses de la vie; que de peines ils s'imposent pour lui ménager dans le monde la considération, la sympathie, la bienveillance; et qu'il ne dise : « Ils le font parce qu'ils le doivent ». Leur devoir strict exige beaucoup moins; ils le font parce qu'ils aiment l'enfant et veulent son bonheur. Toute leur vie s'absorbe et se consume dans la sienne.

Comment un tel amour n'appellerait-il pas l'amour de celui qui le connaît, le comprend, en jouit? Aussi l'affection filiale, n'est-ce pas seulement cet instinctif attachement de l'enfant du premier âge à ses parents, et surtout à sa mère, attachement égoïste au fond, né du besoin de protection et de l'habitude. C'est surtout un sentiment désintéressé jusqu'au dévouement[1], parce qu'il est fondé sur l'appréciation de la bonté paternelle et maternelle. Il se manifeste par des attentions, des prévenances, d'ingénieuses façons de témoigner la tendresse, la douceur du parler, la constante précaution de ne causer aucune peine.

« L'enfant ne saura jamais bien, a-t-il été dit, ce qu'il a coûté à ses parents jusqu'à ce qu'il ait des enfants. » Cela est vrai, l'expérience personnelle l'en instruit plus complètement. Et souvent aussi c'est après la disparition des parents seulement que l'enfant mesure tout ce qu'ils étaient

1. Voir dans nos *Problèmes de morale*, IV, 8, Le fils de Démétrios.

pour lui, quelle affection ils méritaient, et il se reproche, trop tard, de ne les avoir pas assez aimés ; et quel regret à la pensée que ses parents ont pu douter de son affection ! Combien il importe de se prémunir contre ce tourment, que peut à peine apaiser l'hommage posthume de notre tardive piété filiale !

b. Affection fraternelle. — Un moraliste italien, de la première moitié du xix° siècle, célèbre surtout par le récit de la captivité qu'il subit à cause de son patriotisme hostile à la possession de la Vénétie et d'autres provinces par l'Autriche, Silvio Pellico, a excellemment parlé de l'affection fraternelle, et montré que « pour bien pratiquer envers les hommes la science divine de la charité, il faut en faire l'apprentissage dans la famille. »

« Quelle douceur ineffable, dit-il, n'y a-t-il pas dans cette pensée : « Nous sommes les enfants d'une même mère ! » Si vous voulez être bons frères défendez-vous de l'égoïsme. Que chacun de vos frères, que chacune de vos sœurs voie que ses intérêts vous sont aussi chers que les vôtres. Si l'un d'eux commet une faute, soyez indulgent pour le coupable. Réjouissez-vous de leurs vertus : imitez-les.

« L'intimité du foyer ne doit jamais vous faire oublier d'être poli avec vos frères. Trouvez dans vos sœurs le charme suave des vertus de la femme ; et puisque la nature les a faites plus faibles et plus sensibles que vous, soyez plus attentifs à les consoler dans leurs afflictions, à ne pas les affliger vous mêmes.

« Ceux qui contractent à l'égard de leurs frères et de leurs sœurs des habitudes de malveillance et de grossièreté restent malveillants et grossiers avec tout le monde. Que le commerce de la famille soit uniquement tendre et saint, et l'homme portera dans ses autres relations sociales le même besoin d'estime et de nobles affections. »

5. L'Amitié. — *a.* Son caractère. — L'amitié n'est autre chose qu'*un accord parfait sur les choses divines et humaines joint à la bienveillance et à l'affection.* Cette définition est de Cicéron. Elle marque bien l'essence de l'amitié : d'abord la communauté des idées et des sentiments sur les sujets les plus importants, puis l'affection réciproque qui engendre sans effort le dévouement ; enfin la difficulté même d'établir ce parfait accord et cette affection dévouée circonscrit nécessairement l'étendue de l'amitié et la concentre sur quelques-uns seulement.

Il importe extrêmement de bien choisir ses amis, pour deux raisons principales : la première est que l'amitié nous fait vivre plus constamment avec nos amis, nous pousse à les imiter ; leurs idées et leurs sentiments influent sur les nôtres. Rien n'est donc plus capable que notre ami de nous rendre bon ou mauvais, juste ou injuste, délicat ou grossier. La seconde est que l'amitié l'emporte même sur la parenté ; l'affection peut disparaître chez celle-ci, et jamais chez nos amis ; ôtez en effet l'affection, l'amitié n'a plus de nom, la parenté garde encore le sien.

b. UN BON AMI EST LE PLUS PRÉCIEUX DE TOUS LES BIENS. — Un ami vertueux est comme une autre conscience qui nous parle haut quand la nôtre parle trop bas ou se tait. Sans compter qu'un bon ami est toujours prêt à se substituer à son ami dans ce qui lui manque, soit dans les soins de sa maison, soit dans les affaires de l'Etat ; il l'aide à faire du bien à ceux qu'il veut servir ; si quelque crainte le trouble, il vient à son secours, partageant ses dépenses et ses démarches, employant de concert avec lui la persuasion ou la force, le réjouissant dans le bonheur, le relevant dans le malheur. Et souvent ce que l'on n'a pas fait pour soi-même, ce que l'on n'a voulu ni voir, ni entendre, ni parcourir pour son compte, un ami le fait, le voit, l'entend, le parcourt pour son ami.

c. IL NE FAUT PAS DONNER L'UTILITÉ POUR BASE A L'AMITIÉ. — Mais ce serait vicier la nature de l'amitié que de la cultiver par intérêt. Un tel calcul lui répugne absolument, autant que ce qui est variable et entaché d'égoïsme repousse ce qui est constant et capable de dévouement. Celui qui envisage l'utilité qu'il tirera d'un autre songe à ne rien donner, mais à tout recevoir, ou tout au moins à ne donner qu'autant qu'il recevra. C'est ainsi qu'on fait des affaires, que l'on conclut des marchés, des ventes, des locations et des échanges. Mais alors aucun des contractants ne croit devoir de reconnaissance à l'autre. L'amitié doit être recherchée et cultivée pour elle-même et pour les mérites de celui qu'elle nous attache. Et, pour être sincère, il faut qu'elle nous fasse souhaiter d'obliger notre ami plus que d'être obligé par lui.

d. L'HONNÊTETÉ EST LA LOI DE L'AMITIÉ. — Il n'est point de liaison durable entre les vicieux : leurs vices mêmes finissent par s'opposer et les désunissent. Aussi les ruptures viennent-elles le plus fréquemment d'une injustice. Si le dévouement est la condition de l'amitié, il n'est pas moins vrai que la justice en doit régler le zèle. Il n'y a point d'excuse pour le crime que nous a fait commettre un ami. Si, par exemple, Coriolan ou le connétable de Bourbon avaient eu des amis, il n'est pas douteux que ceux-ci auraient dû refuser de les suivre dans leurs entreprises contre la patrie.

Bien loin de nous associer aux fautes de nos amis, notre devoir envers eux nous oblige à les en détourner de tous nos moyens. L'existence de l'amitié y est engagée, car, si la vertu est la raison fondamentale pourquoi nous les aimons, comment les pourrons-nous aimer s'ils se sont souillés? Établissons donc pour première loi en amitié de ne rien demander, de ne rien accorder de coupable[1].

e. IL NE FAUT PAS RENIER UN AMI DANS LE MALHEUR OU DANS LA FAUTE. — Ce serait cependant mal comprendre l'amitié que d'abandonner l'ami qu'une passion aveugle ou une perversion de jugement a entraîné au mal. Ne pas l'y aider est bien; mais il est bien aussi de lui venir en aide pour réparer et se réhabiliter. Bien faible et bien légère serait l'amitié qui ne nous procurerait pas la force de tenter le salut d'une âme.

A bien plus forte raison serait-il honteux de renier par amour-propre ou par intérêt celui que le malheur atteint. On prouve ainsi qu'on était attaché non pas à l'homme, mais à sa fortune, qu'on avait en vue non l'amitié, mais un avantage personnel.

1. Voir dans nos *Problèmes de morale*, IV, 12.

f. COMMENT CONVIENT-IL DE TRAITER SES AMIS [1]? — *Opinions fausses.* — Trois avis sont exprimés, qu'il est nécessaire de repousser d'abord : le premier, c'est que nos sentiments pour nos amis doivent être les mêmes que pour nous ; le second, que notre sympathie sera exactement mesurée et pesée d'après la leur ; le troisième, qu'il ne faut estimer un ami qu'autant qu'il s'estime lui-même.

Il n'est pas vrai qu'on doit être pour ses amis tout juste le même que pour soi. Car combien de fois faisons-nous pour eux ce que nous n'aurions jamais fait pour nous-mêmes, comme de prier, de supplier un homme que nous méprisons, de nous imposer une dette de reconnaissance envers ceux que nous avons déplaisir à voir, procédés inconvenants dans notre propre cause et fort honorables dans celle de l'amitié ! que d'intérêts encore un cœur généreux sacrifie en faveur d'un ami, et sans songer à soi-même !

La seconde opinion borne l'amitié à un échange strictement mesuré de services et de sentiments. Mais c'est la réduire en chiffres bien rigoureux et bien mesquins que d'établir ainsi la balance égale entre reçu et donné. La véritable amitié est plus riche et plus prodigue ; elle n'examine pas avec tant de scrupule si elle ne rend pas plus qu'elle n'a reçu : faut-il craindre d'en trop faire pour un ami, même sans espoir de réciprocité ?

Le troisième principe est de n'estimer nos amis qu'autant qu'ils s'estiment eux-mêmes. Cicéron n'hésite pas à le déclarer le plus flétrissant. Souvent en effet un homme se laisse trop facilement abattre ou désespère trop tôt de sa fortune ou de son honneur. Faut-il alors que son ami s'abandonne, en ce qui le concerne, au même découragement, au même désespoir ? Loin de là ; il doit tout tenter pour relever ce courage abattu, pour rappeler dans cette âme l'espoir et des pensées meilleures, pour lui rendre sa dignité et par des marques de son estime l'exciter à reconquérir l'estime de soi-même.

Opinion vraie. — Entre deux amis vertueux, tout doit

1. Voir dans nos *Problèmes de morale*, IV, 11 et 13.

être commun : chacun se donne à l'autre par affection et sans arrière-pensée ni calcul de ce qui lui en reviendra. Entre eux, point de rivalité ni de compétition. En toutes choses ils se font sans regret de mutuelles concessions, car rien ne leur paraît préférable à l'amitié ni plus propre à embellir la vie. Ils se doivent surtout la vérité : si la sincérité fait défaut, ce n'est plus un ami, c'est-à-dire le plus grand bien que vous avez, mais un flatteur, c'est-à-dire le pire fléau.

Combien cette conception de l'amitié est contraire à la maxime : « Il faut aimer comme si l'on devait haïr un jour ». Maxime si odieuse, blasphème si affreux contre l'amitié, que Scipion ni Cicéron ne pouvaient croire qu'elle fût de Bias, un des sept sages de la Grèce, mais plutôt la devise d'un cœur corrompu ou d'un ambitieux rapportant tout à sa propre élévation.

9. L'ÉGALITÉ DES CONDITIONS EST FAVORABLE, SINON NÉCESSAIRE A L'AMITIÉ. — En principe, l'amitié naît, se développe et se conserve plus facilement et plus heureusement entre égaux ; la confiance, sans laquelle l'amitié dépérit rapidement, disparaît si nous soupçonnons la possibilité de l'envie ou de la morgue. Entre égaux, l'éducation est ordinairement la même, les goûts et les idées proviennent de même source, et par là on rencontre plus aisément des points communs par où la sympathie nous attache.

Toutefois il faut bien remarquer que l'inégalité des conditions n'est pas un obstacle invincible à la formation d'amitiés vertueuses et durables, pourvu que le supérieur descende sans affectation au niveau de l'inférieur, et mieux encore que l'inférieur, par le mérite de son esprit, de son cœur et de son dévouement, s'élève à la hauteur du supérieur. Le grand écueil de ces sortes d'amitiés, c'est que l'un ne tombe aisément à la basse complaisance, que l'autre ne renonce à sa dignité ou ne s'oublie à traiter son ami en sujet. Mais il faut aussi comprendre que l'inégalité des conditions se trouve bien effacée par la gloire personnelle que l'on s'acquiert en servant utilement l'État, par le talent, la science et la vertu. Lorsque d'ailleurs l'affection est pure et sans feinte, on voit sans souffrance la prééminence d'un ami, et celui-ci ne tire point vanité de sa grandeur pour humilier celui qu'il aime.

6. La bonne camaraderie. — A l'école, de quelque nom spécial qu'on la nomme, l'amitié se forme entre les enfants, entre les jeunes gens, par une attraction spontanée, le plus souvent sans considération aucune des principes ci-dessus analysés. La vie en commun et l'uniformité de la règle créent entre tous une égalité passagère. Plus tard, à la sortie, les différences résultant de la diversité des origines, des fortunes, des mérites et des talents, reparaissent, et replacent chacun dans sa sphère propre : c'est pourquoi la plupart des amitiés d'enfance, si charmantes qu'elles aient pu être, ne résistent guère à la dispersion. Aussi n'est-il pas superflu de recommander aux adolescents de réfléchir aux principes de l'amitié et de les appliquer le plus judicieusement possible.

Seulement à côté de l'amitié qui ne peut être que particulière, il y a la *camaraderie*. L'éducation reçue en commun favorise la serviabilité mutuelle, elle engendre une fraternité plus précise que celle qui doit unir tous les hommes entre eux. Il est mille petits services que de bons camarades sont heureux d'échanger ; prêter un livre, fournir un renseignement, transmettre à un absent l'indication des devoirs et des leçons, protéger un faible contre les taquineries d'un fort, entraîner à un jeu en récréation le camarade triste ou timide, mettre un nouveau au courant des usages de la maison, pardessus tout s'abstenir de mauvaises *farces*, et s'interdire les brutalités, il n'est en cela rien de difficile, et c'est le programme élémentaire de la bonne camaraderie.

Elle doit se prolonger au delà de l'école ; il y a pour l'homme une grande douceur à penser qu'il ne flotte pas ignoré, abandonné dans le vaste océan du monde, et qu'il est quelque part des âmes à qui il n'est pas indifférent, et, le cas échéant, un point de ralliement et un point d'appui. L'association des anciens élèves d'un établissement scolaire est ce point de ralliement, ce point d'appui. Elle développe très heureusement les relations sociales, et le sentiment de la solidarité ; elle aide à trouver l'emploi de l'activité et de l'intelligence, et devient une sauvegarde morale, par l'entretien du sentiment de dignité personnelle qui abandonne souvent bien vite celui qui, se croyant inconnu de tous, ne marchande pas avec son instinct ou sa passion.

7. **La politesse.** — *a.* Définition. — Ce n'est pas une simple convention mondaine dont quelque esprit fort peut faire fi impunément. Elle est un devoir, elle est la forme extérieure du respect de la personne. Elle offre de plus cet avantage social qu'en imposant une correction définie aux actions elle adoucit les mœurs générales; l'espèce de barrière qu'elle oppose aux mouvements violents, aux intempérances de langage, aux négligences de la mutuelle considération, aide à ne pas s'écarter de devoirs plus importants. Quelqu'un a remarqué que presque jamais un criminel ne commet son crime en grande toilette : la politesse est la toilette des relations sociales.

b. Le vice éventuel de la politesse [1]. — Il s'est rencontré des moralistes assez méticuleux ou timorés pour reprocher à la politesse d'être l'école de la dissimulation et de l'hypocrisie. Leur argument essentiel est que par politesse on feint parfois des opinions et des sentiments qui recouvrent ce qu'on pense et ce qu'on sent réellement.

L'objection ne manque pas de justesse au premier regard. Certaines personnes, il est vrai, par l'excès des formes polies que commande la vie mondaine, s'accoutument à une atmosphère morale tellement artificielle et frelatée qu'elles deviennent incapables d'aucune sincérité; elles n'ont plus à faire effort pour envelopper leurs sentiments et leurs jugements d'une expression qui les rende supportables ou agréables; l'habitude a superposé une seconde nature à la primitive; le désir exagéré de plaire a déformé leur mentalité; elles pensent faux, elles sentent faux, tout en elles est factice.

c. Sa mesure. — Mais cela, c'est l'excès; et si la seule possibilité d'un excès devait faire rejeter une pratique, il n'est pas même de vertu qui se puisse recommander·

1. Voir, dans nos *Problème de morale*, VI, 11, Duclos et Mme de Lambert.

Sa vraie mesure. — La politesse nous oblige, non pas à falsifier notre âme, mais simplement, lorsqu'il n'y a pas obligation de conscience, à modérer, atténuer, ou réserver l'expression de nos jugements ; Philinte sur ce point et en ce sens a raison contre Alceste ; il ne sied pas et il ne sert de rien d'aller dire à la vieille Émilie qu'elle se peint le visage. Un auteur comique, du milieu du xixe siècle, Eugène Labiche, a de façon ingénieuse et amusante mis en scène dans *Le Misanthrope et l'Auvergnat,* le sérieux inconvénient de la recherche outrée de la véracité et de la franchise dans le train ordinaire de la vie sociale, sans aucun profit pour la vertu.

La politesse n'est pas seulement la surveillance et la correction des paroles, elle est aussi l'adoucissement et la discrétion des manières et des gestes.

Ce n'est pas non plus une objection solide que l'allégation de la diversité et des variations des formes polies. Chaque peuple, chaque société, chaque époque a sans doute ses usages, ses règles du savoir-vivre. Mais il n'en est pas à qui ait totalement fait défaut l'idée d'une politesse. Les explorateurs nous rapportent que même chez les peuplades les plus grossières il règne une certaine règle, tout instinctive, d'un *décorum.*

Le sage doit reconnaître les lois et coutumes du pays où il vit et s'y conformer.

Il importe peu en effet que, par exemple, la manière de saluer diffère en France et en Turquie, ou ailleurs ; il reste qu'un homme poli donne le salut à qui il doit de la déférence, et rend le salut reçu ; en tous pays c'est une impolitesse de parler trop haut en société, et plus encore de couper la parole à quelqu'un ; de se servir précipitamment le premier à table, à moins qu'on n'y soit formellement invité par le maître ou la maîtresse de la maison, et de choisir avec un soin trop égoïste le meilleur morceau dans le plat ; et pareillement de passer brusquement sans s'excuser devant quelqu'un ; de laisser sans réponse une lettre convenable, provienne-t-elle d'un inconnu. — Nous ne pouvons ici passer en revue toutes les prescriptions de la civilité. Retenons seulement de ces observations que l'expression *l'honnête homme*, usitée chez nos ancêtres du xvii° siècle pour définir un homme de bonne compagnie, comportait implicitement une véritable signification morale très exacte par présomption. L'honnêteté n'est pas toute dans la politesse; mais la politesse est la marque extérieure de l'éducation; il n'est pas d'honnêteté ferme et éclairée sans éducation; dans l'impolitesse se révèle toujours la tare d'une faible moralité et l'absence de délicatesse morale.

d. LA POLITESSE ET LA DÉMOCRATIE. — Dans un État qui comprend une distinction des classes, la politesse est déjà nécessaire pour amortir ce qu'il y a de pénible dans l'inégalité; la puissance de l'aristocratie l'impose aux citoyens plus humbles comme une obligation sanctionnée par son activité; la loi morale et aussi l'intérêt bien compris l'inspirent à ceux d'en haut dans leurs rapports avec ceux d'en bas pour éviter des heurts et des révoltes. Dans une démocratie il importe davantage encore que tous soient polis. L'égalité politique des citoyens amène un mélange de toutes les conditions qui n'est supportable que si l'éducation générale du peuple enlève aux uns les rugosités et les brutalités, et donne aux autres la mansuétude et la patience, et par ce double effet rend sociables tous les individus et les fait vivre ensemble sans que la délicatesse des uns soit une gêne pour les autres, ni la grossièreté de ceux-ci une souffrance pour les délicats.

8. La pitié et la cruauté. — *a.* PITIÉ.

> Qui ne sait compatir aux maux qu'il a soufferts?

Avant ce vers célèbre de Voltaire, La Rochefoucauld avait écrit : « La pitié est souvent un sentiment de nos maux dans les maux d'autrui ».

Ces deux penseurs s'accordent en ceci que pour tous deux l'expérience de la douleur est la cause qui nous rend sensible à la douleur d'un autre et nous porte à la soulager. Mais La Rochefoucauld réduit la pitié à un choc en retour de l'égoïsme; si elle s'arrête là, elle est tellement incomplète qu'on peut la croire nulle, car elle n'aura pas d'action hors de nous en faveur de l'adoucissement des maux d'autrui. C'est donc non seulement une pitié passive, mais une pitié agissante, issue de la bonté, celle qui sera vraiment morale.

Il est bien vrai que notre cœur sympathise plus vite et plus profondément avec ceux qui sont atteints des mêmes afflictions que nous; et l'on constate aussi que sans méchanceté réelle des personnes restent insensibles au spectacle de douleurs qu'elles ne comprennent pas, parce qu'elles en ont été préservées.

Aussi par la réflexion, avec un peu d'imagination, il est possible de se *mettre à la place de l'autre* comme on dit vulgairement, et, par cette substitution mentale, de se rendre apte à l'émotion. C'est là un des points les plus importants et les plus délicats de l'éducation de la sensibilité. Le cœur qui ne s'attendrit pas par l'idée du malheur d'un autre, ne s'empresse pas à le consoler, à le délivrer de la souffrance, l'homme sans pitié est étranger à l'humanité.

Toutefois il est comme en toute chose même la meilleure moralement, des mesures à garder : prendre garde à un excès et une déviation de la pitié. Excès, si au lieu de cette forte, bonne, vertueuse miséricorde qui par volonté et par effet secourt les affligés sans nous rendre en fait participants de leur affliction, nous glissons à cette pitié passionnée qui nous met au même état que la personne à plaindre; c'est faiblesse d'âme; — déviation, si emportés par l'émotion du fait immédiat, et sans réfléchir à sa cause, nous égarons la pitié sur ceux dont le malheur n'est que punition méritée; c'est quelque chose d'injuste, car il y a injustice à accorder même sentiment ou même traitement à tous sans discerner qui en est digne, qui en est indigne. De la sorte on voit, par un travers fréquent à notre époque, la pitié s'attacher aux criminels condamnés plutôt qu'à leurs victimes aisément oubliées, et « ne regarder qu'à la fortune, estat et condition présente et non au fond et mérite de la cause ».

b. Cruauté. — La cruauté est le vice odieux entre tous, « une malignité d'âme qui se plaît et se délecte au mal d'autrui ». Elle est si fort contre nature qu'on la dénomme aussi *inhumanité*; l'homme cruel, tel un Caligula, n'a plus d'un homme que l'apparence extérieure, c'est un monstre.

La cruauté est le signe incontestable de la bassesse d'âme; elle naît de la lâcheté, de la peur.

Elle n'est pas proprement dans l'acte même, mais à la fois dans son inutilité et dans le cœur de l'agent qui suit l'impulsion de son plaisir, de son intérêt, ou de sa passion. Couper un membre, arracher les dents, ouvrir le ventre, actes licites, charitables même, opérés par le chirurgien dans une intention salutaire; actes cruels s'ils sont ordonnés, exécutés dans le but d'infliger des souffrances.

9. La générosité. — Le sens étymologique du mot est par lui-même une indication de sa signification morale : c'est la qualité de celui qui est de bonne race, qui représente le meilleur de sa race ; par conséquent ici ce qu'il y a de meilleur dans l'humanité. Nous ne saurions mieux la définir et la distinguer que par ces paroles de Voltaire :

« La générosité est un dévouement aux intérêts des autres, qui porte à leur sacrifier ses avantages personnels. En général, au moment où l'on relâche de ses droits en faveur de quelqu'un, et qu'on lui donne plus qu'il ne peut exiger, on devient généreux.

« La nature, en produisant l'homme au milieu de ses semblables, lui a prescrit des devoirs à remplir envers eux. C'est dans l'obéissance à ces devoirs que consiste l'honnêteté, et c'est au delà de ces devoirs que commence la générosité....

« On peut donc regarder la générosité comme le plus sublime de tous les sentiments, comme le mobile de toutes les belles actions, et peut-être comme le germe de toutes les vertus; car il y en a peu qui ne soient essentiellement le sacrifice d'un intérêt personnel à un intérêt étranger.

« Il ne faut pas confondre la grandeur d'âme, la générosité, la bienfaisance et l'humanité; on peut n'avoir de la grandeur d'âme que pour soi et l'on n'est jamais généreux qu'envers les autres; on peut être bienfaisant sans faire de sacrifices, et la générosité en suppose toujours; on n'exerce guère l'humanité qu'envers les malheureux et les inférieurs, et la générosité a lieu envers tout le monde. D'où il suit que la générosité est un sentiment aussi noble que la grandeur d'âme, aussi utile que la bienfaisance, aussi tendre que l'humanité ; elle est le résultat de la combinaison de ces trois vertus ; et, plus parfaite qu'aucune d'elles, elle y peut suppléer....

« La générosité est de tous les états.... Il est un art d'être généreux ; cet art n'est pas commun ; il consiste à dérober le sacrifice que l'on fait.

« La générosité ne peut guère avoir de plus beau motif que l'amour de la patrie et le pardon des injures.

« La libéralité n'est autre chose que la générosité restreinte à un objet pécuniaire ; c'est cependant une grande vertu lorsqu'elle se propose le soulagement des malheureux. »

10. La bonté envers les animaux. — Aux devoirs que prescrit la bienfaisance se rattache notre conduite envers les animaux, et, à l'égard des animaux domestiques qui nous aident dans nos travaux, les prescriptions de la bienfaisance sont même renforcées par le commandement de la justice.

a. L'ANIMAL EST SENSIBLE. — L'animal n'est pas un automate mécanique [1], incapable de sensation. Il est doué d'un système nerveux plus ou moins analogue au nôtre, et il manifeste clairement que dans l'ordre physique il est sujet au plaisir et à la douleur. Sa sensibilité est donc respectable ; on ne peut nier qu'elle établisse entre les animaux et nous un courant de sympathie, dont eux-mêmes, — au

1. On cite souvent l'anecdocte suivante : le philosophe Malebranche rentrait chez lui accompagné d'un ami. Il possédait une petite chienne qui, joyeuse du retour de son maître, vint en jappant sauter autour de lui : Malebranche impatienté lance à la pauvre bête un coup de pied qui l'envoie rouler au bout de la chambre. Son ami étonné et choqué de cette brutalité, d'autant plus surprenante dans un homme de caractère généralement doux et qui de plus était prêtre, ne put s'abstenir de lui en faire l'observation. — « Voyons, répond Malebranche, fort tranquille, est-ce que ça sent ? » Partisan de la théorie de Descartes qui enseigne que l'animal est une machine, agissant comme un automate, sans aucune sensibilité, sans aucune intelligence, Malebranche était persuadé que « ça ne sentait pas ». Il n'est personne aujourd'hui qui accepte les idées de Descartes sur l'automatisme des bêtes.

moins dans certaines espèces, — donnent la preuve évidente : tel le chien, qui paraît triste en voyant pleurer son maître.

Le mépris de la sensibilité de l'animal est une marque de sécheresse de cœur, et c'est un oubli de la dignité. Tourmenter à plaisir un être dont la souffrance est inutile et le rend malheureux, c'est injurier la nature : la cruauté n'est pas autre chose. Et, d'autre part, brutaliser la bête, n'est-ce pas s'abaisser à son niveau, en renonçant à la supériorité que nous donne la raison ? L'empire que l'homme exerce sur la brute n'a pas d'autre fondement que cette raison, laquelle ordonne la modération et la pitié. S'il s'en départit, l'homme perd tout droit à cet empire. Dans sa violence contre l'animal, il n'est plus lui-même qu'un animal. Enfin le spectacle des violences exercées sur un être vivant est démoralisateur : il froisse la conscience et la sensibilité et contribue à les endurcir.

b. Animaux utiles et animaux nuisibles. — Au point de vue de leur rapport avec l'homme, on les divise en deux classes : animaux nuisibles, animaux utiles.

Dans la première catégorie sont rangés tous ceux qui, par leur instinct, sont les ennemis de l'homme, ne prennent leur existence qu'à son détriment, et même menacent sa vie. La seconde comprend ceux dont l'homme peut tirer parti pour l'adoucissement de son labeur et la réparation de ses forces.

c. Les animaux nuisibles, la chasse. — Du plus terrible en force et en colère, jusqu'au minuscule rongeur, les animaux qui sont pour l'homme un péril ou lui causent un dommage ne sont certainement pas sacrés. La chasse, la destruction est un droit de défense. Mais jusqu'où s'étend-il ? Il semblerait qu'il dût se borner à traquer les bêtes de notre voisinage ; et ce serait alors abuser que d'aller au loin, pour le plaisir des émotions et de la gloriole, relancer des êtres que leur éloignement rend pour nous sans danger. La réponse est que d'autres hommes, plus voisins d'eux, sont exposés à leurs attaques, et qu'il est d'ordre humain de les défendre ; de plus, la terre est aux hommes par droit de science et de raison ; pour augmenter ses connaissances, le savant a besoin de parcourir le monde. Il est juste de purger pour ainsi dire les contrées infestées de bêtes sauvages et d'assurer la sécurité des voyageurs. A un autre point de vue, le pelage de ces êtres fournit aux humains des vêtements; leurs cornes, leur graisse, etc., ne sont pas sans utilité pour notre industrie. L'intérêt du plus intelligent prime celui de l'animal brut.

Si la morale excuse donc la chasse, elle condamne les combats d'animaux, taureaux, chiens ou coqs.

d. LES ANIMAUX UTILES : OBLIGATION DE LES MÉNAGER ET DE LES PROTÉGER. — Les animaux utiles peuvent se ranger en trois classes : 1° ceux qui nous aident dans nos travaux; 2° ceux qui servent à notre nourriture; 3° ceux qui par nature détruisent certains animaux nuisibles.

1° *Animaux domestiques servant au travail.* — Sans doute l'homme a le droit d'asservir la brute et de tourner sa force au profit du progrès. L'âne, le cheval, le bœuf exécutent sans peine une besogne inférieure nullement indigne de leur nature et qui, absorbant d'un homme ou son temps ou sa force, le rabaisserait, ne lui laisserait nul loisir pour son perfectionnement moral et intellectuel. Ces animaux deviennent ainsi nos collaborateurs inconscients : il ne faudrait pas leur en attribuer un mérite de vertu. Mais en confisquant à notre profit leur liberté et leur instinct avec leur puissance musculaire nous assumons l'obligation de pourvoir à leurs besoins, d'assurer leur nourriture et leur pansement. Il y aurait ingratitude et réelle injustice à ne point le faire.

Et même lorsqu'il est hors de service par l'âge ou les infirmités, l'animal qui longtemps fut notre auxiliaire familier mérite des égards, de la douceur, de la pitié, des soins, bien entendu en proportion de nos moyens. Les anciens avaient déjà dégagé ce principe de bonté envers les animaux.

« Il n'est pas raisonnable, dit Plutarque, d'user des choses qui ont vie et sentiment tout ainsi que nous faisons d'un soulier ou de quelque autre ustensile, en les jetant après qu'elles sont usées et rompues à force de nous avoir servi; et quand ce ne serait pour autre cause que de nous induire et exciter toujours à l'humanité, il nous faut accoutumer à être doux et charitables jusque aux plus humbles offices de bonté, et quant à moi, *je n'aurais jamais le cœur de vendre le bœuf qui aurait longuement labouré ma terre, le jour qu'il ne pourrait plus travailler à cause de son grand âge.* »

Le cheval que Wellington montait à la bataille de Waterloo vécut très vieux et prit des infirmités; il devint aveugle. Le maréchal anglais ne voulut jamais qu'on abattît cette bête désormais inutile : il exigea qu'elle fût entourée de tous les soins et du palefrenier et du vétérinaire, et qu'on lui préparât une nourriture appropriée à ses vieilles dents usées.

e. **Mesure a garder dans les bons sentiments envers les animaux.** — C'est fort bien : mais il convient ainsi de mesurer les situations. Plutarque n'était probablement pas pauvre. Wellington était immensément riche. Un modeste paysan qui tire à grand'peine de son champ travaillé par ses mains sa subsistance et celle de sa famille ne pourrait pas raisonnablement — quel que fût son sentiment — entretenir un animal incapable d'aucun travail.

Certaines personnes voudraient même attribuer aux animaux morts des égards presque pareils à ceux que nous devons aux humains défunts; et l'on a vu des sociétés d'âmes sensibles proposer sérieusement la création de cimetières pour les chiens, chats, perroquets et autres animaux pour lesquels des personnes auraient eu de l'attachement.

Nous savons bien que dans l'antiquité, parmi les vainqueurs aux jeux olympiques, plusieurs faisant rejaillir la distinction obtenue sur les chevaux qui leur avaient valu le succès leur ménageaient une vieillesse heureuse (comme fit Wellington) et leur accordaient une sépulture honorable, et quelquefois même ils élevaient une pyramide sur leur tombeau.

Cette forme outrée de la gratitude envers les bêtes était du moins exceptionnelle.

Il ne faut pas faire dégénérer de bons sentiments en ridicules sensibleries. L'animal mort n'est qu'un cadavre sans importance, et c'est par mesure d'hygiène qu'il est nécessaire d'enfouir ou de brûler sa dépouille.

La modération doit être observée, et l'on a le droit de

juger abusive et erronée cette tendresse pour les bêtes qui entraînerait à dépenser pour leur sépulture des sommes qui seraient beaucoup mieux employées à fournir du pain ou des remèdes aux indigents ou aux malades de l'humanité vivante.

f. LA SOCIÉTÉ PROTECTRICE DES ANIMAUX. LA LOI GRAMONT. — Il reste que notre devoir précis est de ménager, même pour le détruire en cas de nécessité, la sensibilité de l'animal.

A plus forte raison est coupable celui qui les maltraite, les frappe inutilement, les surcharge, exige d'eux plus qu'ils ne peuvent.

La société protectrice des animaux s'est assigné la tâche de répandre dans le peuple ces principes de bonté et de dignité humaine : elle encourage et récompense ceux qui se distinguent par les bons soins donnés aux bêtes apprivoisées ou élevées pour notre usage et par leur vigilance et leur énergie à empêcher et réprimer les sévices exercés sur elles. La loi française a sanctionné ces devoirs et prononce la peine de l'amende et de la prison contre ceux qui auront exercé publiquement et abusivement de mauvais traitements sur les animaux domestiques. (Loi Gramont, 1850.)

g. LE DRESSAGE. — « Les *frapper inutilement* », avons-nous dit. Est-il donc des cas où on les frappe utilement? Oui, s'il s'agit de les dresser au travail que nous attendons d'eux et que ne refuse pas leur nature. L'animal ne connaît que par sensation. La douleur physique est le seul moyen que nous ayons de lui faire comprendre notre volonté. Au moins doit-on même en cette circonstance graduer la correction, mesurer les coups et ne les appliquer qu'en des parties non essentielles à la vie.

h. L'INTÉRÊT SCIENTIFIQUE. — L'intérêt scientifique justifie même des actions qui en elles-mêmes, et si elles étaient commises par méchanceté, seraient réprouvées. La séquestration des animaux afin de former les collections des jardins zoologiques, la vivisection destinée à surprendre le secret de la vie, le fonctionnement réel des organes, ne sont pas des attentats coupables à la liberté ni à l'existence.

Ils ont un but supérieur, l'instruction de l'homme, grâce

à laquelle il devient capable de soigner et de guérir ses semblables, et même les animaux inférieurs. L'art du vétérinaire, comme la science du médecin, s'appuie sur l'expérience et se complète par la physiologie comparée.

2° *Animaux servant à la nourriture.* — Les conditions de travail, les lois générales de l'acquisition et de la déperdition des forces obligent l'homme à recourir à une alimentation fortifiante ; il n'en est pas de plus efficace que la chair des animaux. Entre la nécessité de se sauvegarder lui-même ou de respecter la bête, l'homme n'a pas d'hésitation. Ce n'est pas d'un égoïsme bas et cruel. Sans sophisme, il peut fort bien prétendre que son existence, pendant laquelle la pensée se développe, se communique, concourt à la moralité et la perfectionne, est de beaucoup plus précieuse que celle d'une chair brute, sans honnêteté propre, indifférente à l'ordre moral, sans autre destinée que la mort plus ou moins prompte et la dissolution totale. Toutefois, répétons encore ici que, s'il est permis de se nourrir de la chair des êtres inférieurs, il est ordonné d'éviter, en leur donnant la mort ou en préparant leur viande, tout procédé cruel qui affecterait leur sensibilité d'une douleur inutile, comme d'employer à les abattre des instruments et des moyens qui prolongent leur agonie, ou d'embrocher vivant volatile ou gibier, de le mettre au feu pantelant encore, etc.

3° *Animaux utiles par instinct.* — Une dernière catégorie comprend les animaux qui, sans fournir directement à l'homme ni une nourriture, ni un vêtement, ni un travail, ne lui causent d'autre part aucun préjudice et à ce titre méritent déjà d'être laissés en vie. Il y a plus : on reconnaît qu'ils ont une utilité indirecte en détruisant des parasites, des insectes dont la pullulation rapide ruine l'agriculture et corrompt l'air que nous respirons ou les substances que nous absorbons ; ils sont donc des agents de salubrité et des protecteurs de la récolte : nouveau motif de ne pas les tuer.

i. Cruauté des enfants envers les animaux. Remède : développement de la sympathie. — Malebranche ne *croyait pas* qu'il faisait du mal à sa chienne ; l'enfant parfois *ne sait pas* qu'il fait souffrir, soit parce qu'il ignore l'aptitude de l'animal à sentir, soit parce qu'il ne se rend pas compte d'une douleur qu'il n'a pas personnellement éprouvée.

Un petit garçon de six ans, qui n'était pas enclin à la méchanceté, se donnait l'amusement de cribler de pointes de feu, au moyen de bouts d'allumettes en braise rouge, le dos d'un cobaye. Il ne s'était jamais encore brûlé, et avait ouï raconter la façon de faire des *banderilleros* dans les courses de taureaux. Il pensait bien que ce n'était pas agréable à la bête mais n'avait pas la mesure de la douleur possible. Son camarade, pour parfaire le jeu d'imitation de la tauromachie, voulut plonger dans le corps du petit cochon d'Inde une longue et forte aiguille. « Non, non, pas ça! s'écria le brûleur en s'y opposant; ça lui ferait trop de mal; je sais ce que c'est; je me suis l'autre jour enfoncé une aiguille dans le doigt[1]. »

Pour lui ôter l'envie de continuer ou de recommencer son jeu cruel il eût suffi de lui infliger une légère brûlure.

C'est ainsi que naît et se développe la *compassion*, forme délicate de la sensibilité qui nous rend propres à partager

1. Parfois, si l'enfant n'est pas déjà vicieux, si sa faute n'est qu'une aberration accidentelle, il sera éclairé sur sa gravité et et en sentira l'horreur par le seul effet que le récit en produit sur les personnes raisonnables.

Une femme qui a écrit d'excellents ouvrages de morale et d'éducation, Mme Necker de Saussure, parente du ministre de Louis XVI et du grand naturaliste suisse, dont elle portait les deux noms, raconte qu'un enfant jouait dans un jardin où étaient rassemblés beaucoup d'oiseaux, les uns apprivoisés et en liberté, les autres en cage. Une caille apprivoisée se trouvant sous sa main il lui passa l'idée singulière et féroce, peut-être suggérée par une curiosité malsaine — pour voir ce qui arriverait — de l'introduire dans la cage d'un oiseau de proie, prévoyant que celui-ci la dévorerait; ce qui fut fait. Le coupable raconte lui-même comment il prit conscience de l'immoralité de son acte et en reçut la punition. « A dîner, il y avait grand monde ce jour-là; le maître de la maison se mit à raconter la scène froidement, sans réflexion, mais en me nommant. Quand il eut fini, il y eut un moment de silence général où chacun me regardait avec une espèce d'effroi. J'entendis quelques mots prononcés entre les convives, et sans que personne m'adressât directement la parole. Je pus comprendre que je faisais sur tout le monde l'effet d'un monstre. »

les émotions; et de là vient aussi la *sympathie* qui ne diffère de la compassion qu'en un point, mais important : au
sentiment de la sympathie se mêle une disposition à se substituer à la personne avec qui l'on sympathise et à l'imiter,
le cas échéant. La compassion peut avoir pour objet l'homme
ou les animaux indifféremment; la sympathie, l'homme
seulement.

CHAPITRE VI

L'ÉDUCATION DE SOI-MÊME

Sommaire. — 1. Le respect de soi-même. — 2. L'amour-propre.
— 3. Le sentiment de la dignité morale distingué du point
d'honneur. — 4. Le gouvernement de soi-même. — 5. La fermeté du caractère. — 6. Le désintéressement. — 7. L'autorité intérieure de la conscience et le respect de la règle. —
8. L'homme de devoir.

1. Le respect de soi-même. — La dignité des facultés
humaines est par elle-même la cause de nos devoirs envers
notre propre personne; c'est l'humanité qu'en nous-même
nous préservons, nous honorons, nous perfectionnons.
« Considérons ce qu'est l'homme, ce qu'il y a d'étendue et de
vigueur dans sa pensée, ce qu'il y a dans son cœur de tendresse et d'énergie; et dans sa volonté de fermeté et de
ressort : profaner, avilir, ou seulement négliger de tels dons,
n'est-ce pas un sacrilège? Considérons notre destinée : n'est-
ce pas nous en rendre à la fois indignes et incapables que de
perdre d'abord le respect de nous-mêmes? » (*Jules Simon.*)

a. Comment on se manque de respect a soi-même. —
Marc-Aurèle, empereur et philosophe, le fait voir aussi :

« L'âme de l'homme ne saurait s'infliger une plus cruelle
injure à elle-même que de devenir en quelque sorte un rebut
et comme une superfétation de l'univers. Or prendre jamais
en mal quoi que ce soit dans ce qui arrive, c'est se révolter
contre la nature universelle, qui renferme les natures si
diverses de tous les êtres,

« En second lieu, notre âme ne se fait guère moins de tort, quand elle prend un homme en aversion; et qu'elle s'emporte contre lui dans l'intention de lui nuire avec cette passion aveugle des cœurs livrés à la colère.

« Troisièmement, notre âme se fait injure, quand elle se laisse subjuguer par le plaisir ou la souffrance; quatrièmement quand elle commet quelque mensonge et qu'elle fait ou dit quelque chose qui n'est pas franc ou qui n'est pas exact; cinquièmement enfin, lorsqu'elle néglige de diriger vers un but précis ses actes ou ses sentiments, et qu'elle les laisse aller à l'aventure et sans suite, tandis que c'est notre devoir de calculer nos moindres actions en les rapportant au but supérieur de la vie. Or le but supérieur pour des êtres doués de raison, c'est de se conformer toujours à la raison, aux lois de la cité la plus auguste [1] et du plus auguste des gouvernements [2]. »

b. Sources du respect de soi-même : le devoir, l'honneur, l'amour-propre. — Pour savoir comment nous respecter, comprenons avant tout le devoir; il a été expliqué, nous le supposons connu dans son principe; il devrait suffire. Les hommes cependant lui ont adjoint un principe accessoire, l'*honneur*, auquel ils attachent parfois une signification et une importance si grandes, et à certains égards si étranges qu'ils l'élèvent au-dessus du devoir même. Aussi, pour remettre toute chose en sa place, écoutons ce qu'en dit un distingué philosophe du XIXᵉ siècle, M. Paul Janet :

« Qu'est-ce que l'*honneur*? c'est un principe qui nous détermine à faire les actions qui nous relèvent à nos propres yeux, et à éviter celles qui nous abaissent. Le principe du devoir commande purement et simplement, sans qu'il soit question de nous-mêmes. Le principe de l'honneur nous détermine d'après l'idée de notre propre grandeur. La vraie vertu ne s'enquiert pas de sa grandeur; elle est grande sans le savoir et sans y penser. Quelquefois la vertu va jusqu'à exiger le sacrifice de la grandeur et à commander l'humi-

1. Le monde moral.
2. Celui de la raison.

liation lorsqu'on a failli. L'honneur ne va jamais jusque-là. Souvent même il nous fait sacrifier des devoirs très graves à une idée fausse et exagérée de notre grandeur. L'honneur est donc un principe très insuffisant et très incomplet : c'est d'ailleurs un principe supérieur au désir de la réputation et même de l'estime ; car l'honneur ne demande point à être approuvé ; il a cela de commun avec la vertu qu'il se contente de lui-même.

« Il est encore différent du principe de l'*amour-propre*. L'amour-propre consiste à s'aimer soi-même grand ou petit, et à prendre plaisir à tous ses avantages. L'honneur consiste à ne faire état que de ce qui est grand, non pas même des grands talents ou des grands avantages de la nature, mais seulement des grands sentiments et des belles actions. »

L'amour-propre peut être une source du respect de soi-même à condition d'être contenu et réduit à n'aimer en l'individu que la beauté morale et la dignité personnelle, en sorte que l'individu rougisse de toute atteinte à cette dignité, soit par le fait d'autrui, soit par son propre fait.

2. L'amour-propre en excès. — Mais l'amour-propre se dilate aisément au delà de cette limite. Comme dit Pascal, « la nature de l'amour-propre et du moi humain est de n'aimer que soi et de ne considérer que soi. Mais que fera-t-il ? Il ne saurait empêcher que cet objet qu'il aime ne soit plein de défauts et de misères : il veut être grand et il se voit misérable ; il veut être parfait et il se voit plein d'imperfections ; il veut être l'objet de l'amour et de l'estime des hommes, et il voit que ses défauts ne méritent que leur aversion et leur mépris. Cet embarras où il se trouve produit en lui la plus injuste et la plus criminelle passion qu'il soit possible de s'imaginer ; car il conçoit une haine mortelle contre cette vérité qui le reprend et le convainc de ses défauts. Il désirerait de l'anéantir, et ne pouvant la détruire en elle-même, il la détruit, autant qu'il peut, dans sa connaissance et dans celle des autres : c'est-à-dire qu'il met tout son soin à cacher ses défauts et aux autres et à soi-même, et qu'il ne peut souffrir qu'on les lui fasse voir, ni qu'on les voie.

« C'est sans doute un grand mal que d'être plein de défauts ;

mais c'est un plus grand mal que d'en être plein et de ne les vouloir pas reconnaître, puisque c'est y ajouter encore celui d'une illusion volontaire. Nous ne voulons pas que les autres nous trompent; nous ne trouvons pas juste qu'ils veuillent être estimés de nous plus qu'ils ne méritent : il n'est donc pas juste aussi que nous les trompions, et que nous voulions qu'ils nous estiment plus que nous ne méritons. »

3. **Le sentiment de la dignité morale distingué du point d'honneur.** — La notion de ce qu'il y a de supérieur à l'animalité dans l'homme, la connaissance de ses facultés mentales, de sa liberté, engendre le sentiment de la dignité personnelle. Prenons garde toutefois que ce mot *personnelle* ne nous égare. Il s'agit non pas exclusivement et d'étroite façon de notre petite personne considérée par nous-même comme un objet rare en soi; mais de la dignité *humaine* dont chacun de nous, pour sa part, est dépositaire; si bien qu'il fait tort à toute l'humanité s'il la laisse affaiblir ou restreindre, ou détruire en lui, soit activement par ses propres vices, soit passivement en acceptant par pusillanimité ou par bassesse, des affronts immérités, des injustices. Bien comprise la dignité personnelle est la conséquence naturelle de la conscience qu'un homme doit avoir de ce qu'il vaut, sans fausse humilité comme sans fatuité; elle peut aussi s'appeler *fierté*, au sens noble du terme; mal comprise, elle devient l'*orgueil*, c'est-à-dire l'opinion exagérée qu'un homme se forme de ses qualités et capacités, par quoi il se croit supérieur aux autres hommes. « La fierté se rapporte à ce qu'il y a en nous de sacré et de divin, dit fort justement Paul Janet; l'orgueil ne se rapporte qu'à notre individu, et ce sont ses misères mêmes dont il se grandit et se gonfle. » Ne voit-on pas en effet parfois des vicieux par une déviation extrême du sens moral, tirer vanité de leurs vices. S'enorgueillir de ce qui les couvre de honte?

L'orgueil a fait inventer le *point d'honneur*.

On entend par là une subtile conception de ce qui convient ou ne convient pas à la dignité apparente de l'homme. L'expression indique l'application d'une idée morale louable en soi. L'*honneur* est la somme d'un certain nombre de vertus et de qualités qui rendent un homme estimable, respectable, digne de confiance. Mais l'honneur est compris différemment selon les époques et les pays, ou dans un même temps selon les différentes sociétés. Chacun au demeurant est juge de son honneur, tandis que le *devoir* est un principe universel et constant.

Se faire un point d'honneur de ... signifie donc considérer tel acte comme atteignant une partie de l'honneur. C'est non pas même l'honneur intégral qui est mis en cause, mais un *point* seulement. Et la définition en étant arbitraire échappe à toute discussion. Aussi n'est-il pas rare de voir l'honneur très mal compris, le *point d'honneur* correspondre à une excessive susceptibilité, à une sorte d'hypertrophie de l'orgueil et de la vanité.

Cela ne signifie pas assurément qu'il faut écarter l'idée d'honneur. Prévost-Paradol, dans une page très connue, a pu déclarer que là où la foi religieuse fait place à l'incrédulité et la règle austère du devoir au souci de l'intérêt, un autre motif d'action vient en aide à la dignité humaine. « Ce mobile, c'est l'honneur ou moins encore le point d'honneur, dernier et puissant rempart des sociétés vieillies et particulièrement de la société française. »

a. Préceptes de dignité. — Le philosophe allemand Kant a énoncé dans sa *Doctrine de la vertu* des maximes qui représentent fort bien les principales conditions de la dignité personnelle :

« Ne soyez pas esclaves des hommes.

« Ne souffrez pas que vos droits soient impunément foulés aux pieds.

« Ne contractez pas de dettes pour lesquelles vous n'offririez pas une entière sécurité.

« Ne recevez pas de bienfaits dont vous pourriez vous passer.

« Ne soyez ni parasites, ni flatteurs, ni mendiants.

---

1. Voir, dans nos *Problème de morale*, II, 3, le sujet : L'homme d'honneur et l'homme de devoir.

« Les plaintes et les gémissements, même un simple cri arraché par une douleur corporelle sont choses indignes de nous, et plus encore si vous avez mérité la peine. Aussi un coupable ennoblit-il sa mort par la fermeté avec laquelle il meurt.

« Celui qui se fait ver peut-il se plaindre d'être écrasé? »

b. MOYENS D'ASSURER LA DIGNITÉ MORALE. — 1° *La bienséance*. — Au-dessous des grandes lois fondamentales de la moralité, il est des règles dont l'observation embellit et perfectionne l'humanité dans l'individu, et rend l'individu plus estimable et plus agréable dans la société.

On les réunit sous le terme général d'*urbanité*, parce qu'en effet c'est dans le commerce des hommes les plus instruits dans les sciences, les lettres et les arts, que la civilisation prend naissance et se répand le plus aisément. Comme c'est à la ville que cette civilisation a le plus de facilité de croître et de s'affiner, on a adopté le nom d'urbanité, tandis qu'on inflige celui de *rusticité* aux mœurs contraires, et de *rustre* à l'homme ignorant de la bienséance, parce qu'il semble naturel qu'à la campagne et presque dans l'isolement il ait gardé des mœurs plus rudes et des façons de vivre plus grossières.

2° *La modestie*. — Ni trop d'humilité, ni trop peu; la modestie est la décente mesure; non pas cette fausse modestie par laquelle un avide de louanges se diminue astucieusement afin qu'on le rehausse et qu'il ait le plaisir de s'entendre dire des compliments même exagérés, mais cette vertu discrète de l'homme qui, bien édifié sur ce qu'il vaut, ne cherche pas à se faire valoir, laisse aux autres le soin de reconnaître son mérite, ne se froisse ni ne se fâche s'ils n'y prennent garde, et se trouve assez content de bien penser, de bien faire sans se donner à tâche de proclamer ou faire proclamer qu'il pense magnifiquement et agit le mieux du monde.

3° *La pudeur*. — La nature paraît avoir formé notre corps avec une attention singulière; elle a mis en évidence le visage et toutes les parties dont l'aspect est honnête; quant à celles qui n'ont pour objet que des nécessités phy-

siques et dont la vue aurait blessé le goût et la décence,
elle les a dissimulées. Cette disposition judicieuse de la
nature a servi de modèle à la pudeur de l'homme : il n'obéit
à la nécessité même que le plus secrètement qu'il est possible.

Ce qu'on peut faire sans honte, pourvu que ce soit à
l'écart des yeux, on ne peut le dire sans obscénité : l'oreille,
comme l'œil, est une porte de l'âme; que rien d'impur n'y
passe[1].

4° *Observer la convenance du sexe dont on fait partie.*
— Dans l'attitude, la démarche et la mise, deux choses sont
également à éviter, les airs mous et efféminés, la toilette
recherchée, et les manières dures et grossières. Repoussons
toute parure indigne de notre sexe, et gardons-nous des
poses et des gestes qui auraient un pareil défaut. Que jamais
notre conduite ne nous attire ce reproche que l'antiquité
jugeait des plus honteux : « Jeunesse sans vertu, homme
sans énergie, vous n'êtes que des femmes; et cette jeune
fille est un homme ». Ce ne sont point choses indifférentes
ni de frivole étiquette mondaine : c'est comme l'extérieur de
la culture morale. De même il est, selon l'âge, des choses
permises ou défendues ; ce qui convient à un jeune homme
est ridicule dans un vieillard, et ce vieillard est coupable de
faire rire de la vieillesse.

Jusque dans nos jeux et nos plaisanteries, il faut de la
mesure et du choix : les divertissements ne sont pas inter-
dits lorsqu'on a satisfait aux affaires sérieuses, publiques et
privées; mais il y faut une gaieté décente et, s'il se peut,
spirituelle. Car il y a deux manières de plaisanter, l'une
grossière, blessante, basse, obscène, l'autre délicate, polie,
ingénieuse, piquante.

5° *Tout faire à propos.* — Enfin en toute chose il importe
de saisir le moment convenable. Une action qui en elle-
même ne renferme rien de déshonnête, si elle est faite à
contretemps, revêt un caractère d'impolitesse ou d'immo-
destie. On cite le reproche qu'adressa Périclès à Socrate
parce que, étant réuni avec ses collègues les stratèges pour

1. Cicéron, *Des devoirs*, liv. I.

délibérer sur leurs communs devoirs, Socrate s'écria tout à
coup, voyant passer un jeune homme d'une figure remarquable : « Oh! le beau jeune homme! » Socrate avait tort,
mais il n'y aurait eu nulle inconvenance à sa remarque s'il
se fût agi d'une revue d'athlètes. — Un homme médite une
question difficile, qui l'intéresse ou qu'il doit exposer en
public : s'il le fait à la promenade, ou dans son cabinet, ou
en chemin, personne ne le blâmera; mais s'il fait la même
chose dans une réunion, à table, au milieu d'une conversation, on le trouvera impoli. Ces fautes qui semblent petites,
et qui ne sont pas sensibles pour tout le monde, sont celles
dont il faut se garder avec le plus de soin, pour deux raisons :
la première est qu'on s'en défie moins, l'autre qu'elles font
mal juger de notre éducation.

c. LA FIERTÉ. — La dignité morale s'accommode fort bien
d'une certaine fierté, mais laquelle?

« La fierté de l'âme, sans hauteur, est un mérite compatible avec la modestie. Il n'y a que la fierté dans l'air et
dans les manières qui choque.

« La fierté dans l'extérieur, dans la société, est l'expression de l'orgueil : la fierté dans l'âme est de sa grandeur.

« La fierté annoncée par l'extérieur est tellement un
défaut, que les petits qui louent bassement les grands de ce
défaut, sont obligés de l'adoucir, ou plutôt de la relever par
une épithète, *cette noble fierté.*

« Elle n'est pas simplement la vanité, qui consiste à se faire
valoir par les petites choses; elle n'est pas la présomption,
qui se croit capable des grandes; elle n'est pas le dédain,
qui ajoute encore le mépris des autres à l'air de la grande
opinion de soi-même; mais elle s'allie intimement avec tous
ces défauts. » (VOLTAIRE.)

4. Le gouvernement de soi-même. — Le seul homme
vraiment libre est celui qui, se connaissant à fond et sincère
avec lui-même, se rend maître de toutes ses inclinations, se
gouverne par la raison, et de la sorte se préserve d'être
gouverné par un autre.

a. LA POSSESSION DE SOI-MÊME, CONDITION PREMIÈRE DE L'AU-
TONOMIE MORALE. Qu'est-ce que se posséder soi-même? à quel

signe connaître qu'on est maître de soi? Marc-Aurèle nous l'a révélé :

« Ne jamais rester indécis; supporter de bon cœur toutes les épreuves, y compris les maladies; tempérer son caractère par un mélange d'aménité et de tenue; exécuter sans marchander toutes les obligations qu'on a; inspirer à tout le monde cette conviction que, quand on parle, on dit toujours ce qu'on pense, et que, quand on agit, on a l'intention de bien faire; ne s'étonner de rien; ne se point troubler; ne jamais se presser ni se laisser aller à l'indolence; ne jamais se déconcerter dans le désespoir en s'abandonnant soi-même et en s'anéantissant; ne pas reprendre trop subitement du courage et une confiance exagérée; être serviable et prompt à l'indulgence; en un mot, donner de soi plutôt l'idée d'un homme qui ne change pas que celle d'un homme qui se réforme, de quelqu'un dont jamais personne n'a pu croire être dédaigné, et à qui personne ne s'est jamais cru supérieur; enfin tâcher d'être affable pour tout le monde. »

b. LE GOUVERNEMENT DE SOI-MÊME COMPORTE UNE BONNE ÉDUCATION PHYSIQUE ET UNE PRUDENTE HYGIÈNE. — Le corps est un instrument, un système d'organes; il sert à nous mettre en communication avec le monde; il est le serviteur de la pensée; la vie organique n'est pas sans se mêler à la vie spirituelle et sans réagir sur elle. Il est donc des devoirs à l'occasion du corps, afin de le rendre le plus utile possible.

Ces devoirs sont représentés par trois termes : *hygiène, gymnastique, tempérance*.

L'hygiène. — L'hygiène est la science de la santé; elle n'est pas la médecine qui guérit les maladies, elle est le régime qui les prévient et les écarte. Personne ne doute que la santé soit nécessaire, non seulement pour nous épargner la souffrance physique, mais surtout parce que l'esprit, par la maladie, se trouve troublé, affaibli, empêché dans ses perceptions comme dans ses manifestations, au point qu'il en arrive à perdre possession de lui-même.

L'objet de l'hygiène est de déterminer la nature convenable des aliments, les conditions de salubrité des habitations et les soins de propreté, qui sont le meilleur préservatif contre les affections malsaines.

Chacun doit donc s'attacher à connaître son tempérament, et vivre conformément aux nécessités qui en résultent.

La gymnastique. — La gymnastique est l'exercice régulier et méthodique des membres. Elle a pour objet d'assouplir les organes, d'habituer le corps à des mouvements en harmonie avec sa structure; de la sorte, elle augmente la force, maintient le corps tout entier en équilibre et nous permet d'exécuter sans fatigue des travaux que, sans elle, nous ne pourrions supporter.

La gymnastique comprend donc : l'escrime, l'équitation; la danse, en tant qu'exercices destinés à assouplir les mouvements, à assurer le maintien et à perfectionner l'adresse. Elle renferme aussi à bon droit les jeux virils, qui donnent un libre cours aux forces physiques, en même temps qu'ils délassent l'esprit.

La tempérance. — Appliquée à la direction des forces physiques, la tempérance complète et garantit l'effet de l'hygiène et de la gymnastique. Elle consiste à éviter tous les excès du boire et du manger; il n'est que trop facile de constater la torpeur d'esprit qu'engendre l'estomac trop chargé, le trouble mental occasionné par l'abus des boissons; l'affaiblissement physique ou l'engorgement des tissus sont les conséquences ordinaires des excès de table.

Il n'est pas défendu sans doute de stimuler parfois l'appétit et de flatter le goût, cela même peut devenir nécessaire à la conservation de la vie; la règle est que ce soit modérément et qu'on ne s'en fasse pas une habitude, par là même un besoin; semblablement il est licite de préférer le confort à l'incommodité. Si, par une austérité maladroite, aussi contraire à la véritable dignité que le sybaritisme amollissant, les éducateurs de l'humanité avaient radicalement proscrit et empêché l'affinement du goût, c'est-à-dire le perfectionnement de nos sens, toute civilisation eût été impossible, nous en serions encore à habiter des casernes, à nous alimenter de viande crue. Toutes les commodités, tout le confortable du logis, de la nourriture, du costume, l'élégance même et jusqu'au point raisonnable le luxe, il ne disconvient nullement de se les procurer en proportion de ses moyens : il est utile de savoir les sentir ; mais à la condition expresse de savoir aussi s'en passer quand il le faut, ne se croire pas malheureux si l'on en est privé, et ne devenir pas envieux à la vue de ceux qui les possèdent.

Ces concessions n'affaiblissent en rien la loi de tempérance, surtout en ce qui concerne l'usage des boissons.

L'ivresse, l'ivrognerie, l'alcoolisme. — De toutes les fautes que peut commettre l'homme, de tous les vices qu'il peut contracter, il n'en est pas qui le dégradent plus promptement et plus complètement que l'ivresse. Accidentelle ou habituelle, l'ivresse ôte à l'homme la conscience de lui-même, le livre tout entier aux instincts de la brute, détruit en lui toute notion de bienséance, de retenue, de pudeur, de justice. Fréquemment elle fait de lui un meurtrier. Peu à peu elle détermine en lui un état morbide nommé *alcoolisme* : l'absorption de l'alcool sous toutes les formes imprègne les tissus organiques et le cerveau d'essences toxiques qui les paralysent ou les surexcitent violemment. L'alcoolique est un être dangereux comme le fou ; son corps même, ravagé, ne garde de l'homme qu'une apparence pitoyable. Le trouble de son esprit le rend aussi incapable de soigner ses affaires, d'exercer son métier ou son emploi : la ruine matérielle accompagne la destruction de sa santé et la ruine intellectuelle et morale.

Les physiologistes et les médecins contemporains ont démontré avec une terrifiante évidence le ravage physique de l'alcool non seulement dans le buveur, mais dans sa descendance ; la tare héréditaire se manifeste sous toutes les formes de la dégénérescence : atrophie des membres et du cerveau, infirmités corporelles et mentales, paralysie, tuberculose, etc. La statistique prouve sans contestation possible la corrélation constante de la diminution numérique ou de la décrépitude de la race avec les progrès de l'empoisonnement alcoolique.

La tempérance, du reste, ne se borne pas à régler l'alimentation ; elle doit régir tous nos appétits, en toutes circonslances; elle proscrit la fatigue excessive, qui retire à l'homme l'usage de lui-même; exception faite, bien entendu, des cas de dévouement et de sacrifice.

L'adoration de soi. — La négligence des besoins du corps est une faute; mais pour l'éviter, n'allons pas au vice contraire : soumettre son âme à son corps, le considérer comme une fin en soi, digne de tous nos soins, de toute notre sollicitude, l'entourer de minutieuses précautions, comme si ce fût une merveille précieuse, voilà une faute grave, compliquée de ridicule. Soignons le corps comme un instrument, mais servons-nous de l'instrument selon la loi de la raison et l'ordre de la volonté. Il n'a de prix que par les services qu'il rend. Il est périssable, et périra. Qu'avant de disparaître il ait au moins contribué à la création d'une œuvre durable et, s'il est possible, immortelle.

Tout ce qui est dit de la valeur de la vie humaine, tant au point de vue de l'individu que par rapport à l'intérêt de la société, ne doit pas être entendu comme affirmant que la vie est *absolument* le plus précieux des biens. Cette fausse interprétation conduirait à l'excessive préoccupation de la conservation personnelle par conséquent à l'égoïsme le plus étroit et le plus sec, et à la peur de la mort, la source principale de la lâcheté.

Au contraire, parmi les biens particuliers à l'homme, il en est d'infiniment supérieurs à la vie, l'honneur, la liberté, la vertu. Celui-là seul porte la vie avec élégance qui toujours est prêt à la perdre plutôt que de s'avilir ou de s'asservir, ou de renoncer à se dévouer, renoncement qui avilit l'homme vis-à-vis de soi-même, le déshonore au regard de ses semblables. Il faut du reste, pour n'attacher à la vie ni trop de prix ni trop peu, penser souvent qu'elle est à la merci du plus vulgaire accident. Tel a gaspillé son temps en futilités, qui, devenu sage et résolu à une honorable entreprise, douloureusement s'aperçoit que la vie lui échappe. Tel qui s'est dégradé pour éviter une mort belle et glorieuse, rencontre aussitôt un trépas misérable ou ridicule.

c. Il faut procéder graduellement au gouvernement moral de soi-même. — L'illustre Franklin a laissé à la postérité l'enseignement de sa propre expérience pour la détermination d'une méthode favorable à l'acquisition des vertus nécessaires à l'indépendance et au gouvernement intérieur de l'âme.

« Ce fut en 1728, dit-il, que je conçus le difficile projet d'arriver à la perfection morale. Je désirais vivre sans commettre aucune faute et me défendre de toutes celles auxquelles une disposition naturelle, les habitudes, ou la société auraient pu m'entraîner. Comme je savais, ou du moins croyais savoir ce qui était le bien ou le mal, je ne voyais pas pourquoi je ne pourrais pas toujours faire l'un et éviter l'autre. Mais je constatai bientôt que j'avais entrepris une tâche plus difficile que je ne l'avais imaginé. Pendant que je mettais toute mon attention à éviter une faute, je tombais souvent dans une autre. L'habitude profitait de l'inattention, et le penchant était quelquefois plus fort que la raison. J'en conclus que la conviction spéculative qu'il est de notre intérêt d'être absolument vertueux ne suffit pas pour nous empêcher de faire un faux pas; qu'il faut perdre les mauvaises habitudes et en acquérir de bonnes avant de pouvoir compter sur une rectitude uniforme de conduite. Pour y arriver, j'essayai la méthode suivante :

« Je réunis sous douze noms de vertus ce qui, à cette époque, me paraissait nécessaire ou désirable, et j'ajoutai à chaque nom un court précepte destiné à exprimer l'étendue que je donnais à leur signification.

« Voici quels étaient ces noms de vertus, avec les préceptes qui y étaient joints :

« 1° *Tempérance*. — Ne mange pas jusqu'à t'alourdir. Ne bois pas jusqu'à t'échauffer la tête.

« 2° *Silence*. — Ne parle que de ce qui peut être utile à toi ou aux autres. Évite les conversations oiseuses.

« 3° *Ordre*. — Que chaque chose ait sa place. Assigne à chacune de tes affaires une part de ton temps.

« 4° *Résolution*. — Forme la résolution d'exécuter ce qu'il est de ton devoir de faire, et exécute ce que tu as résolu.

« 5° *Économie*. — Ne fais que des dépenses utiles pour toi et les autres, c'est-à-dire ne prodigue rien.

« 6° *Travail*. — Ne perds pas de temps. Fais toujours quelque chose d'utile. Retranche toute occupation qui ne sert à rien.

« 7° *Sincérité*. — N'use d'aucun détour. Que tes pensées soient bonnes, et si tu parles, parle comme tu penses.

« 8° *Justice*. — Ne fais de tort à personne et ne néglige pas de faire le bien auquel le devoir t'oblige.

« 9° *Modération*. — Évite les extrêmes ; n'aie pas pour les injures le ressentiment que tu crois qu'elles méritent.

« 10° *Propreté*. — Ne souffre aucune malpropreté sur toi, sur tes vêtements, dans ta demeure.

« 11° *Tranquillité*. — Ne te laisse pas troubler par des bagatelles et par des accidents ordinaires et inévitables.

« 12° *Humilité*. — Imite Jésus et Socrate.

« Mon intention étant d'acquérir l'habitude de toutes ces vertus, je jugeai qu'il serait mieux de ne pas distraire mon intention en la portant sur toutes à la fois, mais de la fixer d'abord sur une seule, et quand j'en serais maître, de passer à une autre, et ainsi de suite, jusqu'à ce que j'eusse passé les douze en revue ; et comme la pratique de quelques-unes pouvait me faciliter d'acquérir les autres, je les arrangeai dans ce but, suivant l'ordre indiqué ci-dessus.

« Il est peut-être bon que nos descendants sachent que leur ancêtre a dû à ce petit expédient le bonheur constant de la vie jusqu'à la soixante-dix-neuvième année, pendant laquelle il écrit ces pages. Il attribue à la tempérance sa constante bonne santé et ce qui lui reste d'une robuste constitution ; au travail et à l'économie, l'aisance dont il a joui de bonne heure, la fortune qu'il a acquise, ainsi que les connaissances qui lui ont permis d'être un citoyen utile et d'obtenir quelque réputation, à la sincérité et à la justice, la confiance de son pays et les emplois honorables dont on l'a chargé ; enfin, à l'influence réunie de toutes ces vertus, même à l'état imparfait où il a pu les acquérir, cette égalité de caractère et cette gaieté de conversation, qui font encore rechercher sa compagnie et la rendent agréable même à ses jeunes amis. »

5. La fermeté du caractère et la constance. — « La fermeté est le courage de suivre ses desseins et sa raison, et la constance est une persévérance dans ses goûts. L'homme ferme résiste à la séduction, aux forces étrangères, à lui-même; l'homme constant n'est pas ému par de nouveaux objets, et il suit le même penchant qui l'entraîne toujours également. On peut être constant en condamnant soi-même sa constance [1]; celui-là seul est ferme, que la crainte des disgrâces, de la douleur, de la mort même, l'espérance de la gloire, de la fortune ou des plaisirs ne peuvent écarter du parti qu'il a pensé le plus raisonnable et le plus honnête. Dans les difficultés et les obstacles l'homme ferme est soutenu par son courage et conduit par sa raison; il va toujours au même but; l'homme constant est conduit par son cœur; il a toujours les mêmes besoins.

On peut être constant avec une âme pusillanime, un esprit borné [2]; mais la fermeté ne peut être que dans un caractère plein de force, d'élévation et de raison. La légèreté et la facilité sont opposées à la constance; la fragilité et la faiblesse sont opposées à la fermeté. » (DIDEROT.)

Certaines personnes s'imaginent à tort que la bienséance, le savoir-vivre, la sociabilité les obligent à des condescendances multiples aux opinions, aux volontés des autres, et par là s'accoutument à fléchir leurs résolutions les mieux prises, et deviennent incapables de se tenir jusqu'au bout à leurs desseins. Tout au contraire on gagnera de l'estime et de la considération par la stabilité de ses décisions, mais encore faut-il qu'elles soient sages.

« Un de mes amis, dit Épictète, résolut sans aucun motif de se laisser mourir de faim. Je l'appris quand il y avait déjà trois jours qu'il s'abstenait de manger : j'allai le trouver et lui demandai ce qu'il faisait : « Je l'ai résolu, me répondit-il. — Mais quel est le motif qui t'a poussé? — Il faut être ferme dans ses résolutions. — Que dis-tu là mon ami?

---

1. Si l'on reconnaît le peu de valeur ou l'indignité de l'objet dont on ne se détache pas.

2. Victor Hugo ne voyait la constance que sous cet aspect quand il disait : « L'homme qui ne change pas c'est l'imbécile ».

il faut être ferme dans ses résolutions, sans doute, mais dans celles qui sont raisonnables. Quoi? si par un caprice tu avais décidé qu'il fît nuit (aux heures du jour) tu persisterais en disant : « Il faut être ferme dans ses décisions! » — Notre homme se laissa décider non sans peine. On ne persuade pas plus un sot qu'on ne le brise. »

7. L'autorité de la conscience et le respect de la règle. — Obéir à la conscience [1], de préférence à toute loi, oui ; mais à la condition d'avoir formé la conscience selon la certitude de la raison. L'important, en effet, n'est pas d'être d'accord avec les hommes, mais d'être d'accord avec soi-même. Pour être sûr de la légitime autorité de la conscience, il faut éliminer les cas particuliers, les circonstances accessoires, accidentelles, se détacher de soi-même, et juger en comparaison de la loi universelle et absolue du bien. Dès lors on n'a plus à se soucier des variations des lois conventionnelles que font et défont les hommes en vue d'intérêts inconstants ; on n'a plus à tenir compte des personnes, ni des sanctions. On obéit à la règle, même s'il ne subsiste aucune surveillance extérieure, aucun moyen de contrainte ou de répression.

Mais comment nous assurer de l'état de la conscience? éviter les déviations, les obscurcissements? n'advient-il pas que sous la pression, des intérêts, ou passions, l'on se fasse une *fausse conscience* [2]? On fausse son esprit, sa conscience comme on gâte son estomac, a dit Chamfort. Ce mal est fréquent. Le moyen préventif ou correctif c'est la pratique régulière de l'*examen de conscience*. Nous devons tous les jours appeler notre âme à rendre son compte ; la journée terminée, avant de se livrer au repos de la nuit, l'honnête homme s'interroge : « de quel défaut t'es-tu corrigé aujourd'hui! Quelle passion as-tu combattue? En quoi es-tu devenu meilleur? »

Et l'on s'amende, l'on se perfectionne par l'expiation volontaire des fautes.

1. Voir dans nos *Problèmes de morale*, I, 7, Valeur de la conscience.

2. Voir dans nos *Problèmes de morale*, III, 5, Hygiène intellectuelle et morale.

8. L'homme de devoir. — Quoi qu'il arrive, accomplir le commandement de la raison, c'est la condition de l'homme de devoir, supérieur à l'homme d'honneur ; celui-ci se conforme à l'opinion régnante, il vit dans une correction conventionnelle. L'homme de devoir pratique sa règle même contre l'opinion qui domine dans la société ; il la pratique non pour obtenir des avantages, des éloges, de l'admiration, non pas même pour se garantir la tranquillité intérieure, ni pour s'aimer et s'admirer soi-même. Il est absolument désintéressé. Et cela ne veut pas dire qu'il s'interdit tout plaisir, dédaigne ou néglige tout intérêt. Il ne se condamne pas à une existence triste et misérable. Le devoir n'exige pas la suppression de toute douceur dans la vie. Il ordonne seulement de savoir toujours renoncer à un plaisir, à un profit, qui ne pourrait être obtenu que par un éloignement de la justice ou de la charité. Aussi la vie de l'homme de devoir est perpétuellement unie et claire, il n'a rien à cacher, rien à déguiser, rien à excuser. L'obstacle matériel insurmontable peut seul arrêter non sa volonté mais son acte conforme au bien ; aucune force, même brutale, ne peut le réduire à l'accomplissement du mal.

RÉSUMÉ DE LA DEUXIÈME PARTIE

Les devoirs de la vie individuelle comprennent la conservation et le développement de la dignité des facultés : ils se résument dans le respect de soi-même.

L'intelligence doit être dirigée vers la connaissance et la propagation de la vérité. La sincérité — avec soi-même et avec les autres — est la condition fondamentale de la noblesse de l'esprit ; elle consiste à mettre toujours d'accord avec ce que l'on pense ce que l'on dit et ce que l'on fait ; elle exclut rigoureusement les subtilités qui aboutissent à la ruse, à l'hypocrisie, au mensonge. Il est beaucoup de formes du mensonge ; plus on y met d'adresse, plus on est coupable; seul est excusable le mensonge apparent qui, sans nuire à personne, marque la volonté d'être utile à quelqu'un, même au détriment de celui qui le commet.

La vertu propre de la volonté agissante c'est le courage ou force d'âme; il nous rend capables de supporter avec égalité la bonne et la mauvaise fortune, d'affronter les dangers de toute sorte pour une cause juste, dans la vie civile et dans la vie militaire. Il nous préserve de la mollesse et des séductions du plaisir, et d'une plate soumission à la tyrannie de l'opinion; l'homme courageux est celui dont le courage est constant quelles que soient les circonstances, et qui, craignant plus sa conscience que les châtiments extérieurs, sait reconnaître ses fautes, et en aucun cas ne s'abandonne, au point de recourir au suicide.

Par une surveillance attentive des jugements de la conscience on obtient la délicatesse morale; c'est quelque chose de plus que la simple observation de la règle vulgaire du devoir; c'est le scrupule bien mesuré de la comprendre tout entière et de n'y manquer pas même dans les détails infimes. Il n'est rien d'indifférent dans la moralité.

La justice ordonne de ne nuire à personne; sa forme élémentaire est la probité, qui consiste à rendre à chacun tout ce qui lui appartient, et par conséquent à donner tous nos soins au travail ou à la mission qui nous sont confiés, et à ne causer de préjudice à qui que ce soit par vol, fraude, ou passe-droit, ou par manquement aux engagements pris. Chaque état, y compris celui d'écolier, comporte une forme spéciale de probité.

La sensibilité doit être réglée par la sagesse et par la tempérance. Elle nous porte à aimer ce qui nous fait plaisir. Mais, pour acquérir une valeur morale elle doit n'aimer que ce qui est honnête; la bonté est le caractère supérieur de la sensibilité; elle tend à faire le bonheur d'autrui sans calcul de réciprocité. Elle engendre la douceur, l'indulgence, la patience, le pardon des offenses. Elle se manifeste extérieurement par la bienveillance et la bienfaisance. Elle doit d'abord et naturellement s'exercer dans notre entourage familial, et s'attacher à nos parents, à nos frères et sœurs, à nos amis, à nos collaborateurs ou serviteurs.

L'amitié est un des plus doux sentiments et l'un des plus précieux éléments de bonheur. Elle a pour conditions la communauté des idées, de l'éducation, et l'égalité des conditions. Pas de véritable amitié sans honnêteté.

La dignité personnelle commande la politesse; l'impoli, en faisant injure aux autres, se dégrade lui-même. La politesse peut être considérée comme le minimum de l'apparence de la bonté.

La pitié est une autre forme de la bonté, qui s'émeut du malheur d'autrui, et nous pousse à la soulager parce que nous la sentons nous-même. Son contraire, la cruauté, est un vice qui ravale l'homme au-dessous de la bête sauvage, car la bête sauvage n'est pas proprement cruelle; les douleurs qu'elle cause ne sont pas le but de ses violences, elle ne les connaît pas; l'homme cruel connaît et savoure les maux qu'il inflige. Aussi devons-nous interdire les mauvais traitements même appliqués aux animaux.

Les animaux utiles, ceux qui, dressés, nous aident dans nos travaux et ceux qui, par instinct, contribuent à notre bien-être, il n'est que juste de ménager leur existence. La dureté à l'égard des bêtes est le prélude de la dureté envers les hommes.

L'homme doit sans cesse s'appliquer à l'éducation

de soi-même, c'est-à-dire à son perfectionnement moral. Il le doit non pour des motifs d'ordre secondaire, tels que l'amour-propre et l'honneur, qui ont pourtant leur bon côté, mais par sentiment de la dignité morale. Il doit discerner et pratiquer la bienséance, la modestie, la pudeur, les convenances propres au sexe, au lieu et au moment, se tenir également loin de l'humilité excessive qui devient la bassesse, de la fierté outrée qui devient l'outrecuidance et l'arrogance.

Savoir se gouverner est le terme où doit aboutir l'éducation de soi-même : double gouvernement des forces corporelles, de la santé, et des forces spirituelles; il y a une gymnastique et une hygiène morale aussi nettement définies et réglées que l'hygiène et la gymnastique du corps. Le principe essentiel en est la tempérance. Tous les excès détruisent simultanément la santé des organes et la puissance des facultés intellectuelles ainsi que la dignité de la personne. Nul excès n'est plus dégradant que l'ivresse; l'alcoolisme est la cause la plus active et la plus terrible de l'abrutissement, de maladies incurables et de la dégénérescence des races.

C'est par un exercice constant et graduel, selon la méthode de Franklin, que l'on parvient au perfectionnement moral. Cette constance dans le caractère est une des plus belles qualités de l'homme, à condition, bien entendu, qu'elle nous tienne ferme dans le bien et non dans le mal.

Nous obtenons cette fermeté en nous formant de bonne heure une conscience droite, éclairée, dont l'autorité est pour nous celle qui prime toutes les autres. Nous devenons ainsi l'homme de devoir, sûr de sa ligne de conduite, tracée par la raison, et capable de la suivre à travers toutes les vicissitudes de la vie.

TROISIÈME PARTIE

LA VIE SOCIALE

LIVRE I

LA SOCIÉTÉ

CHAPITRE I

LA SOLIDARITÉ

Sommaire. — 1. La sociabilité. — 2. La solidarité : elle est dis·
tincte de la fraternité. — 3. L'idée de solidarité dans Descartes. — 4. Ce que l'individu reçoit de la société. — 5. Répercussion des actes de l'individu dans le milieu social. —
6. Devoirs résultant de la solidarité.

1. La sociabilité. — L'homme ne peut vivre seul : s'il
n'était naturellement sociable, la société ne s'expliquerait
ni dans son origine ni dans sa durée. La nécessité qui pousse
les hommes à se rapprocher et se compléter pour ainsi dire
les uns par les autres est à la fois physique et morale. Les
besoins de la vie animale ne seraient pas satisfaits ou ne le
seraient que de façon incertaine, incomplète, intermittente,
si l'homme demeurait abandonné sur la terre; ses forces
personnelles sont insuffisantes à le protéger contre les intem-
péries, les accidents, les maladies, les bêtes mêmes. Ses
facultés morales ne recevraient aucun développement. Sauf
des cas exceptionnels, la solitude lui est odieuse; ses inclinations naturelles sont de communiquer sa pensée et de
recevoir communication de la pensée des autres. Sa sensi-

bilité cherche nécessairement des objets auxquels s'attacher. Parmi tous les êtres de la nature, il n'en est pas assurément qui puissent répondre mieux à ses appels que les êtres semblables : la similitude de l'origine, des besoins et des aptitudes, voilà ce qui attire et retient l'homme près de l'homme.

2. La solidarité : elle est distincte de la fraternité. — Les hommes forment ainsi une société voulue et sont *solidaires* les uns des autres.

La solidarité est une responsabilité collective et mutuelle ; sa base est l'idée des intérêts communs ; cela veut dire que dans une société la part des charges communes qu'un membre refuse ou devient incapable de porter retombe sur les autres, et, le cas échéant, un seul devra payer pour tous.

La fraternité est un sentiment affectueux qui nous porte à aider nos semblables avec désintéressement.

La fraternité est d'ordre *absolument* naturel ; la communauté de la première origine, du *genre*, en est la source : la solidarité, naturelle aussi sans doute, ne l'est que *relativement*, elle tient à l'organisation sociale, à la participation aux mêmes intérêts : par exemple, entre un nègre et un blanc qui ne se sont jamais vus, la fraternité est aussi précise et obligatoire, et la solidarité beaucoup plus vague et moins immédiate qu'entre deux compatriotes ou concitoyens, qui sont, dans leurs rapports mutuels, non seulement des hommes mais encore des *associés*.

3. L'idée de solidarité dans Descartes. — L'idée de solidarité n'est pas une nouveauté dans la morale sociale. Descartes l'a parfaitement définie et expliquée :

« Il y a encore une vérité dont la connaissance, dit-il, me paraît fort utile, qui est que, bien que chacun de nous soit une personne séparée des autres, et dont par conséquent les intérêts sont en quelque façon distincts de ceux du reste du monde, on doit toutefois penser qu'on ne saurait subsister seul, et qu'on est en effet l'une des parties de l'univers, et plus particulièrement encore l'une des parties de cette terre, l'une des parties de cet état, de cette société, de cette famille, à laquelle on est joint par sa demeure, par son serment, par sa naissance; et il faut toujours préférer les intérêts du tout dont on est partie à ceux de sa personne en particulier : toutefois avec mesure et discrétion; car on aurait tort de s'exposer à un grand mal pour procurer seulement un petit bien à ses parents ou à son pays; et si un homme vaut plus lui seul que tout le reste de sa ville, il n'aurait pas raison de se vouloir perdre pour la sauver[1]. Mais si on rapportait tout à soi-même, on ne craindrait pas de nuire beaucoup aux autres hommes, lorsqu'on croirait en retirer quelque petite commodité, et on n'aurait aucune vraie amitié, ni aucune fidélité et généralement aucune vertu; au lieu qu'en se considérant comme une partie du public, on prend plaisir à faire du bien à tout le monde, et même on ne craint pas d'exposer sa vie pour le service d'autrui lorsque l'occasion s'en présente; jusque-là qu'on voudrait aussi perdre son âme, s'il se pouvait, pour sauver les autres; en sorte que cette considération est la source et l'origine de toutes les plus héroïques actions que fassent les hommes. »

4. Ce que l'individu reçoit de la société. — Chacun de nous profite du travail et du progrès de l'humanité tout entière; si nous n'habitons plus des grottes naturelles ou des huttes de branchages, si nous ne sommes plus réduits à nous vêtir seulement de peaux de bêtes, si la terre produit des moissons et des fruits, si les animaux sauvages ne sont plus, sauf de rares exceptions, une menace permanente, en un mot si toutes les commodités de la sécurité présente nous permettent de vivre une vie assurée du lendemain autant que la nature y consent, nous le devons à l'effort continu des générations, depuis les plus lointaines jusqu'aux contemporaines. Quotidiennement et presque dans les moindres objets d'usage, considérons combien d'individus concourent, chacun par son travail spécial, à nous fournir ce qui nous sert à vivre, à travailler. Quelle série de métiers tributaires les uns des autres représente le chapeau qui abrite ma tête ou le soulier qui protège mon pied !

Le progrès ne s'est pas accompli seulement dans l'organi-

---

1. Difficulté d'apprécier, surtout par rapport à soi-même, si un individu est de plus grand prix que toute une cité.

sation matérielle. La culture intellectuelle, le perfectionnement moral, auxquels le moindre de nous aujourd'hui peut parvenir, a été préparé par la pensée du genre humain entier à ce point qu'il est une solidarité morale très apparente entre les individus d'une famille, d'une cité, d'une nation. « Je suis moralement solidaire de mes parents, qui l'étaient des leurs, et mes enfants le seront de moi. Je reçois avec la vie, mon tempérament, le principal de mes facultés mentales; je ne puis pas tout devenir indifféremment; la fermeté de ma raison, la tendresse ou la dureté de mon cœur, l'ardeur de mon imagination, ma puissance de réflexion, et jusqu'à ma force de caractère, presque tout ce qui fera ma valeur morale est en germe chez moi dès le berceau. Ce naturel héréditaire, je pourrai le modifier, soit, mais dans des limites restreintes, avec plus ou moins de peine…. J'hérite donc non pas de vices déterminés, ni de vertus toutes faites, mais de dispositions profondes, matière première de ma moralité future, dont ma liberté devra faire mes vices ou mes vertus ». (MARION.)

Notre intelligence vit des idées que nos devanciers ont produites, des idées que produisent nos contemporains. Toute invention nouvelle, toute nouvelle forme d'art, toute découverte de la science · est le prolongement, l'épanouissement nouveau d'une invention, d'un art, d'une loi scientifique antérieurement révélés. Tout l'univers humain a travaillé à la pensée de chacun et cette pensée réfléchit le monde « comme la goutte de rosée dans son fragile cristal ». — N'en doutez pas, dit un penseur moderne [1], vous pensez à cette heure et sans en avoir conscience tout ce qui a été pensé de Platon jusqu'à Kant et à Reid, de Sophocle à lord Byron. C'est pourquoi vous pouvez dire comme le guerrier devant Troie : « Nous valons mieux que nos pères ».

La solidarité est donc tout à la fois économique, intellectuelle et morale.

5. Répercussion des actes de l'individu dans le milieu social. — La loi suprême de la vie sociale est une

1. Doudan.

loi d'échange. En retour de ce qu'il reçoit de la famille, de la cité, de l'humanité chacun peut et doit fournir son contingent au progrès. Sa conduite n'est jamais indifférente; il peut être une force utile ou une force perdue, voire une force nuisible. Tous ne peuvent au même degré concourir au progrès; les capacités intellectuelles diffèrent et aussi les moyens d'action. Toutefois il n'est si petit effort qui ne porte son fruit : même le plus humble ouvrier, s'il s'est perfectionné dans son métier, contribue par son travail mieux fait à l'amélioration commune. A plus forte raison dans l'ordre moral, il n'est personne qui, par son exemple, par ses conseils ne concoure à l'éducation de tous les autres, et ne propage la purification ou la dépravation de ses semblables.

La société tout entière subit le contre-coup d'un seul méfait; que l'on calcule même au simple point de vue de l'économie pratique les charges que fait peser sur la communauté l'injustice d'un malfaiteur. C'est lui qui rend nécessaire le gendarme, le juge, la prison, il coûte très cher; et il cause un préjudice inappréciable à toute l'humanité, par la défiance et l'inquiétude qui d'un seul crime naissent dans toutes les âmes.

Mettez en regard l'effet de l'œuvre scientifique, artistique, littéraire, philosophique, morale, d'un Galilée ou d'un Pasteur, d'un Phidias ou d'un Michel-Ange, d'un Sophocle, d'un Corneille, d'un Racine, d'un Molière ou d'un Shakespeare, d'un Tacite ou d'un Macaulay, d'un Platon, d'un Descartes, d'un Vincent de Paul, etc., et jugez si la restitution faite à la collectivité humaine par de telles valeurs individuelles n'est pas la marque lumineuse de l'importance sociale des travaux individuels.

De façon générale, selon la juste exposition de M. Marion, « si d'une part aboutit à nous toute l'histoire de nos ascendants, et si rien ne s'est perdu de leurs sentiments, de leurs pensées, de leurs œuvres bonnes ou mauvaises, mon histoire personnelle influera de même sur toute ma lignée, et de ce que j'aurai inséré en bien ou en mal dans la série rien ne sera perdu. Je travaille donc pour l'avenir, c'est-à-dire pour la future moralité et le bonheur futur de ma famille, de mon pays, de l'humanité, chaque fois que par mon influence, toute restreinte qu'elle est, je développe et modifie en mieux, si peu que ce soit, ma nature. Toutes les fois au contraire que je déchois, je sème, pour l'avenir, des difficultés, des fautes et des misères. Quelle pensée pourrait être plus propre à me faire considérer la vie avec gravité ».

6. Devoirs résultant de la solidarité. — De cet examen il appert que tout homme a pour devoir de servir au perfectionnement de la vie collective : d'où naît la double obligation de ne jamais nuire et de se rendre utile le plus possible. Entre les individus, considérés chacun en sa forme et capacité respectives, l'échange est loin d'être égal. Les uns donnent, non pas plus qu'ils ne reçoivent, mais plus que d'autres qui donnent moins qu'ils ne reçoivent. La différence a pour principale origine les inégalités d'intelligence, d'éducation, d'instruction.

La culture intellectuelle et morale élargit et multiplie les obligations sociales. Non seulement l'homme instruit doit être meilleur en lui-même, il doit contribuer sans cesse à l'amélioration des autres, de deux façons ; être pour eux un exemple vivant, par la régularité et la générosité de sa conduite, et par la diffusion de son savoir, de sa doctrine et de sa discipline morales.

Pour tous indistinctement la solidarité fonde l'obligation de la protection mutuelle.

La vie humaine est si précieuse et la société est tellement intéressée à ce qu'aucune existence ne soit perdue inutilement, que le devoir est non seulement de respecter, mais de défendre les personnes dans leur vie. L'on ne peut frapper, blesser ou tuer un être humain sans que tous les autres souffrent de ces coups.

Les injustices que l'on commet en négligeant de défendre autrui et en désertant les devoirs issus de la solidarité viennent de plusieurs causes : on craint les inimitiés, le travail, la dépense, ou bien c'est la négligence, la paresse, l'inertie, l'amour des études personnelles, certaines occupations, qui nous retiennent et nous font laisser dans l'abandon ceux que nous devions protéger. Parmi ces causes, on le voit, les

unes sont en elles-mêmes blâmables et basses, les autres le
deviennent par l'abus ou par une mauvaise interprétation de
ce qui est permis.

CHAPITRE II

JUSTICE SOCIALE

Sommaire. — 1. Les droits de l'individu. Le respect nécessaire
de la personne. = Respect de la personne dans sa vie. —
2. Caractère sacré de la vie. — 3. Exceptions au principe du
respect de la vie. = Respect de la personne dans sa liberté.
— 4. La liberté n'est pas le pouvoir de tout faire. — 5. L'esclavage. — 6. Le servage. — 7. Le service volontaire et le
salaire. — 8. Le droit de travailler fait partie de la liberté. —
9. Abus de pouvoir. = Respect de la personne dans sa réputation et dans son honneur. — 10. Valeur sociale de la réputation. — 11. L'outrage. — 12. La diffamation, la médisance et
la délation. — 13. La calomnie. — 14. L'envie. = Respect de
la personne dans sa conscience, ses opinions et son intelligence. — 15. La liberté de conscience. — 16. La discussion
critique et le libre examen éclairent la science et la conscience. — 17. Liberté des cultes. — 18. L'intolérance. —
19. Respect de l'intelligence : le mensonge. — 20. L'interdiction des moyens de s'instruire. = Respect de la personne
dans sa propriété. — 21. Cause de la propriété. — 22. Origine naturelle : droit du premier occupant. — 23. Formes
légales de la propriété. — Quelles sont les choses qu'on possède. — 25. Communisme et socialisme. — 26. L'opinion vulgaire socialiste : suppression de l'hérédité. — 27. On n'hérite
que des biens matériels. — 28. L'État participe à l'héritage. —
29. Le commerce. = Justice rétributive et rémunérative. —
30. Justice et équité. — 31. Justice distributive et rémunérative. — 32. Respect de la vieillesse, des services rendus, des
supériorités morales. — 33. Formules de conclusion.

**1. Les droits de l'individu; le respect nécessaire de
la personne.** — Le moins que nous puissions faire pour nos
semblables, c'est de ne pas détruire ni même amoindrir leur
personne; et il est toujours possible à un homme sain d'esprit de s'abstenir de causer un dommage. Aussi ne peut-on
manquer à un devoir de justice sans une réelle culpabilité;

car, pour ne pas agir, il suffit d'un effort de la volonté; et pour agir, et produire un acte mauvais, injuste, il faut un effort plus marqué. Le respect de la personne, dans toutes ses puissances et dans toutes ses tendances légitimes, c'est là ce qu'ordonne la justice : la vie, la liberté, l'honneur, les croyances, les biens extérieurs, tout cela est sacré comme faisant partie de la personne humaine et comme contribuant à la réalisation de sa destinée.

§ 1. — Respect de la personne dans la vie.

2. Caractère sacré de la vie. — La nature seule est capable de donner la vie à un être; d'elle seule en dépend la durée normale. C'est donc aller contre son but que de hâter la mort d'un être vivant. Lorsque cet être est un homme, le faire périr c'est outrager non seulement la nature universelle, mais la loi morale. C'est priver la victime de la possibilité d'atteindre sa destinée. Nous ne possédons le moyen de nous perfectionner que pendant la vie; au delà, nous ne nous appartenons pas. La vie est donc le plus précieux parmi les biens périssables qui ne dépendent pas absolument de la volonté, puisque, privés d'elle, nous ne pouvons plus rien acquérir, et qu'une fois détruite nous ne pouvons la rappeler : tuer est donc un crime irréparable. Nous pouvons dans une certaine mesure réparer ou compenser le tort causé à la réputation et aux biens matériels : rien ne compense la perte de la vie. De là son caractère sacré.

D'autre part, pour la société, tout individu est une force dont le travail, l'intelligence et la moralité lui fournissent des ressources et constituent un élément de sa prospérité et de sa durée. Supprimer un homme, c'est priver la société de son bien.

« Tu ne tueras pas! » dit la loi morale, et la loi écrite enregistre soigneusement cette défense.

Et il le faut entendre non seulement de l'action précise de tuer sur le coup, mais de toute action de nature à mettre la vie en péril. Les coups, les blessures, les mauvais traitements qui suspendent ou diminuent la force vitale sont des crimes au même titre, quoique d'une inégale gravité. La législation de tous les peuples civilisés réserve ses peines les plus sévères à l'homicide, et elle atteint aussi de peines graduées, mais fondées sur le même principe, toute violence ayant occasionné la mort avec intention de la donner.

2. Exceptions au principe du respect de la vie. — N'est-il pas cependant des cas où il est permis ou excusable de frapper un homme et de supprimer son existence? La légitime défense, la guerre, le duel, ne nous placent-ils pas dans des conditions spéciales où donner la mort cesse d'être un crime? Bien plus, la loi elle-même ne semble-t-elle pas abandonner le principe du respect sacré de la vie, en inscrivant sur ses tables la peine de mort?

Chacun de ces cas mérite un examen particulier afin de bien remarquer sur quoi se fonde et jusqu'où s'étend l'exception.

a. LE CAS DE LÉGITIME DÉFENSE. — La définition même de la justice doit être rappelée ici : « Ne nuire à personne, *à moins qu'on n'y soit forcé par une attaque non pro-voquée.* »

C'est au nom du respect de la vie que toute violence est interdite; mais ma vie doit être protégée par ce principe. Si vous en faites mépris pour m'attaquer, vous renoncez de vous-même au bénéfice du respect. Il serait étrange que, rejetant le principe quand il gêne votre passion ou votre intérêt, vous eussiez le droit de le réclamer quand il vous offre un avantage. Votre violence vous retire de la catégorie de ceux dont la vie est respectable. D'autant plus que je me trouve dans l'alternative de sacrifier votre existence ou la mienne. Mais je suis bien plus responsable de ma destinée que de la vôtre; à moi s'impose un devoir de conservation personnelle, surtout si mon existence est condition importante de l'existence d'autres personnes, soit de ma famille, soit de ma société; s'il entre en conflit avec le devoir de respecter votre conser-vation à vous qui renversez mon droit, il doit l'emporter; ce n'est pas moi qui ai mis le pied sur la loi, c'est vous; je peux vous considérer comme déchu, et croire dès lors que

ma vie est justement plus précieuse que la vôtre : donc je
me défends; et, si je n'ai d'autre moyen de me défendre
que de vous détruire, ni ma conscience, ni celle de mes
semblables, ni la loi ne me le reprocheront.

Se défendre n'est pas même chose que se venger. —
Toutefois prenons garde de dénaturer notre défense légitime
en haineuse vengeance; nous accordons le droit de défense,
non le droit de vengeance; nous ne sommes au moment de
l'attaque ni un juge ni un justicier. Ce serait courir le risque
de juger mal dans un cas où nous serions juge et partie. En
frappant l'agresseur, ne prétendons pas que nous lui infli-
geons un châtiment égal ou proportionnel à sa faute : l'instinct est pour beaucoup dans la défense. Aussi ne devons-
nous pas désirer ni calculer la mort de l'adversaire. Si elle
résulte de notre effort pour nous sauver, nous sommes
excusés; mais, à strictement définir le droit de défense, il se
borne à mettre le malfaiteur hors d'état de nuire. Celui qui,
s'enflammant de colère et donnant libre cour à une haine
subite, prend plaisir à frapper et à ôter la vie, sort lui-même
du droit; il manque de tempérance et de force d'âme.

Il faut bien comprendre aussi que le droit de défense
n'existe qu'au moment même où l'on est en péril. Le danger
passé, et du temps s'étant écoulé, si l'on se souvient de l'injure et qu'on veuille exercer des représailles, c'est bien à tort
qu'on invoque la légitime défense : on poursuit seulement
la vengeance. Or la répression des injures et des injustices
appartient à la société, et c'est pour elle un devoir : le nôtre
est de ne pas substituer notre action personnelle à la sienne.

b. LE CAS DE GUERRE [1]. — Quand deux peuples prennent les
armes l'un contre l'autre, la responsabilité de chaque individu disparaît pour ainsi dire, et pour une double raison.
Combattre est un devoir afin de concourir à la défense commune, et chacun est envers tous dans le cas de légitime
défense. La guerre, en effet, présente un caractère impersonnel par cela même qu'elle est une lutte collective. Ce

1. Voir, dans nos *Problèmes de morale*, V, 8, 12, VI, 4, les sujets
variés sur la question de la guerre.

n'est pas Pierre, Paul ou Jean qui menace et frappe Karl, Franck ou Wilhelm, ou est menacé et frappé par eux. C'est le citoyen d'un pays qui défend sa famille, sa cité et sa patrie contre l'étranger. Quant à la guerre elle-même, est-elle un droit, et la vie humaine a-t-elle moins de prix quand la mort atteint des milliers d'hommes que si elle en touche seulement un ou quelques-uns? Il serait fou de le prétendre. Aussi n'est-il pas moral de provoquer la guerre par caprice, par plaisir ou par cupidité. Elle est un mal social, et une preuve que nous ne vivons pas ici-bas sous le règne de la justice : même acceptée comme une calamité nécessaire, elle n'échappe pas aux lois de la morale, et le droit des gens lui impose des règles et conditions que nous examinerons plus loin.

c. LE DUEL[1]. — Le duel est la lutte armée de deux personnes qui s'en remettent à leur adresse, à leur courage ou à leur chance, pour décider une querelle. Les partisans de ce combat invoquent en sa faveur les raisons que voici :

Arguments favorables. — D'abord il est un progrès sur la barbarie : aux temps primitifs, l'homme qui avait reçu une injure guettait et traquait son ennemi en tout temps et en tous lieux, et tentait de le frapper à la première occasion, sans que l'autre fût même prévenu ni préparé à la défense : c'était donc laisser une partie de l'humanité en guerre perpétuelle avec l'autre, aux grands risques mêmes des désintéressés. Le duel a donc l'avantage de faire cesser cet état de guerre, et de permettre aux adversaires de se placer l'un vis-à-vis de l'autre dans des conditions égales de défense, dont ils ont convenu ensemble, sous la surveillance de témoins qui garantissent leur loyauté.

En outre, il a pour objet de combler une lacune de la législation humaine. Certaines injustices d'une nature mal définie et délicate, dont la répression et le dédommagement ne peuvent être bien appréciés par un tribunal, échappent à l'action des lois, ou même, dit-on, touchent au fond trop intime de l'âme pour qu'un galant homme les expose au

---

1. Voir, dans nos *Problèmes de morale*, VI, 5, le sujet tiré de la parole d'Émile de Girardin après le duel où il tua Armand Carrel.

public et attende des juges la réparation à laquelle il a droit.

Enfin, ajoute-t-on, il entretient et développe le sentiment de l'honneur, et maintient chez les hommes la noble idée que la vie est moins précieuse que l'honneur.

Réponse critique. — Historiquement, il est admissible que le duel ait été un progrès sur la barbarie; mais, même à ce point de vue, il n'est qu'une sorte de réglementation de la vengeance. On ne peut lui refuser un certain côté chevaleresque et élevé qui empêchera toujours de confondre un duelliste meurtrier avec un assassin vulgaire, puisque en effet il s'expose à recevoir la mort comme à la donner et n'attaque pas son ennemi au dépourvu. Mais actuellement il n'en est pas moins l'acte d'hommes qui se mettent au-dessus des lois et s'instituent les juges et les justiciers de leurs injures et par là troublent l'ordre civil et les idées morales.

Et comment accorder le bénéfice du droit de défense à ces duellistes qui volontairement s'appellent au combat, en fixent l'heure, le lieu et les conditions? Chacun d'eux est un agresseur, au contraire. Il s'expose à donner la mort aussi bien qu'à la recevoir. En quoi il a deux fois tort. Car la vie a un prix tel qu'elle ne doit pas être sacrifiée à la légère, et qu'elle n'appartient pas tout entière à l'individu : il en est pour ainsi dire le dépositaire. Et la faute du duelliste est double : il risque à la fois le meurtre et pour ainsi dire le suicide.

S'il est des injures si délicates qu'on ne les puisse exposer à un tribunal, notre mépris n'en fera-t-il pas justice? La honte n'en retombera-t-elle pas sur celui qui a osé commettre une faute parce qu'il croyait à l'impunité, à l'impuissance des lois? On redoute l'éclat d'un procès qui, divulguant l'injure, semble la multiplier; mais le duel fera-t-il moins de bruit? Et en vérité n'est-ce pas une erreur profonde de croire qu'il est plus déshonorant de subir l'injustice que de la commettre? Il ne suffit pas, reprend-on, de dédaigner les injures faites à l'honneur, il faut les venger sous peine de perdre son honneur. — L'honneur est dans l'âme, dans les qualités de la personne, dans sa vertu. Une injure n'a pas le pouvoir de l'anéantir ni même de l'entamer.

La confusion vient de ce qu'on prend pour l'honneur la vanité, la convention mondaine. On mêle l'honneur et le *point d'honneur*. Et dans le sens pratique enfin, au point de vue de la répression tant désirée de cette injure, le duel n'est qu'un moyen absurde. Il laisse à l'insulté la chance d'une blessure, voire de la mort; à l'insulteur celle de l'impunité et d'une satisfaction nouvelle. Si vous écartez ces chances incertaines et vous croyez sûr de votre coup, avouez-le, cet aspect chevaleresque tant vanté s'obscurcit et s'éclipse : il ne reste qu'un assassinat prémédité, avec l'hypocrisie en plus.

Et finalement, quand vous aurez été vaincu ou vainqueur, il ne sera pas prouvé que vous ayez eu tort ou raison. On ne croit plus que ce soit le *jugement de Dieu*. Le duel est donc condamnable dans l'intérêt de l'individu et de la société, au nom de la justice, sous l'apparence de laquelle il s'abrite faussement.

d. LA PEINE DE MORT[1]. — Sans nous arrêter à discuter au fond l'opportunité de la peine de mort et le droit de la société de l'inscrire dans ses codes, nous devons marquer le caractère de cette pénalité : ses adversaires la combattent au nom du principe sacré du respect de la vie humaine. Et ils ont beau jeu à faire ressortir l'apparente contradiction de la loi qui ayant pour objet de garantir la vie des hommes s'arroge le pouvoir de la leur ôter.

Il importe de ne pas oublier deux choses : d'abord la loi ne punit de mort que ceux qui ont mis en péril ou détruit l'existence de leurs semblables ou de l'État. Ceux-là se sont d'eux-mêmes placés hors de la nature humaine en commettant leur crime. En les frappant si durement la société reste fidèle à son rôle : elle protège vraiment l'existence de ses membres en retranchant un membre rebelle et pernicieux, comme le chirurgien coupe un bras gangréné pour le salut de tout le corps. En second lieu, nul n'est censé ignorer la loi, et la loi n'est point faite après coup pour

---

1. Voir, dans nos *Problèmes de morale*, VII, 1 et 2, les sujets sur l'expiation nécessaire et sur la peine de mort.

châtier spécialement l'agent sans qu'il ait su à quoi il s'exposait. La loi est un contrat : les citoyens le connaissent ; ils l'observent ou l'enfreignent, à leur choix. Mais ils acceptent en même temps les conséquences prévues de leur choix. Ils vont d'eux-mêmes au-devant de la sanction établie.

Donc la peine de mort légale n'est pas une exception réelle à la loi naturelle qui ordonne le respect de la vie humaine. Elle en est au contraire l'aide, le corollaire et la consécration.

§ 2. — Respect de la personne dans sa liberté.

4. La liberté n'est pas le pouvoir de tout faire. — Ce n'est point tout que de laisser vivre l'homme : il faut respecter sa liberté, il faut qu'il conserve la possession de lui-même. Elle lui est nécessaire pour son développement, pour qu'il ait conscience de sa dignité et qu'il sente sa responsabilité. Sans liberté, point de moralité. Sans doute cette liberté ne peut être illimitée dans le fait : le devoir et le droit en sont les bornes ; la loi écrite en réglemente l'usage. Chacun ne peut faire que ce que tous pourraient faire sans empiéter sur le droit de personne. Mais ces bornes et ces règlements ne suppriment ni ne froissent la liberté, parce qu'ils sont consentis par chacun ; et consentir c'est faire acte de liberté.

Aussi la différence est grande entre ce qu'ordonne la loi, expression de la volonté commune, et ce qu'ordonne un tyran parce que tel est son bon plaisir, ordonnât-il d'ailleurs la même chose que la loi.

5. L'esclavage. — L'esclave est celui dont la volonté ne compte pas. Assimilé à la bête l'esclave n'agit que par ordre et sans réflexion : il cesse d'être lui-même. Il ne possède rien ; il n'est ni époux, ni père, ni fils, ni citoyen : il passe à l'état de produit et de denrée : il tombe hors la nature et hors la loi. On le vend et on l'achète comme une chose [1].

1. Aristote, tout en enseignant que l'on doit bien traiter les esclaves, approuve et justifie l'esclavage, surtout par cette raison

Qu'arrive-t-il? C'est que, désintéressé de lui-même, il est insensible à sa destinée. En lui ne s'éveille pas l'idée morale; il n'aperçoit et ne peut apercevoir le caractère honnête ou déshonnête des actions. Ou, s'il en prend connaissance, si sa pensée s'élève et qu'il sente l'injustice et la cruauté de son abjection, il n'est pas rare qu'il préfère la mort. Il semble en effet qu'il ne doive rien à une société qui le prive de tout, même du caractère d'homme. Et sur qui pèse la responsabilité de cet anéantissement de la moralité dans un homme? Sur celui qui a réduit l'individu en esclavage, qui a volé sa liberté et sa conscience, sur celui qui, complice de cet attentat, en profite, sur celui qui vend et sur celui qui achète un corps humain animé par une âme vivante.

De notre temps, l'esclavage n'existe pour ainsi dire plus : la traite des nègres est prohibée par toutes les nations civilisées; les noirs d'Amérique et d'Océanie sont affranchis. Le progrès moral a obtenu cette victoire sur l'égoïsme du plus fort. Mais il convient de remarquer que dans les temps anciens l'esclavage lui-même fut un progrès et un adoucissement des mœurs. Les premiers esclaves furent des prisonniers de guerre : la coutume primitive était de les égorger en forme de sacrifice aux mânes des héros morts. Respecter la vie fut un progrès. Mais bientôt l'égoïsme, le hideux calcul du vainqueur corrompit ce progrès au lieu de le continuer et de le perfectionner. On reconnut vite qu'il était plus profitable de laisser vivre l'homme en le réduisant à l'état d'instrument.

6. Le servage. — Il n'est pas du reste nécessaire de pousser l'attentat à la liberté jusqu'à l'esclavage pour manquer gravement au devoir.

Le *servage* était une forme adoucie de la servitude : le serf du moyen âge n'est pas attaché, comme l'esclave antique, à la personne du maître, mais à la glèbe, c'est-à-dire

qu'il est nécessaire au progrès social.que les hommes les plus intelligents soient déchargés de tous les soins matériels de la vie afin de se livrer librement à l'art et à la science.

au domaine territorial ; il possède, sous certaines conditions, une propriété, et jouit de certaines libertés ; il ne se marie qu'avec l'agrément du seigneur, mais le mariage est possible ; ses enfants sont à lui, ils devront un service au seigneur, mais ils ne cessent pas de connaître leur père. C'est la cruauté et la rapacité du baron féodal qui font surtout la dureté du servage. Il avait en lui aussi une origine presque juste : la protection que l'homme de guerre accorde, au risque de sa vie, à celui qui travaille et laboure la terre. En échange de ce service militaire, on lui concède des redevances. Mais l'abus vint bien vite : celui qui disposait de la force a foulé aux pieds le droit et maintenu cet état d'inégalité après qu'il n'avait plus l'excuse du péril couru. Et le servage devient une souffrance aussi cruelle que l'esclavage antique surtout pour des hommes dont la conscience est plus vive et chez qui l'idée du droit a plus de précision.

La Révolution française de 1789 abolit le servage dans notre pays : en Russie, les serfs ne furent affranchis que dans la seconde moitié du xix° siècle.

7. Le service volontaire et le salaire. — Le respect de la liberté nous empêchera-t-il d'employer nos semblables aux travaux auxquels ils sont aptes? Assurément non, et ce n'est pas davantage manquer à sa dignité que de se mettre au service d'autrui volontairement ; ce n'est pas aliéner sa liberté que donner la force de ses bras ou de son intelligence à un prix convenu. Le travail est une nécessité commune, et par l'échange des travaux et des salaires se fonde et s'accroît la prospérité de chacun. Mais nous ne devons pas imposer de force et sans rémunération ou faire accepter avec une rémunération insuffisante un labeur à qui que ce soit. A qui n'en a point d'autre, le travail est un capital : ne pas payer le travail le prix qu'il vaut, c'est simplement voler ; et d'autre part abuser de la misère d'un homme pour le contraindre à une basse besogne, c'est gâter sa moralité. Mais la convention par laquelle deux hommes s'engagent l'un à exécuter un travail, l'autre à le rémunérer, n'a rien de contraire à la liberté, puisque la convention est volontaire de part et d'autre.

8. Le droit de travailler fait partie de la liberté. —
Par contre c'est attenter à la liberté que d'empêcher le travail. Chacun est libre d'accepter ou de refuser l'ouvrage offert et les conditions proposées. Mais prétendre interdire à d'autres d'accepter ce qu'on refuse, c'est un abus de pouvoir injuste. Pourvu qu'il ne transgresse pas les lois communes, tout homme doit jouir de son indépendance. Il n'appartient à personne de lui imposer une loi particulière. La *grève*, jusqu'à certain point légitime lorsqu'elle est seulement le refus collectif d'un groupe de travailler à des conditions insuffisantes, devient injuste et illégale si elle va jusqu'à gêner le travail de ceux qui les acceptent.

9. Abus de pouvoir. — La morale condamne également comme une atteinte à la liberté l'abus de pouvoir à l'égard des enfants mineurs. Les parents, les maîtres, les patrons qui, ayant la direction de jeunes esprits ou les employant à leur service, tournent leur autorité contre la faiblesse et l'inexpérience de l'enfant, soit pour lui faire commettre une faute, soit pour exploiter son travail, ou le surmènent au détriment de sa santé et de son instruction, se rendent coupables d'un crime.

Il faut de bonne heure comprendre que l'humanité ne peut être heureuse si chacun de ses membres ne concourt à la félicité de tous ; qu'il est donc de l'intérêt commun, comme du principe de la justice, que chacun puisse arriver à la connaissance et à la pratique de ses devoirs : par là seront sauvegardés les droits de tous les autres.

§ 3. — Respect de la personne dans sa réputation
et dans son honneur.

10. Valeur sociale de la réputation. — L'estime de nos semblables, de nos concitoyens est un bien précieux, et la raison de son prix, c'est qu'on est porté à la croire la conséquence et la récompense d'une conduite juste et honnête en toutes choses. Elle est pour nous un avantage social considérable, en même temps qu'un encouragement à la vertu, et sans elle nous ne pouvons presque rien entreprendre : simple particulier, fonctionnaire, commerçant ou salarié, la réputation bonne ou mauvaise qu'on acquiert est une cause ordinaire de succès ou de ruine. De plus, notre honneur n'est pas seulement à nous, il est aussi celui de nos parents et de nos enfants. C'est un bien idéal, supérieur même à la liberté et à la vie ; il n'est pas une âme généreuse qui ne préfère l'honneur à la vie, et les tourments mêmes de l'esclavage à la perte de l'honneur. C'est donc une faute des plus graves que d'attaquer la réputation et l'honneur. C'est en quelque sorte attaquer la vie de l'âme.

On doit éviter avec soin les actes et les paroles de nature à souiller la renommée d'autrui : l'outrage, la calomnie, la médisance, la diffamation, la délation. L'honneur est une propriété morale, difficile à acquérir, par conséquent plus digne d'égard.

11. L'outrage. — Outrager est toujours une faiblesse : l'injure, si elle est méditée, prouve la bassesse d'âme de l'insulteur ; s'il a subi l'injustice de la part de celui qu'il insulte, que ne le cite-t-il devant les tribunaux ? Là il en fera la preuve et obtiendra le dédommagement auquel il pourrait avoir droit. Reculer devant le jugement, c'est donner à penser que l'injustice n'est pas réelle ou qu'elle ne vaut pas qu'on s'y arrête. Alors à quoi bon l'outrage ? Est-il, au contraire, spontané, immédiat, irréfléchi, c'est un signe de mauvaise éducation, d'impuissance à se contenir, et ensuite l'aveu implicite qu'on n'a pas mesuré la portée de la prétendue répression de l'injustice ; qu'on agit sous une influence de sensibilité et d'instinct, et non pas de raison. Dans l'un et l'autre cas c'est commettre soi-même l'injustice, et à plus forte raison si l'on n'a pas même à alléguer une provocation.

12. La diffamation, la médisance et la délation [1]. — La diffamation consiste à dévoiler publiquement [2] les torts et

----

1. Lire, dans Tacite, les délations à Rome sous les empereurs, et, dans les historiens de la Révolution française, les conséquences de la loi des suspects.

2. La loi française punit le diffamateur même quand les faits énoncés sont vrais ; l'intention de nuire est ce qui caractérise la diffamation.

les fautes du prochain sans nécessité. A supposer même qu'on s'en tienne à divulguer des faits exacts, c'est encore un crime, par l'intention de nuire qui est évidente. La diffamation reproduit en public des fautes reconnues, parfois même déjà condamnées et expiées. Il est d'abord injuste de priver du bénéfice de son repentir et de son expiation celui qui par là s'est lavé de sa souillure et a reconquis une part de considération. La médisance en diffère seulement par le milieu où elle se répand, qui est moins public, un salon par exemple. Elle est coupable d'autant plus que notre jugement, la plupart du temps, est téméraire; nous ne sommes pas munis d'éléments d'information suffisants pour pénétrer les secrets de la conscience et apprécier sainement les motifs d'autrui. Publier les péchés et les travers d'un homme est un moyen de détruire jusqu'à l'effet de ses bonnes qualités. — Il n'est qu'un seul cas où il soit permis de faire cette divulgation : lorsque l'ignorance de ce défaut, de ce travers ou de cette faute peut devenir préjudiciable à ceux qui nous touchent ou à l'État. Mais alors ce n'est plus médire. Par exemple dans un procès où l'on est cité comme témoin, le devoir est non pas de cacher, mais de révéler ce qu'on sait, ce qui éclairera la religion du juge. Ainsi, lorsqu'un crime est commis, le devoir de tout citoyen qui en a connaissance est d'avertir la police de ce qu'il sait. Et de même, si l'on apprend qu'un criminel, par un subterfuge, va réussir à occuper un emploi de l'État, où sa mauvaise foi, ses mauvaises mœurs connues de moi seront un danger, puis-je dénoncer son indignité? Je le dois. Ce n'est point là une délation non plus qu'une médisance, car mon but n'est pas de nuire à l'individu; sans cette circonstance, je n'aurais pas parlé; mais il est de mon devoir de protéger l'État; et je n'en veux tirer aucun prix pour moi-même : je ne vends pas mon avis. La délation suppose un intérêt personnel, un profit désiré, comme il apparaît chez les sycophantes qui usaient de la délation comme d'un métier pour s'enrichir. Métier vil entre tous, qui participe à la fois de l'homicide, du vol et de la médisance, quand il s'arrête là et ne va pas jusqu'à la calomnie. Ainsi la règle est bien nette : Ne jamais révéler les fautes du prochain dans l'intention de lui nuire ni en vue d'un profit personnel.

13. La calomnie. — Si l'on doit sévèrement condamner ceux qui divulguent les chutes morales du prochain, combien plus sévère sera notre jugement sur les calomniateurs. Calomnier, c'est imputer à autrui des fautes dont il n'est pas coupable. N'est-ce pas le comble de l'injustice et la manière la plus terrible de la commettre? car la calomnie se propage, on ne peut la détruire une fois émise, elle atteint l'homme dans tout ce qu'il a de plus cher, rejaillit sur les siens, le ruine moralement et matériellement. Et l'on ne sait pas même si elle ne causera pas sa mort.

Trop souvent le désir de parler, de piquer la curiosité, de paraître bien renseigné, excite les esprits légers à prononcer des paroles médisantes ou calomnieuses. Ce n'est pas seulement un défaut; bien que l'on soit moins coupable que dans le cas d'un calcul intéressé, c'est un crime contre la société, et l'on range à juste titre les médisants et les délateurs et calomniateurs parmi les plus malfaisants des êtres.

14. L'envie. — L'origine commune de ces crimes contre la réputation, c'est l'envie, la basse envie, qui n'est autre chose que la haine inavouée de ce qui nous est supérieur. Autant est noble l'émulation qui pousse un homme à redoubler ses efforts pour égaler ceux qui s'élèvent par la vertu et le talent, autant est misérable cette passion de rabaisser et de salir ceux que son impuissance l'empêche d'atteindre.

15. La liberté de conscience. — L'homme pense; la pensée est son attribut essentiel, son droit le plus naturel. Ce n'est pas sans efforts qu'il la conduit vers la vérité et qu'il forme ses croyances et ses opinions. Être une personne morale, c'est agir selon les principes et les lois que l'on reconnaît pour vrais. La liberté de conscience ne consiste donc pas seulement à croire en soi-même ce que l'intelligence perçoit et conçoit. Il est trop simple qu'on ne pourrait empêcher un homme de penser ce qu'il pense. Elle consiste dans le pouvoir d'exprimer sa pensée. Ce droit est le premier de tous, cette liberté est la base de toutes les autres.

Cette liberté ne supportera-t-elle cependant aucune limite, aucune restriction? Il est deux cas possibles : ou la pensée exprimée est manifestement contraire à l'ordre social, à la justice, à la vérité; ou elle n'est que contestable à certain point de vue.

Par exemple : exprimer l'opinion que le vol est légitime, ou que tout gouvernement, quel qu'il soit, doit être renversé par la force.

Ces propositions sont insensées : leurs auteurs devraient être considérés ou comme fous ou comme criminels. De manière ou d'autre, la société a le droit de réprimer leur intempérance de langage et leur déraison. Mais, même dans ce cas, on ne peut présumer un excès non encore réel. Et il serait injuste d'interdire par mesure générale la libre expression de la pensée, parce que peut-être des pensées subversives seraient manifestées.

16. La discussion critique et le libre examen éclairent la science et la conscience. — Si l'opinion n'est que contestable au point de vue d'une doctrine et d'une opinion contraire, par exemple celle que l'homme a été ou n'a pas été créé directement par Dieu, ou que la folie provient d'une anémie ou d'une congestion du cerveau, — ce n'est pas en interdisant la libre discussion qu'on éclaircira le problème. Bien au contraire, c'est en la favorisant, en permettant à tous les esprits d'apporter chacun le résultat de leurs études, de leurs réflexions, de leur dialectique et de leur critique. Et la science humaine y gagnera. C'est un devoir d'agrandir autant que possible nos connaissances et de permettre aux autres de se perfectionner dans la science. Aussi faut-il garder dans la discussion une modération et une courtoisie qui sont d'abord un hommage rendu à l'intelligence des autres. Quelle plus sotte outrecuidance que de décréter qu'on possède seul la vérité? Les réformes dans la science et dans la vie sociale sont toutes venues du libre

examen ; l'autorité tyrannique a toujours marqué une déca-
dence ou un arrêt dans la marche des idées. Sans la critique et la discussion, on croirait encore que le soleil tourne
autour de la terre, que certaines races d'hommes, certaines
castes même sont par nécessité naturelle et incorrigible
inférieures aux autres et faites pour les servir.

L'éclat des lettres, des sciences et des arts, et le progrès
de la moralité publique accompagnent la liberté de la pensée,
et la morale aussi est sortie purifiée de la discussion des
préceptes et des doctrines.

17. Liberté des cultes. — La liberté de conscience ne se
borne pas aux opinions philosophiques, littéraires ou scientifiques : elle s'étend à la foi religieuse. L'âme humaine est
naturellement portée à croire au surnaturel, et elle cherche
à connaître et à adorer la cause suprême de toutes choses,
c'est-à-dire la divinité. Le devoir de respecter nos semblables
dans leurs croyances religieuses et dans la profession de ces
croyances, dans le culte, est donc nécessaire et évident.

Toutefois il ne s'agit que de pratiques ne portant aucune
atteinte aux bonnes mœurs ni à l'ordre public. La morale
universelle d'une part et les lois établies de l'autre condamnent les excès et les violences ; une nation civilisée ne
saurait admettre une religion ordonnant à ses adeptes des
sacrifices humains par exemple, ou l'immolation de ceux qui
ne la reconnaissent pas comme la meilleure et ne s'y con-
vertissent pas.

Toute religion qui, directement ou indirectement, ne prescrit aucune pratique immorale, doit être professée librement.

18. L'intolérance. — L'intolérance n'est qu'une forme du
fanatisme, et le fanatisme une forme de la folie. Elle est la
source de toutes les persécutions, et la manifestation de l'orgueil abusant de la force contre la liberté. *Tu es un criminel ou un fou si tu ne crois pas ce que je crois,* est sa
formule ; et encore : *Crois ce que j'ordonne.* Et l'histoire est
remplie de ces violences qui déshonorent leurs auteurs et font
une tache à l'esprit humain. Païens contre chrétiens, chrétiens contre hérétiques, catholiques contre protestants, protestants contre catholiques, anabaptistes contre papistes, etc.,

toujours la persécution appelle les représailles et, dans l'ordre philosophique et politique comme dans l'ordre religieux, marque le déchaînement des passions aveugles et la défaite de la raison et de la justice. Il n'est pas de justice sans tolérance[1].

19. Respect de l'intelligence : le mensonge. — Être libre, c'est choisir parmi les motifs, agir d'après sa pensée : la moralité de la conduite dépend de la connaissance de la vérité. Le mensonge induit en erreur celui qui croit le menteur ; il a pour première conséquence funeste de fausser son jugement ; de là, seconde conséquence, de fausser sa conduite. Aussi le mensonge, déjà condamnable au point de vue de la dignité personnelle, est-il de nouveau condamné au point de vue de la justice sociale.

20. L'Interdiction des moyens de s'instruire. — Si notre devoir est de ne pas nuire à l'intelligence de nos semblables, il nous ordonne par là-même de ne pas mettre obstacle à son instruction. Il ne suffit pas de ne pas détourner la vérité, il faut laisser à chacun la possibilité, en ce qui dépend de nous, d'aller à la vérité, de se connaître lui-même, d'apprendre ses devoirs et d'acquérir les connaissances au moyen desquelles il perfectionnera sa moralité et améliorera son sort. Maintenir les âmes dans l'obscurité de l'ignorance, qu'est-ce autre chose que les asservir? n'est-ce pas réduire l'âme en esclavage sous l'apparence de la liberté matérielle? Le maître qui jadis achetait des esclaves n'était vraiment leur maître que grâce à leur ignorance ; s'ils avaient su, ils se seraient révoltés : Spartacus en est la preuve, et d'autres, ceux de Saint-Domingue, par exemple.

La morale ordonne d'accorder à ceux qu'on emploie un loisir raisonnable qu'ils puissent occuper, s'ils le veulent, à leur instruction. Et s'ils sont trop jeunes pour sentir d'eux-mêmes la nécessité de s'instruire, le patron a le devoir de le leur rappeler et de leur en fournir l'occasion. La loi fran-

1. Voir, dans nos *Problèmes de morale*, VI, 12, *Les limites de la tolérance*. — Lire, dans les *Extraits des moralistes* par M. R. Thamin (Hachette, édit.), p. 485 et suiv., les passages de Balzac, Voltaire, Montesquieu et Turgot.

çaise a sanctionné ce devoir social à l'égard des enfants
mineurs employés dans l'industrie et dans le commerce. La
société est grandement intéressée, comme l'individu lui-
même, à la diffusion de l'instruction, qui seule assure le
progrès moral et fait espérer l'harmonie sociale. L'autorité
fondée sur l'ignorance des sujets est précaire et injuste; elle
est une domination; celle-là sera solide et juste qui sera
comprise et consentie par ceux qu'elle doit diriger.

§ 5. — Respect de la personne dans sa propriété.

21. Cause de la propriété. — Pour entretenir et protéger son existence, l'homme a besoin de nourriture, d'abri,
de vêtements, d'instruments : la nature en met les éléments
à sa portée, mais il faut qu'il s'en empare; son droit sur les
choses résulte de son effort pour se les approprier. *La propriété est donc ce que l'homme a rendu sien par une
action légitime.* Le droit de propriété est le droit d'user de
sa chose à son gré, pourvu qu'on ne nuise pas au prochain.

22. Origine naturelle : droit du premier occupant.
— Primitivement, on peut le concevoir, rien n'était à personne. Le premier qui a occupé le sol ou s'est emparé de
ses fruits en a été légitime propriétaire. Pourquoi? parce
qu'il a fait un effort, un travail. La première occupation
n'est un droit qu'à cause de ce travail : il faut, pour qu'une
chose devienne sa chose, que l'homme y marque son
empreinte. Ainsi, dans un terrain sans propriétaire, j'aper-
çois un arbre portant des fruits; je ne puis dire : « Ils sont
à moi », tant que j'en suis éloigné; si quelqu'un me devance
et les cueille, ils sont à lui. Mais si, l'ayant précédé, je les ai
cueillis, et que dans mon sac il les prenne, il me vole : il
m'enlève non pas seulement les fruits de l'arbre, mais le
fruit de mon effort et de mes fatigues.

23. Formes légales de l'acquisition de la propriété.
— *La donation, l'héritage et l'échange.* — Ce que
l'homme acquiert par son travail est à lui; il en a la libre
disposition : il peut le consommer, il n'est obligé qu'à ne

pas le transformer en un moyen de corruption et de tyrannie. Mais est-il tenu de le consommer? Évidemment non. Sans être avare, il peut économiser, et ces économies, n'aura-t-il pas le droit de les transmettre? Donner est une forme de la consommation. Interdire au propriétaire de donner sa propriété, c'est supprimer une partie de son droit et de sa liberté. Il possède le droit de disposer de ses biens pendant sa vie; mais ne peut-il désigner à qui, après sa mort, il entend les transmettre? Serait-il obligé de se dépouiller de son vivant pour jouir de son droit de propriétaire? Ce serait odieux et absurde. L'héritage est donc aussi légitime que la donation; et si le propriétaire n'a pas spécialement désigné ceux à qui il veut passer sa propriété, il est tout naturel de penser que ses enfants, ses parents sont ceux qu'il préférait, dont l'existence lui était le plus chère, de qui il a pu recevoir les marques d'affection les plus certaines, les secours et les soins les plus empressés, et pour qui enfin, souhaitant une moins dure existence, il a amassé les résultats de ses travaux. Ils sont donc les héritiers naturels. A défaut d'aucun parent naturel et de volonté spéciale du propriétaire, l'État ou communauté hérite justement. Qui pourrait revendiquer un droit sur ces biens? Tous y ont autant de droit que le premier ou le dernier venu; ou plutôt nul n'y a plus de droit qu'un autre : l'État, ayant favorisé la tranquillité, protégé la propriété et la vie du citoyen, s'est acquis des droits à l'héritage. Il est juste qu'il le recueille.

24. Quelles sont les choses qu'on possède. — *Propriété matérielle et propriété intellectuelle.*

L'homme est propriétaire légitime de tout ce sur quoi il exerce son activité sans nuire à personne : de la terre qu'il cultive, si elle n'est encore à personne, et des fruits de la terre qu'il récolte, soit qu'ils aient poussé naturellement, soit qu'il ait fait les semailles ou planté l'arbre; de tous les instruments qu'il fabrique avec des matières acquises par lui; et enfin de l'œuvre produite par l'effort de ses bras ou par l'effort de son esprit. Le droit de l'inventeur sur sa découverte, du poète et de l'artiste sur son œuvre, est aussi sacré que celui du fermier sur sa récolte ou du propriétaire sur sa maison. La propriété intellectuelle et artistique est aujourd'hui protégée insuffisamment il est vrai par les lois du pays et par des conventions internationales. Le vol commis à son détriment porte un nom particulier : le *plagiat*.

25. Communisme et socialisme. — Cependant des philosophes ont pu croire que la propriété ne devait pas revêtir une forme individuelle, mais rester commune à tous les citoyens d'un même État, et même, abstraction faite de tout État, commune à tous les hommes, qui formeraient une universelle association : de là les noms de *communisme* et de *socialisme* donnés à ces utopies.

26. L'opinion vulgaire socialiste : suppression de l'hérédité[1]. — Des idées des philosophes, le vulgaire n'a retenu que ce qui flatte sa passion. Posséder sans travailler, c'est le vœu avoué de quelques-uns, le vœu secret d'un plus grand nombre. Et ils appuient leurs prétentions sur ce fait, que d'autres, sans avoir rien fait ni produit, possèdent par droit de naissance. Double inégalité, disent-ils : car d'abord ils vivent sans peine, et ensuite la fortune possédée leur donne l'autorité.

A la seconde plainte, on peut tout de suite répondre que de plus en plus l'influence et l'autorité appartiennent au talent et au travail. Sans doute celui dont l'existence est assurée peut plus facilement se consacrer à l'étude et acquérir les moyens de diriger les autres; mais il en est de cette condition meilleure comme de la santé et de la force physique qui sont des conditions favorables pour atteindre le même but, et cependant ne dépendent pas de nous seuls; au surplus ce n'est pas la richesse, mais l'usage qu'on en fait qui constitue la supériorité sociale.

Quant à l'autre plainte, pour la satisfaire, il faudrait supprimer le droit d'hérédité : ce serait une injustice à l'égard de ceux qui par leur travail ont acquis et par leur sagesse économisé en vue de leurs enfants. La société n'y gagnerait pas : n'étant pas sûr de transmettre son bien, on travaillerait

---

1. Voir, dans nos *Problèmes de morale*, VI, 7, Propriété individuelle et propriété collective.

moins, on produirait moins; et, quand tous seront pauvres, quel avantage y aura-t-il pour personne?

Le moyen d'ailleurs d'égaliser les conditions n'est autre que le partage des biens : les socialistes vont jusqu'à le réclamer. La pauvreté ne serait pas bannie du monde à cause de cela. D'abord il ne suffit pas de détenir le capital ou le sol : pour qu'ils donnent la richesse, il est nécessaire qu'un habile emploi, un travail raisonné les fasse valoir. Les ignorants, les maladroits et les négligents ne tireront rien de leur part et se plaindront encore que d'autres réussissent. Puis les passions et les vices n'auront pas d'un seul coup disparu parce qu'on aura partagé les terres et les capitaux. Il se trouvera des paresseux, des débauchés qui échangeront leur part contre les produits : et elle ira augmenter celle des autres. L'inégalité se représentera par le fait même de ceux qu'elle mettra dans l'infériorité. Faudra-t-il alors renouveler le partage? Ce serait manifestement une abominable injustice.

27. On n'hérite que des biens matériels. — Toutefois quelles sont les choses pour lesquelles l'hérédité est légitime? Ce sont celles qui sont biens privés, c'est-à-dire qui ne touchent pas à l'administration ni au salut de l'État. Mais pour les autres, comme les charges et fonctions publiques conférées par l'État, par la société dans l'intérêt commun, elles ne peuvent être héréditaires. Il n'en coûte rien à l'État que le fils d'un millionnaire hérite du million de son père. Mais il pourrait souffrir un dommage si le fils d'un général ou d'un magistrat héritait du grade ou du siège de son père, car il n'est pas certain qu'il possède les qualités à cause desquelles le père a reçu cette fonction.

28. L'État participe à l'héritage. — L'État, d'ailleurs, autrement dit la communauté sociale, peut légitimement réclamer le prix des services qu'il rend à l'individu, et pour la protection accordée à la propriété privée en prélever une certaine partie. C'est ce qui a lieu : sur tout héritage, l'État lève un impôt proportionnel qui augmente la masse sociale pour payer les dépenses communes et diminuer d'autant les charges qui pèsent sur tous, pauvres ou riches.

29. Le commerce[1]. — *La vente et l'échange.* — La propriété d'une chose passe d'une main dans une autre par d'autres procédés que l'héritage et la donation. Tous ne possèdent pas les mêmes objets ; il arrive que l'un possède d'une chose plus qu'il ne lui est nécessaire pour son usage, tandis que d'autres choses dont il a besoin lui manquent et sont possédées par d'autres. De là vente et échange des denrées, ce qui constitue le commerce. La morale intervient là aussi pour interdire l'abus : toutes choses n'ont pas en elles-mêmes une égale valeur. C'est abuser que de leur attribuer une valeur supérieure pour se faire concéder un objet plus précieux. Supposez un cavalier affamé et sans provision ; il rencontre un homme possesseur d'un pain. L'échange de son cheval contre le pain n'est pas équitable ; et si le propriétaire du pain, profitant du besoin extrême du cavalier, l'exige sous peine de le laisser mourir de faim, il est injuste.

Mais le commerce peut s'exercer honnêtement, à la condition de n'attribuer aux objets que leur valeur réelle calculée d'après la rareté ou l'abondance, le capital engagé, dont les intérêts se reportent sur le prix de vente, d'après les efforts, la fatigue, les risques de celui qui les procure, et aussi d'après son art et son habileté s'il s'agit de produits manufacturés.

Il est enfin une catégorie d'objets, comme les œuvres de l'esprit, qui n'ont pas de prix fixe et pour lesquels la vente et l'échange n'ont d'autre règle que la bonne foi du vendeur et l'agrément ou l'utilité de l'acheteur.

L'observation des contrats et l'exécution des engagements, ordonnées par la probité, sont la loi suprême du commerce. Pas de crédit sans bonne foi.

§ 6. — JUSTICE DISTRIBUTIVE ET RÉMUNÉRATIVE.

30. Justice et équité. — Rendre à chacun ce qui lui est dû, traiter chacun selon son droit et son mérite, telle est la règle de justice.

1. Voir dans nos *Problèmes de morale*, VI, 9.

Mais il est des droits qui ne sont pas écrits dans les lois, qui n'ont pas de garanties positives, dont enfin la violation n'est pas punie de peines afflictives; c'est la conscience et la raison qui les connaissent et nous obligent à les respecter. On entend par *équité* le respect d'un droit qu'aucune contrainte extérieure ne protège. « La justice étroite ou stricte est rigoureusement conforme à la lettre de la loi; mais, comme une loi est une formule abstraite et générale, qui ne se plie point à tous les cas, une application trop stricte de la loi peut être injuste. L'équité doit alors corriger l'injustice de la justice étroite. La justice stricte est semblable à cette règle de fer qui ne donne qu'une mesure inflexible; l'équité est semblable à la règle de plomb dont se servaient les Libyens et qui, se pliant aux accidents de la pierre, en suivait les formes et les contours[1]. »

La justice consiste à punir celui qui fait mal, à récompenser celui qui fait bien; l'équité, à punir des mêmes peines ceux qui sont également coupables des mêmes fautes, à récompenser de la même manière et dans la même proportion ceux qui ont acquis le même mérite.

On voit tout de suite combien il est difficile d'être positivement équitable, car il faudrait pour cela connaître sans aucun voile les secrètes intentions et les efforts réels des agents.

Le devoir est de nous approcher le plus près possible de l'équité en fondant nos jugements sur tout ce que nous avons pu connaître de l'acte et de son auteur.

31. Justice distributive et rémunérative. — L'appréciation de la peine ou de la récompense que tout acte peut valoir à son auteur constitue la justice distributive. Elle est évidemment comprise dans l'idée générale de justice. Les hommes ont le devoir de perfectionner, autant que la raison en est capable, la dispensation des récompenses et des châtiments, de chercher une relation entre la nature de la sanction, d'une part, et la nature de l'acte accompli et les ressources de l'agent, d'autre part.

---

1. Alf. Fouillée, *Morale et politique d'Aristote* (*Histoire de la philosophie*).

« Quand il s'agit de distribuer des biens entre les personnes selon leur mérite, il y a quatre termes à considérer, les deux choses et les deux personnes. La justice en ce cas veut que la première part soit à la première personne, comme la seconde part est au mérite de la seconde personne : la justice consiste ici dans une proportion ou dans un milieu géométrique. Les parts ne sont plus absolument égales, mais proportionnellement égales ; et on rétablit ainsi par l'inégalité même l'égalité que la justice réclame. C'est ce qu'Aristote appelle la justice de distribution ou justice *distributive*, par opposition à la justice d'échange ou *commutative*. »

Qui remplira cette suprême condition de la justice? L'individu n'en a pas le pouvoir ; ses propres passions, ses intérêts, l'effet direct qu'il ressent de l'action accomplie, troubleraient plus ou moins son jugement ; et de quel droit s'instituerait-il le juge suprême de ses semblables?

C'est à la société que dans la vie humaine revient ce droit de dispenser la justice effective : les passions individuelles disparaissent ; ce n'est plus un homme, ni deux, ou trois, ou vingt hommes, c'est un *tribunal* qui juge, un tribunal ayant reçu la délégation de la société et jugeant d'après des lois posées par la société elle-même.

Toutefois il ne faut pas dissimuler que même alors la justice distributive reste imparfaite. Elle n'atteint pas toutes les fautes ; elle ne s'occupe et ne peut s'occuper que des actions utiles ou nuisibles à tous et à chacun *selon l'ordre commun*, à l'intérêt ou à la sécurité de tous. Et elle ne pénètre pas plus avant que l'individu dans le secret des efforts et des intentions qui sont le propre de la vertu et font l'essence du mérite. Et, comme les jugements qu'elle rend sont, après tout, des jugements humains, elle n'est pas infaillible et peut se tromper sur les actions et sur les personnes. Ses jugements sont donc plutôt des répressions et des encouragements. Et, malgré leur imperfection, ils sont encore l'image la moins fidèle que nous ayons de la justice idéale ; mais de là ressort la nécessité, le devoir strict pour la société de ne déléguer son pouvoir qu'aux citoyens les plus honnêtes, les plus instruits, les moins passionnés.

L'égalité devant la loi, c'est ce que la société a établi de meilleur jusqu'ici en fait de justice distributive, avec une sorte de tarif des peines réservées aux différentes catégories de crimes et de délits.

32. Respect de la vieillesse, des services rendus, des supériorités morales. — Nous avons à l'égard de tous les hommes indistinctement des devoirs communs; mais il est de plus des devoirs particuliers selon le caractère et le mérite de chacun d'eux.

Nous devons davantage aux meilleurs, à ceux qui ont le plus fait pour la société, et des travaux et vertus de qui nous avons reçu, peut-être même sans nous en douter, un secours, une aide, une utilité.

En première ligne, il convient de placer les vieillards; ils sont doublement respectables; ayant plus longtemps participé au travail social, ils ont donné d'eux-mêmes davantage et sont en quelque façon les bienfaiteurs des plus jeunes. Et puis on n'a pas supporté longtemps l'existence sans endurer beaucoup de souffrances. Rien n'est plus respectable que la souffrance, surtout lorsqu'elle n'est pas le châtiment mérité d'une faute. Un vieillard est ainsi pour nous un exemple vivant de patience et de force d'âme.

Dans le même ordre d'idées, on doit accorder plus d'estime, d'affection et de déférence à ceux qui se sont dévoués pour l'humanité, qui ont sacrifié leurs plaisirs, leurs intérêts, leur santé parfois, pour améliorer le sort de leurs semblables et préparer le règne de la justice : dans cette catégorie, nous rangerons les philanthropes, comme Parmentier, Franklin, ceux qui soignent les malades, les militaires, les enseignants, les magistrats.

Enfin ce serait être indigne de l'humanité que de ne pas accorder notre vénération aux esprits supérieurs qui par leurs découvertes et leurs chefs-d'œuvre ont élevé si haut le nom d'homme que le plus humble peut s'enorgueillir de le porter. Ils ont établi comme un patrimoine de gloire dont à chacun il arrive un rayonnement. Et au-dessus même de ceux qu'immortalisent le génie et le talent, il convient d'ériger ceux dont la vertu, le courage et la modération ont guidé et guident encore l'humanité dans sa voie. Pour prendre un exemple hors de conteste, Socrate mourant pour la vérité est plus admirable et plus vénérable encore que Démosthène mourant pour l'indépendance de son pays.

Dès lors, la faute la plus honteuse ne sera-t-elle pas l'injustice à l'égard de ces hommes supérieurs? Si leur refuser le respect auquel ils ont droit est un crime, de quel nom nommer l'action de ceux qui les poursuivent de leur envie, de leur mépris et de leur haine? Bannir Aristide et faire boire la ciguë à Socrate! On la nomme *ingratitude*.

33. Formules de conclusion. — En résumé, les devoirs de justice peuvent ainsi s'exprimer, en suivant une gradation dans la force de l'obligation :

1° Ne faire de mal à personne ;

2° Rendre le bien pour le bien ;

3° Ne jamais rendre le mal pour le bien.

CHAPITRE III

FRATERNITÉ SOCIALE

SOMMAIRE. — 1. Comment nous traiter en frères. — 2. La charité. — 3. La bienfaisance. — 4. L'aumône. — 5. L'organisation de l'assistance. — 6. Assistance morale. — 7. Le dévouement. — 8. Le sacrifice et l'héroïsme. — 9. La bienveillance et la politesse. — 10. L'oubli et le pardon des offenses. — 11. Formules de conclusion.

1. Comment nous traiter en frères. — La véritable fraternité nous porte à toujours seconder l'effort de notre frère, concourir à son succès, à son perfectionnement, à nous réjouir de sa joie et de sa prospérité; à le consoler, à le soulager, mais avec tact et discrétion, de façon affectueuse; qu'il sente notre plaisir de lui donner quelque chose de nous, et alors il ne sera pas humilié de recevoir; ne le laissons jamais penser que notre secours le met en dette. Donnons pour donner.

2. La charité. — La justice prescrit et oblige. La charité prescrit, mais n'oblige pas sans condition. Elle laisse la volonté libre de choisir parmi les degrés de dignité morale ; la justice est comme une barre fixe au-dessous de laquelle il n'est jamais permis de descendre ; la charité est moins précisément définie : elle peut s'étendre toujours et toujours dans le sublime. Il n'est qu'une manière d'être juste, et ne l'être pas ainsi, c'est être plus ou moins injuste, tandis qu'il est possible d'être charitable de différentes façons ; enfin la justice nous oblige semblablement à l'égard de tous, la charité différemment selon le lien qui nous rattache de plus ou moins près à l'humanité, à la cité, à la famille, etc.

Toutefois la justice n'est pas complète sans la charité. Poursuivre son droit jusqu'à la dernière rigueur, ce n'est pas être en défaut au regard de la loi ; mais la conscience se défie de cette rectitude outrée et la juge souvent avec sévérité. Les hommes en effet ne doivent pas se traiter en ennemis : loin de se renfermer dans la stricte justice quand il s'agit de faire le bien, la nature leur commande d'abandonner le plus qu'ils peuvent de leurs exigences légitimes, afin de faciliter la vie et l'honnêteté des moins heureux, des moins fortunés. Aussi cette maxime est-elle reconnue comme vraie : *Une extrême justice est une extrême injustice.*

La charité diffère de la fraternité et de la solidarité. La fraternité résulte de la communauté d'origine, elle est un fait de nature ; la solidarité a sa racine dans l'intérêt bien entendu ; elle tend à la satisfaction des intérêts de tous sans exiger de chacun l'oubli de ses propres avantages.

Le mot charité signifie affection et bonne grâce, amour désintéressé, du même ordre que les affections de famille.

Il se manifeste sous deux formes : la *bienveillance*, qui est la disposition ordinaire de la volonté à secourir nos semblables ; la *bienfaisance*, qui est l'acte précis par lequel nous leur portons secours.

3. La bienfaisance. — Chacun selon ses moyens est tenu de faire du bien aux hommes ; aider à se tirer de l'eau celui qui se noie, sauver quelqu'un dans un incendie, prélever sur sa fortune ou le produit de son travail pour donner du pain ou des vêtements aux pauvres, soigner un malade gratuitement, et enseigner sans rémunération les ignorants, sont des actes de bienfaisance. Mais ils n'ont cependant pas tous le même aspect. Tantôt la bienfaisance se traduit par un don matériel : c'est l'*aumône*; tantôt c'est sa propre personne, sa force et son intelligence que l'on offre : c'est le *dévouement*; et quand le dévouement va jusqu'à faire l'abandon de la vie, des ambitions légitimes : c'est le *sacrifice*.

4. L'aumône. — L'aumône n'est pas possible à tous indistinctement; mais elle n'est pas moins obligatoire pour tous ceux qui peuvent donner, et dans la proportion où ils le peuvent. Elle doit remplir certaines conditions pour être efficace : tous les pauvres ne sont pas également dignes d'intérêt et de compassion, les uns sont pauvres par leur faute, les autres malgré leur vertu et leurs efforts. Il est préférable que l'aumône soit accordée aux plus dignes; mais celui qui donne n'est pas toujours à même de bien juger. Quand même *objectivement* sa bienfaisance s'adresserait mal, lui-même ne perdrait pas le mérite de son action charitable s'il a pris garde : 1° de n'agir que par charité de cœur, et non par ostentation ou vanité, ni dans aucun but d'intérêt, cet intérêt ne serait-il même que l'espoir d'une récompense céleste; 2° de donner dans la mesure de ses ressources personnelles, et d'abord à ceux qui le touchent de plus près par le lien de la famille, de l'amitié, de la patrie, etc. Car nous ne devons pas nous dénuer de tout au profit de quelques-uns, imprudence qui compromet notre indépendance et nous fait retomber à la charge des autres, et il n'est pas juste non plus de transporter à des étrangers ces biens dont il était plus naturel de laisser l'usage aux nôtres, surtout s'ils sont dans le besoin.

5. L'organisation de l'assistance. — Si l'on ne considère que la valeur morale de l'agent, son intention charitable imprime à son acte, même accompli au profit d'un indigne, un mérite suffisant. Mais en soi le bienfait reste défectueux, l'effet ne réalise pas complètement l'intention, tout le bien qui pouvait être fait ne l'est pas. Comment éviter ce double défaut d'accorder le bienfait à qui ne le mérite pas, — tel un mendiant professionnel, — et de ne pas l'attribuer au véritable malheureux, soit parce que la limite des moyens ne permet pas de donner deux fois, soit parce que le réellement infortuné cache sa misère, et, trop timide ou trop fier, ne sollicite pas le secours?

Faire une enquête sur le mendiant, me mettre à la recherche des pauvres honteux? Je le voudrais que je ne le pourrais pas : les éléments d'information manquant, et le temps aussi.

La solution de la difficulté c'est l'organisation de l'assistance et la centralisation des aumônes. Que ce soit une administration de l'État ou de la cité, comme en France l'Assistance publique, les bureaux de bienfaisance, ou des associations libres, le but et la méthode peuvent et doivent être les mêmes : ne laisser aucun indigent sans secours, ne perdre aucune des ressources de la charité en égarant le bienfait sur de faux pauvres.

Toutefois deux erreurs sont à prévoir, à éviter : l'une, c'est de nous croire libérés du devoir de charité, en disant : « l'assistance publique s'en charge ». Notre bienfaisance individuelle ne cesse pas d'être nécessaire et obligatoire. Comment l'assistance publique pourrait-elle remplir son office si les dons individuels n'entretenaient pas ses moyens? Dans le cas où la bonne volonté n'agirait pas, l'État, la cité se verrait dans l'obligation d'établir un impôt spécial, la *taxe des pauvres*, qui existe en Angleterre.

L'autre erreur c'est de penser qu'on est quitte du devoir de charité en remettant à un bureau d'assistance la quotité disponible de son bien, une sorte de taxe qu'on s'impose à soi-même.

Ce serait se débarrasser du devoir de charité comme d'une charge vexatoire et non pas le réaliser, payer une contribution pécuniaire, et non pas cette dette de cœur qui fait la grandeur et la douceur de la charité.

L'HOSPITALISATION. — Les malades nécessiteux, les orphelins pauvres, les vieillards dépourvus de ressources ou ne possédant que des ressources insuffisantes ont un besoin tout particulier d'assistance et de protection. C'est surtout à leur égard que l'humanité ordonne le secours. L'assistance publique et la charité privée n'y ont pas manqué : les hôpitaux, les hospices, les orphelinats, les maisons de retraite pour la vieillesse, les asiles d'aliénés, répondent à ces nécessités impérieuses. Et chacun, individuellement, ne peut faire un meilleur usage de la part de son propre bien destinée à la bienfaisance que de la diriger sur les fondations hospitalières.

Les Sociétés de secours mutuel. — La communauté doit de l'aide aux individus infortunés ou souffrants, c'est entendu ; mais il ne serait pas juste, d'autre part, que l'individu, spéculant sur le devoir de la communauté, se crût un droit positif à l'assistance et, par suite, imprévoyant ou paresseux, ne fît rien pour lui-même. Il convient au contraire de faire comprendre aux hommes que la Société, l'État, la Commune ne *doit* que dans le cas de *nécessité urgente et justifiée*. La vérité fondamentale c'est que l'individu doit se garantir lui-même par son initiative personnelle, son activité bien employée, sa prévoyance bien appliquée. Le moyen essentiel conforme à la dignité et à l'intérêt bien compris, c'est la Société de secours mutuel. La loi française[1] en favorise la création et le développement par des avantages spéciaux, véritables privilèges, accordés aux *mutualités*.

Moyennant une faible cotisation hebdomadaire, ou mensuelle, ou annuelle, le membre d'une *Société de secours mutuel* s'assure les secours médicaux et pharmaceutiques, et même un secours pécuniaire en cas de maladie ou de chômage forcé, et une pension dans sa vieillesse. Et, en plus, on pourrait dire au-dessus de ces importants bénéfices matériels, il trouve dans la Société dont il fait partie un soutien moral, un foyer rayonnant de solidarité et de fraternité.

L'Assistance par le travail. — Une des fâcheuses conséquences de l'aumône mal faite, c'est l'encouragement des mendiants professionnels et simulateurs d'infirmités à exploiter la charité publique et l'insouciance du donateur. Naguère un sénateur, à Paris, voulant démontrer combien

----

1. Loi du 1er avril 1898.

de secours sont détournés de leur but légitime, entreprit de se déguiser en indigent et de mendier aux portes des églises, des restaurants, etc. ; l'expérience fut concluante : il recueillait une moyenne de vingt francs par jour.

Que faire pour corriger l'abus ?

D'abord interdire rigoureusement la mendicité sur les voies et places publiques.

Puis recueillir et hospitaliser ceux que l'âge, la maladie, des infirmités trop graves empêchent absolument de faire le moindre travail.

Enfin, à tout individu sans ouvrage mais capable d'accomplir une tâche quelconque, procurer du travail.

Il advient en effet que de pauvres gens, avec la meilleure intention, ne trouvent pas l'emploi de leur force ou de leur intelligence, et, condamnés au chômage, tombent en détresse.

L'aumône ne peut et ne doit jamais être qu'accidentelle, provisoire, sinon ce serait une rente fournie à la paresse.

L'œuvre d'assistance devient bien plus efficace, bien plus belle, lorsqu'elle ménage la continuité de la ressource au malheureux et de plus lui épargne l'humiliation de la mendicité.

On doit éprouver de la honte à solliciter une aumône, on n'en doit éprouver jamais à demander du travail pour gagner sa vie.

En France a commencé le fonctionnement de l'assistance par le travail, depuis longtemps instituée en Angleterre, où les *work-houses* (maisons de travail) ont rendu des services admirables. Des fondations comme celles du philanthrope Laubespin, qui consacra sa fortune à l'établissement et à l'entretien d'une des premières maisons d'assistance par le travail créées à Paris, sont par excellence l'œuvre sociale de haute et généreuse charité, propre en même temps à combattre la misère et à préserver ou relever la moralité.

6. **Assistance morale.** — Il ne faut du reste jamais oublier que l'homme souffre d'autres maux que de la faim et de la soif, de la maladie physique ; il souffre de maux que l'on ne soulage et ne guérit par aucun moyen matériel, par

rien de ce qui se vend et s'achète à prix d'or ou d'argent. Dans son âme il pâtit de douleurs que calment seulement l'assistance morale, les douces paroles, les consolations affectueuses, les exhortations et les conseils inspirés par la sagesse, une sagesse non pas raide et pédantesque, mais attendrie par la pitié.

7. Le dévouement. — Le dévouement consiste dans cette noble tendance de l'âme humaine à chercher son bonheur dans celui des autres, à consacrer ses forces physiques et morales au soulagement de ceux qui souffrent, à leur perfectionnement moral, à l'accroissement de leur liberté et de leur dignité. Rien ne rehausse davantage la nature humaine, rien ne la purifie mieux des instincts égoïstes que laisse en elle l'animalité.

Si beau et si sublime qu'il soit, le dévouement ne manque pas du caractère obligatoire. Il est, comme la justice, une nécessité sociale. Un moraliste ingénieux et délicat [1] a comparé la société à un immense « atelier où tous les travaux se tiennent et où tous les ouvriers se prêtent un mutuel concours. Mais cette harmonie ne peut exister qu'à une condition : c'est que chacun des membres de la société soit étroitement uni à tous les autres et, en accomplissant la tâche que sa destinée lui a confiée, ne se propose pas pour unique fin son intérêt personnel, mais le bien; nous ne disons pas seulement le bien-être, le bien général de la communauté : il est dans la nature de ce bien d'être indivisible; par conséquent, il ne se réalisera pas s'il n'est également désiré par tous les cœurs et également poursuivi par toutes les volontés ».

Quelque degré qu'on occupe dans la hiérarchie sociale, on ne manque pas d'occasion de se dévouer. Les gouvernants, le législateur, le magistrat, jusqu'au plus humble citoyen, tous nous pouvons, par le désintéressement, le soin scrupuleux de nos fonctions, l'attention donnée au bien de tous, exercer le dévouement; et, pour y pervenir, considérons seulement que dans l'ordre social nous ne sommes pas chacun une fin à laquelle se rapporte tout le reste

1. M. Ad. Frank.

pour notre satisfaction égoïste, mais un moyen, un instrument de félicité pour les autres.

8. Le sacrifice et l'héroïsme. — Le genre humain donne ses plus belles louanges à ceux qui ont sacrifié leur existence à une bonne cause. La mort en fait des héros. Leur héroïsme est le dévouement poussé à son extrême grandeur. L'homme ne peut rien donner au delà de sa vie. C'est à juste titre que nous consacrons la mémoire de ces grands cœurs, et pour ne rappeler que quelques noms français : Eustache de Saint-Pierre, Jeanne d'Arc, d'Assas.

Dans des sphères plus humbles, dans la vie de tous les jours, il n'est pas rare que nous nous trouvions en face du sacrifice : le devoir et l'honneur consistent à l'accepter avec une courageuse résignation. La famille ne se maintiendrait pas, l'État ne subsisterait pas sans les sacrifices quotidiens du père et de la mère pour les enfants ou des enfants pour les parents, des citoyens pour la patrie. Afin de ne pas le trouver trop lourd ni trop difficile, il faut de bonne heure s'y accoutumer en s'inspirant des modèles que l'histoire nous présente.

9. La bienveillance. — La bienfaisance n'est pas possible pour tous, mais tous peuvent être charitables, dans le sens de la bienveillance. Elle consiste en effet à témoigner à nos semblables que nous ne sommes pas indifférents à leur sort, et que nous sommes désireux de concourir à leur bonheur dans la mesure de nos forces. La bienveillance se manifeste par des actes favorables aux personnes, sans qu'il nous en coûte aucune dépense : tels que de remettre dans son chemin le voyageur égaré, de le laisser « allumer son flambeau à la flamme du nôtre, elle n'en éclaire pas moins[1] », comme aussi de donner un fidèle conseil à qui nous consulte, d'avertir celui qu'un danger menace.

Ces devoirs étant d'un accomplissement si facile, on comprend qu'il est plus odieux d'y manquer, car cette faute prouve toujours une indifférence égoïste, une dureté de cœur honteuse dans un homme.

---

1. Vers d'Ennius, cité par Cicéron.

Mais il faut faire davantage encore dans la voie de la charité, et accorder aux faibles d'esprit et aux consciences obscures l'indulgence et la commisération sans dédain. Quel homme peut se flatter de ne jamais pécher? Il est beaucoup de petites fautes pour lesquelles la sévérité n'est pas le plus sûr moyen de répression et de correction. La vie deviendrait intolérable, si l'on ne se passait mutuellement de légères défaillances; elles ne cessent pas d'être des infractions à la règle, mais trop de rigueur, au lieu de corriger, exaspérerait le coupable. Jean Huss sur son bûcher, voyant une femme apporter un fagot dans la pensée qu'elle accomplissait une œuvre pieuse, se contenta de la plaindre sans colère! Il est plus malheureux en effet de commettre l'injustice, même par erreur et par incapacité de discernement, que de la subir et d'en mourir [1].

De même à l'égard des infirmes, des estropiés, la commisération doit nous exciter à les secourir. Rien de plus cruel, de plus lâche et de moins humain que de les railler, de faire souffrir dans leur âme ceux que la nature afflige dans leur corps et qui sont incapables de se défendre. Nous ne sommes plus au temps où Sparte détruisait les enfants mal conformés, comme si le corps seul était utile; la preuve du contraire lui fut infligée quand elle dut son salut à un boiteux, à Tyrtée.

10. L'oubli et le pardon des offenses. — Lorsqu'on n'a jamais nui à personne, qu'on a rendu le bien à ceux de qui on l'a reçu, et même fait le bien à tous indistinctement, n'est-il plus de degré plus haut dans la moralité? Si, l'on peut monter encore. Il semble que la punition de l'offenseur soit un droit accordé par la nature; et en cela l'on ne se trompe pas. Aussi ne blâme-t-on pas l'offensé qui exige la réparation ordonnée ou permise par la loi. C'est pourquoi il est plus beau et plus grand d'élever son âme au-dessus de l'injure, et de faire rougir le coupable en excitant en lui le remords par la générosité de l'oubli et du pardon. Quelle admiration alors nous inspire celui qui, se surpassant encore,

1. Lire dans Victor Hugo, LA PIÉTÉ SUPRÊME, *Jean Huss.*

rend le bien pour le mal et, non content de pardonner, vient au secours de son ennemi[1] !

11. Formules de conclusion. — La fraternité sociale se résume en deux formules :

1° Faire du bien à qui ne nous en a pas fait ;

2° Faire du bien à qui nous a fait du mal.

RÉSUMÉ

L'homme est naturellement sociable ; la double nécessité de pourvoir aux besoins de la vie physique et de satisfaire les inclinations spirituelles crée entre les hommes, sans distinction de races, un échange de services ; la loi morale, issue de la raison, leur fait un devoir de s'entr'aider. Ils sont *solidaires*, c'est-à-dire responsables tous dans une certaine mesure du bien et du mal accompli par chacun ; la solidarité engendre l'obligation des secours et de la protection mutuels ; sa formule est : « Chacun pour tous, tous pour chacun » ; elle se développe par la justice et la fraternité sociales.

La vie humaine est sacrée : la nature seule en fixe le terme ; ne pouvant la rendre, il ne faut l'ôter à personne. Les exceptions se bornent aux cas de légitime défense et de supplice légal et juste.

La guerre constitue les belligérants en légitime défense, mais non pas le duel, qui peut être évité par un appel au jugement d'un tribunal impartial.

Il ne suffit pas de ne pas tuer : il faut aussi respecter la liberté ; c'est elle qui donne à l'homme son caractère moral, sa responsabilité et sa dignité. La lui enlever, soit par l'esclavage, soit par le servage, soit par l'abus de pouvoir, c'est commettre un crime de lèse-humanité.

1. Lire dans Victor Hugo, La Légende des Siècles : *La Gourde-*

La propriété morale, c'est-à-dire la réputation et l'honneur, est aussi nécessaire au bonheur et à la dignité de l'homme. On ne saurait flétrir trop vivement la calomnie, la médisance, la délation, l'outrage et l'envie.

L'intelligence étant la condition de la liberté, nous devons aider nos semblables à s'instruire, et surtout ne jamais les détourner de la vérité soit par le mensonge, soit par le sophisme, soit par l'interdiction des moyens de connaissance. La liberté de conscience est le premier droit de tout être qui pense; l'intolérance marque l'orgueil et l'étroitesse d'esprit.

La propriété matérielle permet à l'homme de se développer avec plus de sécurité; elle n'est pas seulement utile à sa vie physique, mais elle est de plus un élément favorable à l'étude, aux recherches scientifiques. Il n'est donc pas permis d'y porter atteinte par vol, fraude, dol, faux, abus de confiance, pillage, incendie, etc. : elle représente le travail de celui qui possède. Son origine naturelle, c'est ce travail, cet effort. Les formes légales par lesquelles on acquiert la propriété sont une consécration et une conséquence de ce droit immédiat du premier occupant.

On possède légitimement tout ce qu'on crée : la propriété littéraire et artistique est non moins juste que la propriété foncière et industrielle. Les thèses communistes et socialistes n'aboutissent qu'à la confusion et à la désorganisation de l'État, sans garantir en rien le bonheur des individus. Chacun est l'artisan de sa fortune et de sa félicité.

L'hérédité est légitime : la supprimer serait réduire injustement le droit du propriétaire sur sa chose, qu'il a acquise par sa peine et sa dépense. On n'hérite d'ailleurs légitimement que des biens matériels, et nullement des influences, des fonctions, etc.

Le commerce est un moyen d'acquérir la propriété ; il peut se pratiquer honnêtement. Il y a un bénéfice légitime calculé en raison des risques courus, des capitaux engagés, de la rareté de la denrée, etc. Mais c'est un crime que de tromper sur la quantité ou la qualité de la marchandise vendue.

Il en est des propriétés publiques comme des biens privés : elles sont à l'usage de tous ; nul n'a le droit de les accaparer ni de les détériorer.

Toutes ces lois intéressent également la sécurité des individus et la prospérité de l'État.

Elles sont mises en pratique suivant la justice et l'équité. L'équité complète la justice : elle tient compte des particularités. La justice est distributive et rémunérative, ou bien elle est commutative. Les individus ne sont pas aptes à juger dans leur propre cause. L'État se substitue à eux pour sauvegarder l'harmonie sociale. La justice distribuée par des magistrats impartiaux, si elle n'est encore parfaite, est du moins plus proche de la perfection.

La justice et l'équité nous font un devoir de défendre la vie de nos semblables et de respecter la vieillesse, les supériorités morales, le mérite des services rendus. A plus forte raison condamnent-elles l'ingratitude, comme le plus odieux des forfaits.

La fraternité sociale nous fait agir dans la société envers les hommes même inconnus, comme la fraternité domestique nous fait agir envers nos frères propres dans la famille.

La charité tempère la rigueur de la justice : c'est une affection désintéressée ; elle n'est pas obligatoire de la même façon que la justice. Elle se manifeste par la bienfaisance et la bienveillance.

La bienfaisance comprend les actes positifs par lesquels nous favorisons, même à nos risques et périls, la vie et la moralité d'autrui. Ces actes suivent une gradation ascendante vers la perfection : l'assistance dans toutes ses formes, l'aumône, le dévouement, le sacrifice.

La bienveillance est une disposition générale à accueillir avec sympathie ceux qui viennent à nous et à les aider : sa forme la plus simple et la plus obligatoire est la politesse. Rien ne contribue mieux à l'adoucissement des mœurs; si elle n'est pas la vertu, la politesse du moins la prépare.

Le terme le plus élevé de la charité est le pardon et l'oubli des offenses, qui devient tout à fait sublime s'il nous entraîne jusqu'à rendre le bien pour le mal.

LIVRE II

LA FAMILLE

CHAPITRE I

ORIGINE ET CONSTITUTION DE LA FAMILLE

SOMMAIRE. — 1. Le mariage est le point de départ de la société. 2. Son fondement est le consentement mutuel; son but, la communauté de toutes choses. — 3. Le mariage doit être monogame et non temporaire. — 4. L'État est intéressé à la prospérité des mariages. — 5. Les individus sont intéressés à l'intervention de l'État dans le mariage. — 6. L'intervention de l'État a aussi pour but de protéger les enfants. — 7. Double origine de la famille et du mariage : la nature et la loi. — 8. Le vrai mariage. — 9. La préparation au mariage. — 10. Lettre de Franklin.

1. Le mariage est le point de départ de la société. — La première et la plus simple forme de la société, c'est le mariage, c'est-à-dire l'union de deux êtres seulement, un homme et une femme. Elle se constitue sous la double influence que nous avons reconnue dans la formation de toute société humaine : la *nécessité physique* et le *penchant social*. Mais un troisième élément s'ajoute à ces influences : l'*affection* individuelle et réciproque, suscitée par la beauté et par les qualités supérieures du cœur et de l'esprit.

2. Son fondement est le consentement mutuel; son but, la communauté de toutes choses. — Le mariage a pour fondement le *libre consentement*; pour but, la communauté la plus complète des biens et des maux, afin de rendre le poids de la vie moins lourd à chacun et de sauvegarder sa dignité.

En contractant mariage, chaque époux soumet sa liberté aux besoins de la communauté, il s'engage vis-à-vis de son conjoint à des obligations multiples qui lui enlèvent la disposition de sa personne. Il est donc nécessaire qu'il y ait de sa part consentement. Toute violence, toute pression morale est une condition vicieuse qui détruit le caractère du mariage dans son principe. Elle a pour effet de placer l'un dans une position d'esclavage, tandis que le consentement mutuel les maintient tous deux dans une situation d'égalité : ce que l'un perd de sa liberté, il le retrouve dans ce que l'autre donne de la sienne.

Si l'être humain se rapproche de son semblable, c'est parce qu'il se reconnaît incomplet, inapte à remplir seul toute sa destinée : le but du mariage est clairement indiqué par là. Chacun doit donner et recevoir à part égale, afin que la vie devienne plus facile à tous deux; la joie se double et la peine se divise lorsqu'on est deux à la ressentir; en toute circonstance, ce doit être un double effort appliqué à la même tâche, et ainsi une économie de dépense profitable au couple.

4. Le mariage doit être monogame et non temporaire. — Le vrai mariage est celui qui unit un seul homme et une seule femme. A cette condition seulement, les époux ont l'un pour l'autre le respect sans lequel il n'est pas de communauté possible; la dignité de la femme n'a jamais été bien comprise dans les pays où la polygamie est admise. La créature féminine y est pour l'homme une esclave, chargée de l'amuser ou de le servir. Quand même l'amour adoucirait la rigueur de son sort, elle n'en est pas moins sujette au caprice de l'homme, qui est son maître et non son époux, et comme l'amour est variable de sa nature, si le respect et l'estime ne le fixent, il n'est qu'une garantie imparfaite et fragile.

Dès lors rien de durable dans ces sortes d'unions. Et le mariage tire justement sa grandeur et sa noblesse de sa durée illimitée, envisagée non comme un fait, mais comme un principe. Sinon la communauté n'y peut être complète; chacun fait ses réserves, en prévision de la dissolution possible; on craint de donner trop à l'association, car celui qui donnerait plus que l'autre serait dupe; le mariage, qui doit être l'accord de deux volontés et une harmonie, dégénère en défiance et en rivalité; il porte en soi-même la contradiction, c'est-à-dire sa destruction.

4. L'État est intéressé à la prospérité des mariages. — Le mariage fonde la famille, la famille fonde l'État. Quand les familles sont en discorde, l'État est divisé; si les mariages diminuent, l'État s'affaiblit; s'ils prospèrent et se multiplient, il se fortifie. Ils sont comme autant de nœuds qui resserrent et consolident les liens sociaux. C'est dans la famille que naît l'enfant; si elle subsiste, il est élevé, soigné, garanti; l'État profite de la force acquise par l'enfant, qui devient un homme et qui a puisé dans la maison paternelle le goût de l'ordre. Si la famille se démembre, l'éducation de l'enfant en souffre; moins instruit, moins protégé, il nuit à l'État au lieu de lui être utile et retombe à sa charge au lieu de devenir un élément actif de prospérité nationale. Voilà pourquoi l'État intervient dans la conclusion des mariages, fixe les formes selon lesquelles il sera célébré et les conditions auxquelles il sera légitime.

5. Les individus sont intéressés à l'intervention de l'État dans le mariage. — Ce n'est pas dans son unique intérêt que l'État établit des lois relatives au mariage. Son objet n'est pas assurément de restreindre la liberté en astreignant les contractants à des formalités. Cela irait contre son intérêt, car, s'il ne rend pas le mariage obligatoire, au moins souhaite-t-il de ne pas empêcher les mariages. *Il garantit la sincérité de l'union et les droits des conjoints.* Remontons en effet aux premiers temps de la société humaine : un ménage s'est formé volontairement. Survient un troisième individu qui rompt ce ménage, soit un homme qui emmène l'épouse, soit une femme qui détourne l'époux. L'abandonné réclame aussitôt le concours de ses associés; il veut qu'on l'aide à punir le ravisseur et qu'on oblige à réparation l'infidèle. Mais que répond la société? Qui était votre époux ou votre épouse. Nous l'avez-vous présenté? Savons-nous seulement si vous avez formé un ménage, fondé un foyer?

Désormais ceux qui se marieront, pour avoir droit à la protection de l'État, de la cité, devront lui faire connaître leur mariage, la personne épousée, et tous deux, en présence de la cité, déclareront que leur volonté libre est de s'associer pour fonder un foyer et partager la même existence.

6. L'intervention de l'État a aussi pour but de protéger les enfants. — La famille n'est pas constituée seulement par les époux : il naît des enfants. Le seul fait de leur naissance leur donne des droits vis-à-vis des parents. Qui les protégera si les parents injustes négligent ou désertent leur devoir? La vie des enfants importe à la société : s'il était permis de la laisser dépérir, la société, de jour en jour amoindrie, disparaîtrait promptement. Et comment savoir de quel père et de quelle mère est né l'enfant, si sa naissance n'a été constatée régulièrement, de telle sorte que la responsabilité en soit supportée par qui de droit? *La filiation ne peut être établie authentiquement si la famille demeure indépendante absolument de l'État.*

7. Double origine de la famille et du mariage : la nature et la loi. — Cette exposition nous montre les deux origines de la famille : l'une naturelle, l'autre légale. La forme légale fait suite à la forme naturelle et la confirme. L'instinct, le penchant, l'amour provoquent le rapprochement, l'habitude peut le prolonger, mais la lassitude et une passion nouvelle ou la violence d'un tiers peuvent le défaire. C'est alors que la loi secourt la nature, règle les formalités de l'union, et que la société prête sa force à la faiblesse de l'individu et transforme l'union naturelle, l'union libre, en mariage légal.

Le but de l'acte public et légal du mariage est d'assurer la dignité de chaque époux vis-à-vis de son conjoint, de consacrer leurs droits à tous deux, de garantir la filiation et l'éducation des enfants.

En vérité, le mariage a été contracté le jour où les époux se sont donné mutuellement leur promesse, et il a été enregistré dans la conscience. Dès ce moment ils s'appartiennent : droits et devoirs, ils ont tout accepté en se prenant la main. Mais ils ne sont ainsi mariés que pour eux. La société n'en sait rien; pour acquérir d'elle la reconnaissance des droits que leur confère cette union, il faut qu'ils en fassent la déclaration publique et qu'ils prennent cette société tout entière à témoin de la pureté de leurs intentions et de la sincérité de leur serment. L'État par conséquent ne fait autre chose que donner une sanction à la moralité du mariage.

8. Le vrai mariage. — Le mariage moral et vrai doit réunir toutes les conditions qui répondent aux besoins des êtres qui s'unissent. Ils sont doués de sensibilité et cherchent la satisfaction pure de sentiments et de tendances honorables : il ne doit donc pas être dépourvu d'amour; l'affection simple et loyale en fera le charme dans les jours heureux et la consolation dans les jours de tristesse.

Ils sont doués de raison; il faut que cette raison juge et approuve l'amour qui suggère le désir du mariage; qu'elle considère les qualités de la personne et l'opportunité du moment, qui sont le gage de la sécurité de l'avenir.

Enfin, si l'intérêt ne doit jamais être l'objet unique poursuivi dans le mariage, non seulement il n'est pas défendu d'y songer comme à un moyen accessoire de prospérité, mais il est ordonné de prévoir les difficultés matérielles de l'existence, la nécessité d'y faire face et de les vaincre. Et l'on ne saurait approuver l'imprudente et l'intempérante générosité qui risque de plonger dans la misère, et dans la dégradation qui fréquemment la suit, les époux et les futurs enfants.

Le vrai mariage est celui qui met d'accord avec la raison les inclinations honnêtes et les intérêts légitimes.

9. La préparation au mariage. — Créer une famille, chose grande et grave! Tous n'y sont pas aptes; les devoirs sont étendus et nombreux. Il faut les connaître et les comprendre, être capable de les remplir, par conséquent s'y préparer. C'est un devoir qui précède le mariage : l'accomplissement de celui-là est le meilleur garant de l'accomplissement de ceux qui suivent.

Celui qui se marie doit songer à la responsabilité qu'il assume. *Force morale, ressources pécuniaires, santé physique*, ces trois conditions sont indispensables. La direction morale et la culture intellectuelle de l'épouse lui appartiennent en grande partie, celles des enfants presque tout entières. Il faut donc que lui-même soit muni d'une instruction et d'une expérience suffisantes, et surtout d'une moralité haute et ferme, qui par le seul exemple enseigne l'honnêteté à ceux qui l'entourent et les y retiennent.

Qu'il songe de plus au devoir de faire vivre ce groupe : est-il fortuné, il est nécessaire qu'il sache administrer ses biens, les faire fructifier; est-il pauvre, qu'il exerce une industrie, un commerce, une profession, un art dont le produit assurera les besoins et garantira l'indépendance de la famille.

Mais qu'il n'oublie pas non plus que, pour porter un fardeau, il faut la force. Ce qui semble léger à de vigoureuses épaules écrase les faibles. Et l'écrasement ici retombe sur des innocents, sur les enfants, qui ne sont pas d'eux-mêmes venus au-devant. La santé, la force physique ne sont pas moins nécessaires que les ressources pécuniaires et la santé morale. Se marier en dehors de ces conditions est une imprudence.

La loi, positive en fixant l'âge minimum auquel on pourra contracter mariage et en exigeant le consentement des parents, a voulu sanctionner ce précepte de la morale, empêcher les mariages prématurés, et rectifier l'emportement et l'inexpérience des jeunes gens par les avis et la sagesse des personnes expérimentées.

10. Lettre de Franklin à John Alleyne.

Londres, 9 avril 1768.

« Cher John,

« Vous voulez que je vous dise franchement ce que je pense des mariages précoces[1], 1° pour répondre aux critiques sans nombre qu'on a faites du vôtre. Vous pouvez vous rappeler que, lorsque vous m'avez consulté à ce sujet, je vous ai dit que la jeunesse des deux côtés n'était pas une objection. Si j'en dois juger par les ménages que j'ai été à même

1. Non pas *prématurés, avant le temps,* mais contractés *dans la jeunesse,* au premier temps de la nubilité raisonnable.

d'observer, je serais porté à croire que les meilleures chances de bonheur sont pour ceux qui se marient jeunes. Les jeunes gens ont le caractère plus flexible, ils tiennent moins à leurs habitudes, ils s'accoutument donc plus aisément l'un à l'autre : ce qui écarte bien des occasions de querelle. Si de jeunes époux n'ont pas toute la prudence qu'exige la conduite d'un ménage, ils ont en général auprès d'eux des parents ou des amis plus âgés, qui peuvent les aider de leurs conseils, et qui sont prêts à suppléer au défaut d'expérience. Un mariage précoce habitue de meilleure heure les jeunes gens à une vie réglée et utile ; souvent même il prévient heureusement des accidents ou des liaisons qui nuisent à la santé ou à la réputation, quelquefois même à toutes deux.

« Les mariages tardifs portent cet autre inconvénient qu'ils n'offrent pas aux parents la même chance d'élever leur famille. « Les enfants venus tard sont de bonne heure orphelins », dit un proverbe espagnol. Triste sujet de réflexion pour les gens qui peuvent se trouver dans ce cas ! Chez nous, en Amérique, on se marie communément au matin de la vie ; nos enfants sont élevés et établis dans le monde vers notre midi, et quand nos affaires sont faites, nous avons encore une après-midi, une soirée pour jouir de notre loisir.

« Au total, je suis charmé que vous soyez marié, et je vous en félicite cordialement.

« Vous voici en chemin de devenir un citoyen utile ; vous vous êtes soustrait à cet état d'éternel célibat, si contraire à la nature. C'est pourtant la destinée d'une foule de personnes, qui n'en avaient jamais eu l'intention, mais qui, pour avoir trop tardé à changer de condition, finissent par trouver qu'il est trop tard pour y songer, et passent ainsi toute leur vie dans une situation qui fait perdre à l'homme une partie de sa valeur. Un volume dépareillé n'a pas le même prix que lorsqu'il fait partie d'une collection complète. Que ferez-vous de la moitié d'une paire de ciseaux ? Cela ne coupe plus, et fait à peine un mauvais racloir...

« J'userai sobrement du privilège qu'ont les vieillards de donner des conseils à leurs jeunes amis. Traitez toujours votre femme avec respect, et vous serez respecté non seulement par elle, mais par tous ceux qui vous entourent. N'usez jamais envers elle de paroles piquantes même en badinant; car des plaisanteries de cette nature, renvoyées de l'un à l'autre, dégénèrent souvent en disputes sérieuses. Soyez studieux dans votre état, vous deviendrez savant. Soyez laborieux et économe, vous deviendrez riche. Soyez sobre et tempérant, vous jouirez d'une bonne santé.

« Enfin soyez vertueux, et vous serez heureux, ou du moins, vous vous serez donné les meilleures chances de bonheur. Je prie Dieu qu'il vous bénisse tous deux, étant pour toujours,

« Votre ami affectionné,

« B. Franklin. »

CHAPITRE II

DEVOIRS DES ÉPOUX

Sommaire. — 1. Devoirs réciproques. — 2. Devoirs spéciaux du mari. — 3. Devoirs spéciaux de l'épouse. — 4. L'égalité dans le mariage. — 5. Le mari doit instruire sa femme de son rôle dans la maison.

Les devoirs qui résultent du mariage sont ou communs aux deux époux, ou spéciaux à chacun d'eux. Tous tendent à un même but, le secours mutuel, afin de s'acquitter de la vie honorablement.

1. Devoirs réciproques. — Les devoirs communs et réciproques sont la fidélité, la confiance, l'estime, l'assistance matérielle et morale.

La fidélité. — La fidélité est l'essence même du mariage. A quoi bon prendre la société à témoin de l'engagement qui lie les époux, si l'un peut à son gré rompre le pacte, reprendre sa parole et porter ailleurs les droits acquis par l'autre? C'est justement pour empêcher toute confusion, tout rapt, toute violation du droit conjugal, c'est pour se confirmer mutuellement leur volonté de mettre tout en commun, que l'homme et la femme ont contracté le mariage. L'infidélité est donc d'abord un parjure, elle est ensuite une fraude; elle est de plus un désordre, jeté dans l'État; elle est la ruine de la famille, car de la part du mari elle détourne au dehors une part de l'activité, de l'affection, de la fortune qu'il a promis de consacrer au foyer; de la part de la femme, elle ajoute à ces torts, déjà si graves, l'introduction frauduleuse d'enfants adultérins qui reçoivent indûment, au préjudice des enfants légitimes, une part de l'affection et de la fortune du mari. Tous les peuples civilisés ont toujours consacré la dignité du mariage, en édictant des peines sévères contre l'adultère. Et la prospérité des États n'a jamais survécu au relâchement des mœurs dans la famille.

LA CONFIANCE. — Les époux doivent avoir confiance l'un en l'autre et ne se rien cacher de ce qui touche au ménage. Il est bien clair que le secret professionnel doit être fidèlement gardé sans que ce soit manquer à la confiance conjugale. Un magistrat, un médecin ne doit rien révéler à sa femme de ce que son état lui fait connaître ou recevoir en confidence. Mais il est nécessaire que, pour aller d'un même pas au même but, les époux soient en parfaite communion d'idées et de sentiments.

La connaissance de ses actions et de ses dispositions est nécessaire, au mari pour guider sa femme, à la femme pour consoler et encourager son mari. La défiance refroidit l'affection; elle ôte des forces, en rendant suspect l'appui sur lequel on comptait. Elle est une offense, car elle marque ou le mépris de l'intelligence ou le doute sur l'honnêteté de la personne contre qui elle se dresse.

Seulement, il est vrai que si c'est un devoir des époux d'avoir confiance l'un dans l'autre, c'est un devoir égal pour chacun de gagner la confiance de l'autre par sa sincérité, sa franchise, son effort de bien conseiller, et son indulgence douce, mais sans faiblesse.

L'ESTIME ET LE RESPECT. — La confiance sera d'ailleurs facile si les époux ont l'un pour l'autre une sérieuse estime, fondée sur l'appréciation du mérite moral et des services rendus à la communauté. C'est un devoir précis de respecter la dignité de son conjoint : que jamais une parole ni un geste n'y porte atteinte. Si l'injure est une faute dans la vie sociale, elle est un crime dans la vie conjugale. Loin d'affaiblir par leur mépris la considération que la société accorde à l'épouse ou à l'époux, tous deux ont le devoir de l'augmenter et de la fortifier par leur déférence mutuelle. Et c'est même un moyen efficace de se soutenir dans l'honnêteté que de se donner entre soi toutes les marques de vénération qu'on accorde aux honnêtes gens.

L'ASSISTANCE MUTUELLE. — Enfin ce serait aller contre le but du mariage, ce serait commettre un contre-sens que de se refuser l'un à l'autre l'assistance dans le besoin et dans les cas difficiles ; au jour du mariage, ils se sont associés dans leur commun intérêt. Ils ne savaient pas et ne pouvaient prévoir lequel des deux serait le premier affaibli, fatigué, malade, troublé. Et ils se sont engagés, avec des chances égales, à des services égaux. Facultés spirituelles, puissance physique, ressources matérielles, ils ont tout apporté dans le ménage, ils en ont profité ensemble, avec d'autant plus de joie qu'ils avaient l'espérance de ne pas se quitter, en cas de malheur. C'est justice que le plus vaillant protège le plus faible, que le bien portant soigne le malade, que le plus fortuné alimente le plus pauvre, que le plus intelligent et le plus clairvoyant renseigne et dirige le moins instruit et le moins bien doué. C'est justice enfin que le plus moral, le plus honnête relève et purifie celui dont la conscience est plus trouble et moins fixe. Cette assistance mutuelle, matérielle et morale n'est donc que l'exécution du contrat ; pour l'un et l'autre, elle est alternativement un droit et un devoir.

2. Devoirs spéciaux du mari. — LEUR PRINCIPE EST LA SUPÉRIORITÉ DE L'ACTIVITÉ ET DE LA FORCE. — Dans toutes les espèces animales, le mâle possède la supériorité de la force et de l'énergie. Ses membres moins délicats, ses muscles plus puissants le rendent apte à supporter la fatigue, à fournir un plus dur labeur. L'homme ne fait pas exception à cette loi. Il est plus vigoureux que la femme ; il peut travailler davantage ; exempt du fardeau de la maternité, il est libre en tout temps de se mouvoir ; le champ de son expérience est plus étendu, il n'est pas retenu par la même pudeur. Il est donc fait pour diriger le ménage.

L'homme doit travailler pour deux. — Son premier devoir, le plus simple et le plus impérieux, car la nature même le réclame quotidiennement, est de pourvoir à la subsistance du couple, non seulement à la sienne, mais à celle de sa femme. Et par subsistance, on n'entend pas seulement ici la nourriture, mais tout ce qui est indispensable à la vie du corps : l'abri, le vêtement, les objets nécessaires à l'entretien du foyer.

L'homme doit diriger les affaires et les relations. — A lui, qui est de nature hardie, appartient le droit, et à cause de cela le devoir de diriger les affaires du ménage; il en a la responsabilité. Mieux que la femme, ordinairement du moins, il est capable de distinguer la voie la plus fructueuse. S'il n'a pas l'administration intérieure, dont les détails lui échapperaient, il a plus de vue sur l'extérieur. Allant et venant, se mêlant aux hommes, renseigné sur les affaires publiques, il est à même de calculer plus sûrement ce qui convient ou ne convient pas; sa faute serait grande de risquer la fortune et la destinée du ménage, l'honneur de la maison, et il ne doit rien entreprendre qu'à bon escient. Il ne faut pas dire : qu'il soit le *maître*, mais le *directeur*.

D'ailleurs, avant de se marier, il fallait qu'il eût déjà sa carrière ouverte, ses ressources assurées. Son devoir est de les conserver et de les accroître.

Il importe que sa direction n'ait pas exclusivement un caractère d'affaires : il doit être aussi un guide moral. C'est à lui que revient le devoir de défendre le foyer contre les intrusions des étrangers; c'est à lui, plus expérimenté, à écarter les gens douteux, les relations suspectes, à prendre garde au caractère des lieux où il conduit l'épouse, et avec elle la dignité et la pureté de la famille.

L'homme a le devoir de protéger l'épouse et le foyer. — C'est un nouveau devoir auquel conduit le précédent. Pour garantir la sécurité et l'honorabilité de la famille, le mari doit être le conseiller et le protecteur de la femme. La protéger, ce n'est pas seulement la préserver de l'insulte grossière, défendre sa vie, sa réputation. C'est quelque chose de plus délicat et de plus difficile, car cela exige une très haute moralité et une conscience élevée : c'est la défendre dans sa pensée, dans sa conscience, contre les mauvais exemples, contre les excitations et les conseils pernicieux, contre elle-même quelquefois, contre sa jeunesse et son inexpérience.

Il doit être un soutien assidu de sa vertu ; il doit, dans la mesure que ses forces lui permettent, associer la femme à ses travaux, à ses intérêts, fixer son esprit sur de grandes et nobles choses, ne pas oublier que c'est une âme qui s'est remise à lui parce qu'il l'a sollicitée, que cette âme éprouve des tendances et des curiosités : son devoir est à la fois de les satisfaire et de les régler. L'ordre et le bonheur du ménage sont à cette condition.

L'AUTORITÉ MARITALE. — La famille antique, si solidement constituée et si respectée, avait pour base l'autorité du chef, du mari, qui pendant longtemps eut droit de vie et de mort sur tous les membres de la famille. C'est qu'en ce temps la famille était l'*unité sociale*, et la solidarité domestique avait une importance capitale. Elle vivait dans une sorte de communisme dont le chef absolu était le patriarche, maître temporel, juge et justicier, et grand-prêtre de la religion domestique. La conception qu'il se faisait de l'honneur de la famille ne permettait pas de rendre publiques les fautes commises à l'intérieur de la maison. Quand la cité fut plus largement organisée, le droit public mieux défini et plus fort, les mœurs se modifièrent, la forme de l'autorité changea, le principe n'a pas changé ; quelque effort que l'on tente pour l'ébranler, il subsiste parce qu'il est non pas conventionnel et arbitraire, mais de droit naturel. Chargé de tous les devoirs inscrits plus haut, comment le mari s'en acquitterait-il si sa direction pouvait être niée et méprisée impunément? Il a la responsabilité, il faut qu'il ait les moyens d'agir, et, de ce qu'il peut arriver qu'il commette une faute en abusant, ce n'est pas raison de les lui retirer d'abord par présomption d'un abus hypothétique.

Il commande, non comme un maître à son esclave, mais

doucement, comme un chef reconnu à son coopérateur volontaire ; il persuade en même temps, et ses prescriptions ont pour objet non la satisfaction de son caprice mais la prospérité commune. Son autorité d'ailleurs n'est point violente ; elle ne s'exerce pas sous forme de contrainte brutale : il lui est interdit de frapper, de faire souffrir. Elle est morale ; c'est par l'ascendant de son intelligence, de sa sagesse, de sa probité, de sa stricte exactitude à remplir ses devoirs qu'il doit l'établir et la faire respecter. Et pour cette cause elle est plus sacrée. La loi positive, à mesure qu'elle a désarmé l'autorité maritale des moyens violents dont jadis elle disposait, a rendu plus obligatoire la docilité de l'épouse et son concours volontaire au succès de l'œuvre commune.

3. Devoirs spéciaux de l'épouse. — *Ils sont appropriés à sa nature délicate et aux risques physiques qu'elle court.* La femme est, par nécessité naturelle, par tempérament, destinée à vivre à la maison. Elle ne peut supporter la fatigue des longues marches, et le travail sédentaire prolongé lui est funeste, et semblablement une application trop soutenue. La maternité, conséquence prévue du mariage, lui interdit pendant des mois consécutifs tout effort, puis l'enfant l'accapare, lui ôte la possibilité de s'éloigner du foyer.

L'Économie[1]. — Son premier devoir est donc l'organisation et l'administration intérieure. A l'homme de gagner, à elle de régler la dépense, de s'interdire tout gaspillage, toute fantaisie inutile ; qu'elle songe : le revenu est le produit du travail et de la fatigue du mari ! Moins on dépensera, plus on épargnera sagement, moins longtemps il devra peiner, plus il sera facile de le soulager, plus tôt ils auront tous deux la sécurité du lendemain. Mais, peut-elle dire quelquefois, j'ai apporté une dot ! Sans doute ; elle en jouit en commun, c'est le bien de la famille ; elle en doit être économe comme du prix du labeur. Car, si la dot s'entame et disparaît, la nécessité de combler le déficit imposera une

---

1. Voir, dans nos *Problèmes de morale*, V, 10, La bonne ménagère.

tâche de surcroît au mari. Elle doit prévoir, elle aussi, les jours de déception et de gêne, et le temps où les enfants, petits ou grands, seront la cause de nouvelles obligations et de nouveaux besoins.

L'économie d'ailleurs n'est pas seulement l'épargne, c'est toute l'administration domestique. Le soin de la lingerie, du mobilier, de l'entretien hygiénique de la maison, de l'alimentation du ménage, c'est là l'empire où l'esprit de la femme trouve largement à s'exercer d'une façon utile et adroite, sans la condamner cependant à l'existence mécanique.

Elle ne court pas plus le danger de s'y absorber et de s'y abêtir, que l'homme dans son métier, son commerce ou sa profession. Pour l'un et l'autre, cette occupation est d'abord un préservatif moral, puis la condition de la prospérité, par conséquent de la tranquillité d'esprit; donc la possibilité de revenir de temps en temps, aux heures de loisir bien gagné, à la satisfaction des aspirations plus hautes de la sensibilité et de l'intelligence.

LA DOCILITÉ. — La docilité est la disposition habituelle d'un esprit qui se laisse instruire et conseiller. Ce n'est pas l'obéissance forcée, comme d'un inférieur vis-à-vis d'un supérieur. L'épouse est nécessairement inexpérimentée sur beaucoup de points, où le mari a vu de ses yeux ce qui se passe et éprouvé le moyen d'action. S'il a la responsabilité de la direction, il est juste qu'il soit écouté. D'ailleurs, à mesure que s'accumulent les années, dans un ménage bien formé, la fusion se fait toujours plus intime; la femme suffisamment douée, avec sa finesse de pénétration et sa prompte intelligence des choses, acquiert ce qui lui manque au début et devient un utile conseiller : son devoir est de tendre à ce rôle et de le mériter. Mais pour y arriver, pour éviter les froissements et les tiraillements, il est indispensable que l'esprit masculin, généralement plus précis, imprime la direction. La femme renoncera-t-elle pour cela à sa personnalité? Loin de là. Mais elle la développera de façon que, au lieu de rompre l'équilibre, elle le rende stable par la communion des idées et l'unité de la tendance.

4. L'égalité dans le mariage [1]. Est-ce une royauté pour le mari que ces principes établissent? Non. Les époux sont égaux devant la société et vis-à-vis d'eux-mêmes. Ils ont mêmes droits, mêmes devoirs, et surviennent les enfants, même charge, même responsabilité. Ce sont deux associés dont l'association est la plus délicate et la plus importante. Mais, de ce qu'ils sont égaux, sont-ils semblables? évidemment leur fonction n'est pas la même. Leur part de gouvernement est proportionnée et déterminée selon leurs aptitudes. Qu'ils s'estiment, se respectent, se soutiennent réciproquement, l'égalité dans le mariage sera la plus vraie et la plus profitable. Les inégalités apparentes établies par la loi positive proviennent surtout de considérations relatives au tort plus ou moins grave que cause matériellement au ménage l'inconduite du mari ou celle de la femme ou leur désaccord. Sur les points essentiels, le respect et le secours réciproques, la loi est d'accord avec la morale. Et, quand il paraît qu'elle accorde au mari des droits plus étendus, c'est qu'elle le constitue le protecteur responsable de la femme et augmente d'autant ses devoirs et ses charges.

5. Le mari doit instruire sa femme de son rôle dans la maison. — Nous ne pouvons résister au plaisir utile de reproduire une des plus charmantes pages des *Économiques* de Xénophon (ch. vii); c'est un fragment de la conversation d'Ischomachos et de sa femme, jeunes mariés.

« Quand elle se fut familiarisée avec moi (c'est Ischomachos qui parle) et que l'intimité l'eût enhardie à converser librement avec moi, je lui fis à peu près les questions suivantes : — Dis-moi, femme, commences-tu à comprendre pourquoi je t'ai choisie et pourquoi tes parents t'ont donnée à moi?... Si la divinité nous accorde des enfants, nous aviserons ensemble à les élever de notre mieux : car c'est un bonheur qui nous sera commun de trouver en eux des défenseurs et des appuis pour notre vieillesse. Mais dès aujourd'hui cette

1. Voir, dans nos *Problèmes de morale*, V, 1, le sujet sur la contradiction apparente de l'égalité des époux et de l'obéissance de la femme.

maison nous est commune. Moi, tout ce que j'ai je le mets en commun, et toi, tu as déjà mis en commun tout ce que tu as apporté. Il ne s'agit plus de compter lequel de nous deux a fourni plus que l'autre; mais il faut bien se pénétrer de ceci, que celui de nous deux qui gérera le mieux le bien commun fera l'apport le plus précieux. »

« A ces mots, Socrate, ma femme répondit : — En quoi pourrai-je t'aider? de quoi suis-je capable? Tout roule sur toi, ma mère m'a dit que ma tâche est de me bien conduire. — Oui, lui dis-je, et mon père aussi me disait la même chose; mais il est du devoir d'un homme et d'une femme qui se conduisent bien de faire en sorte que ce qu'ils ont prospère le mieux possible, et qu'il leur arrive en outre des biens nouveaux par des moyens honnêtes et justes. Le bien de la famille et de la maison exige des travaux au dehors et au dedans. Or la Providence a d'avance approprié la nature de la femme aux soins et aux travaux de l'intérieur, celle de l'homme aux soins et aux travaux de l'extérieur. Froids, chaleurs, voyages, guerres, le corps de l'homme a été formé pour tout supporter; d'autre part, la Divinité a donné à la femme le penchant et la mission de nourrir les nouveau-nés; c'est elle aussi qui est chargée de veiller sur les provisions tandis que l'homme est chargé de repousser ceux qui voudraient nuire.

« Comme la nature d'aucun d'eux, n'est parfaite en tous points, cela fait qu'ils ont besoin l'un de l'autre; et leur union est d'autant plus utile que ce qui manque à l'un, l'autre peut y suppléer. Il faut donc, femme, qu'instruits des fonctions qui sont assignées à chacun de nous pour la Divinité, nous nous efforcions de nous acquitter le mieux possible de celles qui incombent à l'un comme à l'autre.

« Il est toutefois, dis-je, une de tes fonctions qui peut-être t'agréera le moins : c'est que si quelqu'un de tes esclaves tombe malade, tu dois, par des soins dus à tous, veiller à sa guérison. — Par le ciel! dit ma femme, rien ne m'agréera davantage, puisque, rétablis par mes soins, ils me sauront gré et me montreront plus de dévouement que par le passé. — Cette réponse m'enchanta, reprit Ischomachos, et je lui dis :

« Tu auras d'autres soins plus agréables à prendre; par exemple d'une esclave maladroite à filer, faire une bonne fileuse, d'une intendante ou d'une femme de charge incapable, faire une servante capable, dévouée, intelligente.

« Mais le charme le plus doux sera lorsque, devenue moins imparfaite que moi, tu m'auras fait ton serviteur; quand loin de craindre que l'âge, avec le temps, ne te fasse perdre de ta considération dans ton ménage, tu auras l'assurance qu'en vieillissant tu deviens pour moi une compagne meilleure encore, pour tes enfants une meilleure ménagère, pour ta maison une maîtresse plus honorée. Car la beauté et la bonté ne dépendent point de la jeunesse : ce sont les vertus qui les font croître dans la vie aux yeux des hommes. »

CHAPITRE III

DEVOIRS DES PARENTS ENVERS LEURS ENFANTS

Sommaire. — 1. Origine de ces devoirs : responsabilité paternelle; faiblesse de l'enfant. — 2. Conserver et développer le corps et l'esprit de l'enfant. — 3. Trois périodes des devoirs paternels. — 4. Première période : nourrir et soigner l'enfant. — 5. Seconde période : l'éducation morale; l'instruction libérale et technique. — 6. Sanction légale de ces devoirs. — 7. Troisième période : la bienveillance, le dévouement. — 8. Le devoir d'exemple. — 9. L'autorité paternelle. — 10. Les enfants sont égaux devant les parents. — 11. Le droit d'aînesse. — 12. Le père de famille doit-il un patrimoine à ses enfants? — 13. Le devoir de prévoyance : l'assurance sur la vie, contre les accidents, etc.

1° Origine de ces devoirs, responsabilité paternelle, faiblesse de l'enfant. — L'origine de ces devoirs, c'est d'abord la responsabilité pour le père et la mère d'avoir appelé l'enfant à la vie, et de lui avoir imposé nécessairement les conditions générales d'existence qu'eux-mêmes avaient choisies ou tout au moins préparées et causées par leur conduite.

L'enfant, en effet, participe fatalement aux avantages et aux désavantages de la santé, de l'éducation, de la situation sociale et de l'état de fortune de ses parents.

La seconde origine de ces devoirs, c'est la faiblesse prolongée de l'enfant ; son corps et son esprit ne se développent que lentement et au prix de beaucoup de soins. Laissé à lui-même il périt physiquement ou moralement.

Un terme résume clairement le devoir général des parents : *substitution* ; ils se substituent à l'enfant incapable et font pour lui tout ce qu'il devrait faire lui-même ; ce qui explique la restriction graduelle des obligations paternelles et maternelles à mesure que l'incapacité de l'enfant diminue.

2. Conserver et développer le corps et l'esprit de l'enfant. — Il suit de là clairement que les devoirs des parents visent le corps et l'esprit de l'enfant, sa santé et sa moralité.

Tout ce qu'il devrait faire par lui-même, pour conserver sa vie et avancer vers sa fin morale, ils doivent l'accomplir et préparer l'enfant à le faire.

3. Trois périodes des devoirs paternels. — On peut distinguer trois périodes dans chacune desquelles, le principe restant le même, l'application se modifie : la première est celle de l'enfance ; la seconde, celle de l'adolescence ; la dernière, après la majorité, lorsque l'enfant est devenu un homme.

4. Première période; nourrir et soigner l'enfant. — Pendant la première enfance, l'être humain prend graduellement connaissance de lui-même et des choses qui l'entourent, mais son instinct est bien inférieur à celui des animaux ; son intelligence s'ouvre lentement et n'y peut encore suppléer ; ses forces physiques ne lui permettent aucun travail, aucun effort ; sa santé et sa vie sont perpétuellement en jeu. Le premier devoir des parents est donc de se dévouer à la conservation de l'enfant, le nourrir, le vêtir, le soigner ; à mesure qu'il grandit, exercer ses membres, l'habituer à marcher, à se mouvoir, le détourner de toute imprudence, de toute dépense excessive de force : telles sont les premières prescriptions.

Mais la vie de l'esprit a commencé dès que l'enfant a pu recevoir des impressions; l'éducation intellectuelle ne doit donc pas beaucoup retarder sur l'éducation physique; il ne s'agit pas, bien entendu, d'appliquer déjà l'enfant à l'étude, il serait imprudent de fatiguer prématurément son cerveau, il serait même contraire au devoir d'épuiser ses facultés par une culture précoce et hâtive. L'esprit, comme l'estomac, a besoin d'une alimentation proportionnée; il ne profite que de celle-là; excessive ou trop forte elle l'étouffe. Mais il importe de procéder doucement à l'éducation, d'apprendre l'enfant à se reconnaître au milieu des choses, à remarquer leurs qualités, à se donner à lui-même les raisons de ses préférences, à les exprimer; en résumé, piquer sa curiosité et s'efforcer de donner à ses questions des réponses claires, afin de ne le point décourager et de ne le dégoûter point de ses interrogations. Dès cette première période, il faut introduire dans son esprit la notion des actions bonnes ou mauvaises, et l'habituer à pratiquer les unes, à éviter les autres. Plus tard, il en comprendra la valeur; l'habitude de bonne heure contractée lui épargne bien des efforts et bien des chutes.

5. Seconde période; l'éducation morale, l'instruction libérale et technique. — Elle commence au moment indéfini qu'on appelle l'*âge de raison*, c'est-à-dire lorsque l'enfant, déjà formé, pourvu d'un certain nombre de notions, est capable de réfléchir; elle va jusqu'à l'âge d'homme, c'est-à-dire l'époque où il est en pleine possession de ses facultés spirituelles et de ses forces physiques.

Dans cette période, les devoirs des parents sont bien à peu près les mêmes que dans la première; seulement c'est dans la mesure qu'ils diffèrent; il s'agit en effet de transformer l'enfant en homme, de le préparer à l'existence personnelle : il faut lui procurer une éducation en rapport avec les ressources de la famille. Une fois la première instruction et la première éducation données, les parents sont tenus de continuer leurs soins, selon leur état, dans toute la mesure possible; ils doivent favoriser le développement intellectuel et même la culture esthétique de l'enfant; leur responsabilité n'est pas encore dégagée.

L'adolescent manque d'expérience : ils doivent le guider ; il ne peut encore acquérir des ressources suffisantes : ils doivent le soutenir ; c'est surtout dans le choix d'une carrière que l'enfant a besoin d'être éclairé, et d'abord c'est une obligation stricte pour les parents que de lui donner et lui faire accepter, par contrainte s'il le faut, un état, un métier, une profession par quoi il puisse subvenir à ses besoins ; c'est à eux qu'il appartient de calculer ce que leur condition permet à l'enfant d'entreprendre.

6. Sanction légale de ces devoirs. — La loi protège l'enfant contre l'incurie ou l'inhumanité des parents. Elle édicte des peines contre le père et la mère qui font ou laissent périr l'enfant : elle n'attend pas que le crime aille jusqu'à l'infanticide. Elle les châtie pour les mauvais traitements et l'abandon. Et, comme la vie physique n'est pas la seule qui ait droit à sa sollicitude, elle ordonne aux parents d'instruire ou de faire instruire les enfants. L'État s'impose des sacrifices pour mettre à la portée de tous les esprits les moyens d'instruction morale et professionnelle. Il a le droit d'exiger que ce ne soit pas en vain, et ce pour le bonheur de l'individu autant que pour le progrès de la société.

7. Troisième période : la bienveillance, le dévouement. — Les charges obligatoires des parents diminuent graduellement à mesure que se développe leur enfant. Ils ne lui doivent plus ni nourriture ni soins matériels quand sa force physique le met à même de subvenir à ses besoins ; ils n'ont même plus le droit de le contraindre à la soumission quand ses facultés cultivées lui permettent de se diriger lui-même. Toutefois le lien naturel n'est pas rompu. Les parents ne sauraient devenir indifférents au sort de leurs enfants. Toute la vie ils leur doivent l'assistance de leur sagesse, leurs conseils, leur protection morale. Ils demeurent les protecteurs de ceux qu'ils ont appelés à la vie. Et si le malheur frappe les enfants, si malgré leur courage ils tombent en détresse, le devoir de secours renaît pour les parents, toujours, bien entendu, dans la mesure de leurs moyens.

8. Le devoir d'exemple. — En tout temps les parents

ont le devoir de donner aux enfants l'exemple de la vertu. Les conseils, les exhortations sont salutaires, mais don Gormas a raison :

> Les exemples vivants sont d'un autre pouvoir.

L'action produit plus d'effet et laisse une impression plus forte dans l'esprit de l'enfant. Il deviendra de lui-même, presque sans effort, sous l'influence de l'instinct d'imitation, bon, juste, honnête, respectueux, si sous ses yeux les parents se respectent eux-mêmes et mutuellement; s'ils surveillent leurs actions, leurs paroles, leur tenue; s'ils n'excusent jamais une improbité ni une inconvenance, bien loin de s'en rendre personnellement coupables; s'ils ont enfin la persévérante attention à remplir scrupuleusement leurs devoirs et à travailler avec résignation et courage. Mais, si entre eux s'élève la discorde, le désarroi de la famille ne tarde pas; si le père ou la mère commet des fautes graves, les enfants perdent toute considération de leurs parents, méprisent toute autorité et s'acheminent à grands pas vers la honte. La contagion du vice les gagne, rien ne les retient.

9. L'autorité paternelle[1]. — *Elle est favorable à l'enfant.* — C'est la puissance dont disposent le père et la mère pour forcer les enfants à l'obéissance. Très étendue dans l'antiquité, elle allait, comme l'autorité maritale, jusqu'au droit de vie et de mort. C'est que l'on considérait alors l'intérêt du mari ou du père, c'est-à-dire l'honneur et la grandeur de la famille, plus que l'intérêt spécial de l'épouse ou de l'enfant. Le progrès moral a adouci cette conception. Nous considérons les devoirs du père et du mari comme devant servir à la protection de l'enfant et de la femme. Aussi ne permet-on rien au père qui ne soit dans l'intérêt moral ou matériel de l'enfant. Son autorité n'a pour but que d'empêcher l'enfant ignorant de tomber dans la faute. Ce n'est pas une tyrannie arbitraire créée au profit du père ou de la mère. La loi intervient si les parents abusent de leur autorité; elle les destitue

---

1. Voir, dans nos *Problèmes de morale* (Hachette, édit.), l'examen de la conduite de Mateo Falcone, dans la célèbre et très belle nouvelle de Prosper Mérimée.

de la tutelle. Mais elle les seconde contre le vice de l'enfant, et, s'il faut sévir rigoureusement, c'est à elle qu'est réservé le droit de correction.

On comprend tout de suite que l'autorité du père et de la mère se circonscrive de plus en plus à travers les trois périodes plus haut désignées. Presque absolue dans la première, à l'exclusion des mauvais traitements, elle devient de plus en plus raisonnée et morale dans la seconde; et dans la troisième elle se réduit à un simple droit de conseil.

10. Les enfants sont égaux devant les parents. — En droit naturel, tous les enfants ont au même titre droit aux mêmes avantages. Les parents manquent à leurs devoirs s'ils accordent arbitrairement à l'un une préférence et des soins plus larges, plus complets, plus recherchés : c'est d'abord une injustice, car aucun n'est plus que les autres leur enfant; puis c'est un désordre dans la famille, une source de dissensions qui la font périr.

Ils doivent répartir entre tous également leurs soins, leur affection, leurs biens. Mais il est vrai aussi que cette égalité doit être équitable, sinon elle devient l'inégalité. Tous les enfants n'ont pas les mêmes aptitudes : leur appliquer indistinctement le même système d'éducation, les mêmes moyens d'instruction, les pousser dans la même carrière, ce serait fort mal entendre le devoir paternel et l'intérêt des enfants. Ajoutons encore que par leur conduite, leur travail, leur honnêteté et leur affection les enfants répondent plus ou moins aux efforts de la famille : ils se montrent plus ou moins dignes de leurs parents. L'injustice serait alors de les traiter avec une parfaite égalité. Il faut que le père et la mère puissent donner aux uns des marques de leur estime particulière, des encouragements à persévérer dans le bien, et aux autres des marques de leur mécontentement et de leur réprobation.

La loi française, qui abolit le droit d'aînesse, n'a pas voulu dépouiller les parents de ce pouvoir. Elle proclame les enfants égaux; mais elle laisse aux parents une quotité disponible de leurs biens.

11. Le droit d'aînesse. — La famille primitive était l'*unité* *sociale*; et son mode d'organisation le *patriarcat*. Cela signifie : pendant une période de début tout naturellement les enfants, petits-enfants et la postérité la plus proche sont restés groupés autour de l'ancêtre, qui demeurait jusqu'à sa mort le chef de la famille, le *patriarche*. L'association intime, une sorte de communisme, était la condition de la sécurité et de la continuité de la maison. Qui donc à la mort du père était présumé le plus apte à lui succéder dans son autorité et dans ses obligations? Évidemment l'aîné, pour deux ordres de considérations : d'abord, dans la généralité des cas, il se trouvait en fait le plus capable; l'âge, l'expérience, la préparation spéciale au rôle prévu, les enseignements plus complets de son père lui donnaient la connaissance des intérêts de la famille, et lui assuraient aussi le respect et l'obéissance des plus jeunes; et puis la transmission du patriarcat par ordre de primogéniture (c'est à cet exemple que s'est établi l'ordre de succession dans la monarchie) et l'avantage de ne couper court aux discussions et contestations sur les mérites de l'un ou de l'autre, et par conséquent, de prévenir les désordres et les dissensions.

Cette fonction de chef dévolue à l'aîné explique le sens juridique du terme latin *paterfamilias*, qui peut s'appliquer à un célibataire ou à un mari qui n'a pas d'enfants, s'il est l'aîné chef de famille.

Son devoir est d'administrer le groupe familial et les intérêts collectifs. Il faut bien comprendre que dans le principe le droit d'aînesse n'est pas l'abusive attribution à l'aîné de tous les biens domestiques à l'exclusion des autres enfants réduits à chercher ailleurs des moyens d'existence. La base du système c'est l'association indivise. D'où suit naturellement que si l'un des participants, préférant l'indépendance, se sépare de l'association, il ne peut exiger le morcellement du bien commun pour emporter sa part. Aucun n'a de part individuelle dans le tout mais tous ont droit de vivre en commun sur la masse.

Ce régime avait, avec beaucoup d'inconvénients, l'avantage de fixer et de maintenir le foyer et les traditions domestiques, et de constituer une réserve de forces matérielles et morales qui manque à la famille dispersée ou nomade.

Mais du jour où les vices personnels ont corrompu l'institution, où certains aînés ont abusé de leurs droits et renié leurs devoirs, le droit d'aînesse vicié a nécessairement dû paraître injuste.

12. Le père de famille doit-il un patrimoine à ses enfants? — La loi positive se rapproche le plus possible de la loi morale, mais elle n'en égale pas l'étendue. Elle défend au père de famille de déshériter ses enfants complètement, mais elle ne lui prescrit de son vivant aucune règle d'emploi de ses biens personnels. Il importe cependant de distinguer les biens patrimoniaux et les acquêts ou biens acquis par l'industrie, le travail et l'économie individuels. Le *patrimoine* est constitué par les biens accumulés de génération en génération et transmis de père en fils. C'est un dépôt de famille, qui est destiné à maintenir la dignité de la descendance ou tout au moins à adoucir son sort, à lui ménager des ressources. On peut dire que celui entre les mains de qui il vient en est comptable à ses enfants. Il n'a donc pas le droit de le dépenser à son goût; la nécessité seule, et une nécessité honorable, lui donne le droit de l'aliéner.

Quant aux biens acquis par le père au prix de sa peine et de ses privations, il en est le maître. Il ne les doit pas absolument à ses enfants. Mais il est obligé de leur fournir les moyens de vivre, de s'instruire, d'entreprendre un travail eux aussi. Et son devoir précis est de ne pas les accoutumer dans l'enfance et la jeunesse à une existence plus luxueuse et plus facile que celle qu'il leur réserve. Il ne faut pas que, le travail leur paraissant trop dur et trop amer après des jouissances sans peine, ils en tirent prétexte à la paresse et au dégoût.

13. Le devoir de prévoyance : l'assurance sur la vie, contre les accidents, etc. — Le père de famille doit prévoir qu'une mort inattendue et prématurée peut l'atteindre et priver de son aide ses enfants encore incapables de subvenir à leurs besoins.

Les prémunir contre le risque de la misère, se prémunir

lui-même contre la douloureuse pensée qu'il les quitte exposés au dénûment, son cœur et sa raison le lui ordonnent avec une égale autorité. Le moyen, inconnu de nos aïeux, est aujourd'hui rendu facile par la création des caisses *d'assurances sur la vie*. Moyennant un versement annuel, qui représente une sérieuse épargne, le père et la mère de famille *assurent* à leurs enfants devenus orphelins le paiement d'un capital proportionnel qui les met à l'abri des rigueurs immédiates de la pauvreté.

Le système s'étend à la garantie d'un secours en cas d'accident; la précaution est de première nécessité pour le travailleur qui n'a d'autres ressources que le produit de son travail. Le chômage et les frais des soins médicaux le ruineraient vite et mettraient sa femme dans la misère : à supposer même que la cité, l'État le secoure, est-il juste qu'il fasse peser sur la communauté la charge de sa personne, alors que par la prévoyance et une prime modique, il aurait pu obtenir d'une compagnie d'assurances ce que la communauté lui accorde par humanité et charité? Sa propre dignité, son indépendance eussent été par là sauvegardées.

Les avantages moraux et matériels du système de l'assurance sont si évidemment reconnus qu'en plusieurs États d'Europe la loi oblige les patrons, industriels, entrepreneurs, commerçants à assurer leurs ouvriers et employés contre les risques des accidents survenus dans le travail.

De même il est de prudence élémentaire de s'assurer contre l'incendie; pour parler plus correctement contre les pertes résultant de l'incendie; les cultivateurs peuvent et doivent aussi assurer leurs récoltes contre la grêle, et les négociants leurs marchandises contre les risques maritimes.

Les tarifs de la prime à payer, établis d'après le calcul de probabilités, sont en général assez bas pour que la dépense de l'assuré soit minime.

La tranquillité d'esprit que donne l'assurance vaut à elle seule plus que le prix payé.

CHAPITRE IV

DEVOIRS DES ENFANTS ENVERS LES PARENTS

SOMMAIRE. — 1. L'amour filial se compose de reconnaissance et de respect. — 2. Trois périodes de devoirs : *a*. L'obéissance sans réserve; *b*. L'obéissance volontaire et le travail; *c*. La déférence et l'assistance. — 3. Obligation de secourir matériellement et moralement nos parents.

1. L'amour filial se compose de reconnaissance et de respect. — L'ENFANT TIENT TOUT DE SES PARENTS. — Le principe de ces devoirs est la reconnaissance, qui est l'obligation de rendre le bien pour le bien. L'enfant tient tout de ses parents : sa vie, non seulement par le fait de la naissance, mais par les soins qui la lui ont conservée. Tout ce qu'il y a de bon en lui : son instruction, son éducation, sa santé, ses biens, sa profession même et son honorabilité, tout lui est venu en principe de son père et de sa mère. C'est leur travail, leur économie qui ont permis de l'élever ; il a donc contracté vis-à-vis d'eux une dette ; et qu'il ne dise pas, pour se donner le droit de la nier, que la vie lui a été imposée, et que ses parents sont aussi bien cause de ce qu'il souffre ou peut souffrir que des biens dont il a la jouissance. La vie par elle-même est un bien, et ceux qui nous la donnent sont nos bienfaiteurs; elle ne devient mauvaise que par notre faute, par nos passions, notre ignorance, nos vices, et justement l'effort de nos parents tend à nous en préserver et à nous en corriger. Ils sont véritablement vis-à-vis de nous les auteurs de notre bonheur et ne sont pas responsables de nos maux.

A la reconnaissance doit s'ajouter le respect. Il n'est personne à qui nous en devions davantage : d'abord parce que nos parents sont mieux instruits que nous des difficultés pratiques de l'existence; leur expérience leur donne une supériorité que leur bonté tourne à notre profit : c'est d'eux que nous viennent les conseils les plus désintéressés et en toute circonstance la protection la plus généreuse. Ensuite nous ne pouvons oublier notre origine; nous portons en nous plus ou moins les caractères héréditaires ; et ce respect que nous devons témoigner aux parents, eux seuls n'en sont pas l'objet, mais en eux il embrasse toute la famille et remonte jusqu'aux ancêtres, à qui nous devons notre rang dans l'humanité et dont les efforts, accumulés de génération en génération, sont venus se résumer en nous.

Le respect et la reconnaissance réunis forment l'amour filial.

De même que le terme *substitution* représente la synthèse des devoirs des parents, le devoir filial se résume en ce terme *restitution* : nous avons reçu, il faut rendre.

2. Trois périodes de devoirs. — Dans la pratique, les devoirs de l'enfant envers ses parents peuvent se diviser en trois groupes, afférents aux trois périodes qui marquent son développement et correspondent aux périodes que nous avons distinguées pour les devoirs des parents.

a. L'obéissance sans réserve. — Dans la première période, celle de sa plus grande faiblesse, de son ignorance de toutes choses, de son incapacité absolue, l'enfant a pour premier devoir l'obéissance ; il n'a nulle raison de se défier de l'affection et de la clairvoyance de ses parents ; ses instincts seuls l'excitent à la rébellion, et c'est précisément à corriger ses instincts que s'appliquent les parents. N'étant pas capable d'apprécier la valeur et la portée des actes, il est nécessaire qu'il se laisse guider, et de là le droit en même temps que le devoir du père de famille de contraindre l'enfant à la soumission et à la docilité.

b. L'obéissance volontaire et le travail. — Dans la seconde période, qui correspond au premier développement de la responsabilité de l'enfant, ses devoirs deviennent plus précis et en quelque sorte plus moraux. Il ne suffit plus qu'il se soumette ; il faut qu'il veuille se soumettre. Il commence à réfléchir ; son raisonnement se forme ; son devoir est d'écouter et de comprendre, et de rendre son obéissance intelligente et consentie. Il doit alors conformer ses actions à la direction paternelle ; il faut qu'il s'instruise, qu'il entrevoie les devoirs nouveaux qui s'imposent à son activité croissante ; il a été jusqu'ici une charge à sa famille ;

il faut qu'il se prépare à vivre de lui-même et de plus à soulager et à secourir ceux dont il a tout reçu. De là l'obligation précise pour tout enfant de s'habituer au travail, de choisir une carrière et de suivre le plus exactement possible les avis de ceux qui ont mission de le conseiller en vue de l'accomplissement de ses devoirs et de la conservation de sa dignité.

c. LA DÉFÉRENCE ET L'ASSISTANCE. — Dans la troisième période, l'enfant est un homme. Il a conquis son indépendance en se créant des moyens d'existence, et son expérience, complétée de jour en jour, lui donne le pouvoir de choisir lui-même ce qui lui convient. Il est nécessaire qu'il recouvre sa liberté entière; elle est la condition de sa responsabilité.

Il ne doit donc plus l'obéissance, mais il ne reste pas moins l'obligé de ses parents; il n'est donc pas exempt de la reconnaissance; bien au contraire, depuis qu'il vit de sa vie personnelle, il a pu mieux comprendre les peines supportées et les efforts tentés par amour de lui. Il ne doit pas cesser de respecter ceux dont la sagesse et le mérite n'ont pu que se perfectionner en vieillissant, et il peut songer que la cause de sa force à lui est bien un peu la cause de leur faiblesse à eux. L'obéissance se transforme donc en déférence. Sans être astreint à les suivre, il doit écouter sans impatience et sans dédain leurs conseils; il ne doit même pas négliger de les demander s'il s'agit d'une entreprise grave où l'honneur commun, l'intérêt de la famille soient engagés. Il est libre de sa personne sans doute, mais il n'est pas indépendant de ses origines, et le nom même qu'il porte demeure une propriété indivise entre lui, les parents et les ancêtres.

d. CONSÉQUENCE DE CE DEVOIR DANS LA CIRCONSTANCE SPÉCIALE DU MARIAGE. — Ce devoir de déférence est particulièrement obligatoire, lorsque le fils ou la fille songe à se marier et fait choix d'une épouse ou d'un époux. Faire part de ses intentions aux parents n'est que le premier pas, il faut prendre leur avis et obtenir leur approbation. Il ne s'agit pas seulement de l'intérêt même du futur époux ou de la future épouse, qui ont tout avantage à être renseignés et guidés, prémunis contre les erreurs de la passion, mis en garde contre les pièges des malhonnêtes gens. L'intérêt supérieur de la famille commande. Se marier, ce n'est pas seulement se donner, c'est introduire une personne étrangère dans la famille. C'est bien le moins que les parents donnent leur adhésion et agréent celui ou celle qui va devenir leur enfant, plus intimement même que par l'adoption. L'honneur de la famille, le bien le plus élevé et commun à tous ses membres, va lui être confié, à cet étranger, à cette nouvelle venue. Est-il confié à un bon cœur, à de bonnes mains? Les parents ont le droit de le demander, de le savoir. Et il faut au moins, s'ils repoussent ce mariage, qu'ils puissent manifester leur blâme et leur refus, qui mettent à couvert leur responsabilité et dégagent leur solidarité si plus tard il arrive malheur ou honte.

3. Obligation de secourir matériellement et moralement nos parents. — SANCTION LÉGALE. — Dans l'ordre naturel des choses, un jour vient où les enfants, devenus hommes, ont acquis une sorte de supériorité sur les parents vieillis et affaiblis. Par un juste retour ils ont la possibilité d'acquitter la dette contractée dans leur enfance et dans leur jeunesse. Cette faiblesse, cette impuissance qui dans l'enfant a été la cause de l'obligation des parents, lorsqu'elle engourdit ceux-ci, impose aux enfants l'obligation de soutenir de leur mieux ces vieillards, ces pauvres dont la vie et les ressources se sont épuisées à les former, à les élever, à les grandir.

L'assistance qu'ils leur doivent est à la fois matérielle et morale.

Matérielle, elle ne doit pas prendre l'apparence d'une aumône; que l'enfant ne croie pas acheter de l'autorité sur son père; qu'il ait au contraire soin de ménager la sensibilité, la susceptibilité et l'indépendance de ceux qu'il secourt.

Morale, elle n'est pas moins précieuse. Ce sont les consolations affectueuses, le relèvement de la fermeté qui tombe parfois sous les infirmités, sous les revers. Et puis, qu'il ne se croie pas quitte, l'enfant, avec quelques paroles d'encouragement, quelques protestations affectueuses. D'où lui est venue son intelligence, sa science, son art? De son père et de sa mère. Depuis, le progrès a marqué une distance entre les vieux et les jeunes. L'enfant a le devoir de raccourcir la distance en faisant profiter ses parents de ce qu'il a appris de plus qu'eux, de leur faire connaître, sans pédanterie, sans vanité, ce qu'il est utile qu'ils sachent pour n'être pas en dehors de leur temps. Par cette communication des idées, il les rattache à la vie, rend de l'intérêt à leur existence, et l'affection se double, parce qu'ils se comprennent mieux, que leur entretien peut sortir des banalités sans attrait, tandis qu'elle se refroidit à mesure que se creuse un intervalle plus profond entre les idées arriérées des uns et les idées trop nouvelles des autres.

La loi, qui ne peut obliger les hommes à se faire part de leur lumière et de leur moralité, oblige rigoureusement les enfants à secourir les parents dans le besoin, et elle use justement de contrainte à l'égard de ceux que leur cœur et leur probité ne préservent pas de l'ingratitude. Elle ordonne de servir une pension alimentaire aux parents incapables, infirmes, malades ou vieux.

CHAPITRE V

DEVOIRS DES ENFANTS ENTRE EUX

Sommaire. — 1. Protection mutuelle. — 2. Le devoir des aînés. — 3. L'esprit de famille.

1. Protection mutuelle. — La société le plus facilement heureuse et prospère, celle où la concorde est la plus naturelle et la plus douce, est bien certainement la société que forment les frères et les sœurs entre eux : la première raison est que tout leur est commun, le sang et les biens, et le nom et l'honneur, que les mêmes influences les enveloppent, la même direction les règle ; la seconde est qu'ils jouissent de la plus parfaite égalité qu'une société puisse établir.

Mais cette concorde, cette harmonie heureuse ne peut

exister si les frères et sœurs n'observent entre eux des devoirs réciproques, nés de la même origine qu'eux-mêmes.

Ils se doivent l'appui moral et le soutien matériel. Devoir facile et doux quand le cœur est rempli d'affection, quand le frère est pour son frère un ami. Alors on ne compte pas. Mais, si l'affection fait défaut par malheur, le devoir subsiste à cause de la solidarité de la famille. Le frère peut renier son frère en parole, il ne détruit pas la communauté d'origine, il ne peut faire que le même sang ne coule dans leurs veines, que le même nom et le même honneur ne leur soient donnés en patrimoine. Ce n'est plus un simple devoir d'humanité, mais une loi plus étroite et plus précise qui nous ordonne de soulager notre frère dans la peine, de l'aider dans l'adversité.

2. Le devoir des aînés. — Les obligations sont d'autant plus strictes pour ceux que leur âge, leur intelligence, leur expérience, leur prospérité rendent plus aptes à conseiller utilement et à soutenir efficacement leur frère ou leur sœur plus faible. La règle devient tout à fait claire, s'il s'agit des aînés. Le droit d'aînesse a disparu, mais il n'a pas entraîné le *devoir d'aînesse*. Les premiers-nés ont plus longtemps joui de l'affection et de la direction des parents; plus longtemps ils ont profité des avantages de la vie de famille. Ils sont tout préparés à suppléer les parents vieillis, affaiblis ou défunts. Leur devoir est de les remplacer auprès des plus jeunes, de les protéger, d'administrer leur fortune, comme l'eût fait le père lui-même, de modérer leur jeunesse, comme le père a modéré la leur, de les aider à se créer des moyens d'existence, à s'ouvrir une carrière. Ce n'est pas d'ailleurs une charge supplémentaire imposée à l'aîné : elle rétablit l'égalité. La conséquence naturelle est que les plus jeunes doivent écouter respectueusement les avis des aînés; ils n'ont pas les uns toute l'autorité, les autres toute l'obéissance qui existent entre père et fils. La base de ce rapport c'est la tendresse, et le but l'utilité du plus jeune et la prospérité de la famille. Il doit régner entre eux tous une condescendance mutuelle, qui fait que l'un conseille sans commander, l'autre obéit sans déchoir.

Combien horrible sera donc le forfait de celui qui dépouille son frère, qui l'entrave, le fait tomber. L'intérêt n'est jamais plus hideux que lorsqu'il sépare ceux que la naissance et l'amitié avaient unis. « Quelle chose étonnante, s'écrie Socrate, que l'on se trouve lésé d'avoir des frères parce qu'on ne possède pas leurs biens, et qu'on ne se plaigne pas d'avoir des concitoyens parce qu'on ne peut réunir leur fortune. On comprend fort bien en effet qu'il vaut mieux habiter avec un grand nombre, et posséder sans crainte des ressources suffisantes, que de vivre seul et de jouir sans sécurité de la fortune de tous les citoyens; et l'on ne veut pas comprendre qu'il en est de même lorsqu'il s'agit d'un frère. C'est pourtant beaucoup pour inspirer l'amitié que d'être nés des mêmes parents, c'est beaucoup que d'avoir été nourris ensemble, puisque les animaux mêmes ont une sorte de tendresse pour ceux qui ont été nourris avec eux. »

3. L'esprit de famille[1]. — N'est-il pas évident que la gloire, ou seulement le renom d'honnêteté des parents rejaillit sur les enfants et leur concilie la bienveillance publique? qu'au contraire l'abjection et les crimes du père ou de la mère pèsent sur eux et leur attirent la défaveur du monde? Ne tire-t-on pas avantage des alliances honorables que l'on contracte, et au contraire ne subit-on pas une dépréciation par suite d'un sot mariage? Nos amis mêmes, par leur renommée, ne contribuent-ils pas à la nôtre? Et comment penser après cela que le destin de nos frères et de nos sœurs nous puisse être indifférent? La solidarité est bien plus apparente, et plus forte, et plus prolongée lorsqu'un même nom la représente. La famille forme véritablement un tout, dont chaque partie, chaque membre, par son mérite propre, augmente ou diminue la valeur.

L'esprit de famille consiste dans cet attachement sincère de tous les membres, sinon directement les uns aux autres, du moins à la lignée, à la maison, à la race. Il commande aux rivalités individuelles et s'oppose aux dissensions inté-

1. Voir, dans nos *Problèmes de morale*, V, 13, le sujet analogue *L'esprit de corps*, et les références communes aux deux questions.

rieures. « Toute maison divisée contre elle-même périra. »
L'union la fait vivre, prospérer, s'étendre. Tous ne sont pas
également justes et généreux ; mais ce qu'il faut voir surtout,
ce n'est pas leurs défauts pour s'en armer contre eux, mais
leurs qualités pour les aider à les développer. La famille ainsi
rassemblée forme une société de plus en plus nombreuse,
pour le plus grand avantage de tous ses membres.

L'avantage s'arrête-t-il à ceux-là seuls qui sont de la
famille? L'État en profite, la famille est une force, une puissance au service de la patrie. On le vit bien chez les Romains,
jadis, quand une famille, une *gens* opposa à l'ennemi ses
propres ressources et qu'en remontant à l'aïeul commun,
tige de la race, elle réunit assez d'hommes pour former une
petite armée. Mais il est bien clair que jamais cet esprit de
famille ne doit devenir un danger pour l'État, ni une source
d'injustices et de prévarication : il est alors le *népotisme*.
La justice doit dominer toutes les affections.

RÉSUMÉ

L'instinct de sociabilité et les inclinations intellectuelles et morales sont la cause initiale de la formation de la famille. La famille fut d'abord l'unité
sociale, elle n'a pas cessé d'être le noyau fondamental
de l'État. C'est pourquoi l'État intervient dans sa
constitution afin de garantir l'authenticité des unions
et la régularité des filiations.

La forme morale et légale de l'union de l'homme
et de la femme est le mariage librement contracté :
son but c'est l'aide mutuelle dans toutes les circonstances de la vie. Il n'est valable et moral que s'il
donne aux conjoints des droits et des garanties égaux
et réciproques. Il suit de là qu'il doit être monogame
et durable, sans limite préalablement fixée. L'État
intervient dans l'acte public du mariage pour lui
imprimer le caractère d'authenticité sans lequel les

époux ne sauraient à bon titre réclamer sa protection. Il a aussi en vue de protéger les droits éventuels des enfants, en même temps que de favoriser l'ordre social et le maintien de la force vive du pays.

Le motif qui détermine les êtres humains à se marier n'est pas indifférent; selon sa moralité et sa délicatesse, le ménage lui-même sera ou non moral et digne. Le vrai mariage doit satisfaire à la fois la raison, la sensibilité et les intérêts nécessaires. Tous ne sont pas semblablement aptes à fonder un foyer et à diriger une famille, il est important de se préparer au mariage en songeant aux obligations qu'il impose comme aux avantages qu'il procure; c'est pourquoi la morale et la loi positive fixent l'âge nubile et ordonnent de prendre conseil des parents.

Tous les devoirs qui résultent du mariage sont obligatoires, comme en étant la conséquence naturelle : les époux ne devaient pas les ignorer avant de s'y engager.

La faute de l'un ne saurait engendrer pour l'autre un droit de représailles : car la justice ne cesse pas d'être parce que des coupables violent ses prescriptions.

Ces devoirs sont ou réciproques ou spéciaux.

Les devoirs réciproques sont la fidélité, la confiance, l'estime et le respect, l'assistance mutuelle.

Les devoirs spéciaux sont pour l'homme l'alimentation de la maison, la direction des affaires communes, le choix des relations, la protection physique et morale de la femme. Son autorité n'existe que pour lui permettre de s'acquitter de ses devoirs.

De son côté, la femme a pour mission d'administrer l'intérieur de la maison; elle doit être docile et s'associer aux vues de son mari.

Les parents portent la responsabilité de la naissance de l'enfant; pendant longtemps, la faiblesse intellectuelle et physique de l'enfant l'empêche de subvenir à ses besoins et de discerner la voie qu'il doit suivre. Les devoirs des parents visent donc la vie physique et la vie morale de l'enfant. On distingue trois périodes pendant lesquelles la forme et l'étendue de ces devoirs varient.

Première période : l'enfance, — conservation et développement des forces physiques; commencement d'éducation et d'instruction. La responsabilité des parents est complète; par contre, leur autorité est entière, bien entendu réglée et mesurée par l'intérêt même de l'enfant.

Deuxième période : l'adolescence jusqu'à l'âge d'homme. Les devoirs sont les mêmes, mais agrandis du côté de l'éducation et de l'instruction, complétés par le devoir de préparer l'enfant à la vie personnelle et à la vie sociale, et de le mettre à même de subvenir à ses besoins au moyen d'un état, d'un art, d'une profession. L'autorité paternelle doit s'appuyer davantage sur la raison.

Troisième période : l'enfant a atteint l'âge d'homme, il est citoyen. Il doit disposer de sa liberté, il devient pleinement responsable. Les parents ne sont plus tenus que de l'éclairer de leurs conseils et de leur expérience. Mais leur autorité diminue graduellement avec leur responsabilité et leurs obligations.

En tout temps, ils doivent l'exemple de la concorde et de toutes les vertus, et une égale sollicitude à tous leurs enfants.

Les devoirs des enfants envers leurs parents ont pour origine et pour règle la reconnaissance, qui est l'obligation morale de rendre le bien pour le bien.

Leur objet général est de faciliter aux parents leur tâche et de leur venir en aide quand est besoin. Ils suivent les périodes correspondant à celles des devoirs paternels.

Dans la première, l'enfant incapable doit se laisser diriger : obéissance complète aux parents et à leurs représentants.

Dans la deuxième, l'adolescent doit encore l'obéissance, mais elle devient plus morale : elle doit être raisonnée et consentie. De plus, il a l'obligation de se préparer à vivre de sa propre énergie, à user de sa liberté avec responsabilité, à exercer un métier, un art ou une profession.

Dans la troisième période, l'enfant, devenu homme, n'est plus tenu à l'obéissance; il doit toujours la déférence, — particulièrement dans la circonstance du mariage; enfin il est obligé de donner une aide matérielle et morale aux parents, selon que l'exigent leur âge, leurs infirmités, les revers, etc.

La loi positive sanctionne ces devoirs.

Les enfants sont *égaux* en droit devant leurs parents.

Le droit d'aînesse qui avait pour but de maintenir la cohésion de la famille par la communauté perpétuelle des intérêts, a disparu par le fait des aînés qui en abusèrent en oubliant leurs devoirs spéciaux.

Les frères et sœurs se doivent un mutuel appui : la solidarité domestique ne cesse pas : l'origine commune crée un honneur commun; la nature prépare dans le cœur des enfants d'une même famille l'affection fraternelle; l'éducation doit la développer et la fortifier. Les aînés ont des devoirs particuliers envers les cadets; l'accomplissement en est nécessaire pour établir entre eux une véritable égalité, puisque les aînés ont plus longtemps joui des soins et de l'affection des parents.

L'esprit de famille est une force qui soutient chaque membre de la société domestique et contribue à l'affermissement de l'État, pourvu qu'il soit bien réglé.

LIVRE III

LA PROFESSION

CHAPITRE I

OBLIGATION MORALE ET SOCIALE DU TRAVAIL

Sommaire. — 1. Nécessité des biens matériels; son caractère
moral. — 2. Son caractère vital. — 3. La nature ne donne rien,
il faut tout conquérir. — 4. Le travail n'est pas une punition.
— 5. L'indépendance morale. — 6. Le travail personnel comme
fonction sociale. — 7. Le travail assure l'ordre domestique,
la paix sociale et le bonheur individuel.

**1. Nécessité des biens matériels. Son caractère
moral.** — La question des biens extérieurs est importante
en morale, au point de vue de l'individu, de sa sécurité, de
son indépendance morale; importante aussi au point de vue
de la famille; partant, de l'État, parce qu'un individu qui
ne sent pas le lendemain garanti ne peut songer à se créer
une famille. L'existence de l'État sera donc compromise si
les familles n'ont pas de moyen d'existence.

2. Son caractère vital. — L'homme est soumis à des
besoins multiples, physiques et moraux; il a le devoir de
conserver sa santé, de maintenir son corps sain et vigoureux
afin de l'avoir au besoin comme un instrument solide; il a
aussi le devoir de ne pas laisser s'obscurcir son âme, dont
les aspirations ne sont pas moins impérieuses que les appétits
du corps, bien que plus délicates : le bonheur est à cette
double condition. Il ne peut réussir à satisfaire les uns et
les autres ni atteindre ce bonheur s'il n'a eu soin de se procurer ce qui est nécessaire à la vie, en un mot d'*acquérir*.

Privé de ressources, sans lendemain assuré, l'homme est condamné à une incessante besogne matérielle, absorbé par le soin inférieur de l'existence physique : il ne vit que le moment présent, sans oser aventurer son regard vers l'avenir qu'il n'espère pas, qu'il redoute. Il manque de loisir pour étudier, la vie de l'esprit cesse en lui. L'existence lui paraît une servitude : il ne possède pas, il est astreint à louer ses bras à perpétuité, à renoncer presque à sa volonté.

Il faut donc qu'il acquière ces biens, mais comme des moyens seulement, comme des moyens d'affranchissement. *Possédons les richesses*, comme dit Sénèque, *mais ne soyons jamais possédés par elles.*

Assurément tous ne sont pas dans les mêmes conditions de santé, de tempérament et d'aptitude, mais tous subissent la même loi de la vie : rien pour rien, c'est-à-dire nulle acquisition sans effort. Chacun se trouve astreint, dans la limite et la forme relatives, à ses besoins d'une part, et de l'autre, à ses facultés, à ses forces, à son origine, à son milieu.

3. La nature ne donne rien : il faut tout conquérir.

— Quels sont les moyens d'acquisition des biens extérieurs?

Prenons comme type un homme à l'état le plus primitif, nu et dépourvu de tout; il ne saisit aucune propriété formelle; il n'aura par la suite que des biens acquis. Acquis, comment? Nous ne pouvons parler d'hérédité, puisque nous plaçons en exemple l'homme primitif, sans famille, sans demeure fixe, il n'y a pas d'héritages avant que les familles soient devenues stables et que des conventions survenues entre les hommes fassent reconnaître et garantir ce qui appartient à l'un et à l'autre.

Si nous cherchons les lois naturelles par lesquelles les biens extérieurs peuvent être obtenus, nous n'en connaissons point d'autre que l'action personnelle de chacun sur les choses qui l'entourent, c'est-à-dire le *travail*. L'homme possède naturellement sa personne, il possède en cela l'univers entier, en ce sens que, par son intelligence et son industrie, par sa volonté, il est capable de dompter tous les éléments, d'utiliser la matière, d'imprimer ainsi aux choses un cachet d'humanité : ce qui nous indique tout de suite la dignité même du travail, son caractère hautement moral, et le droit le plus sacré de tous, celui de travailler.

4. Le travail n'est pas une punition. — Présenter à l'homme le travail comme un châtiment est le plus sûr moyen de le lui rendre odieux. L'idée du reste est fausse en elle-même : le travail n'est pas pénible en soi, il ne le devient que par deux travers principaux, dépendants d'une mauvaise direction de la vie : l'un c'est le désaccord entre le genre de labeur et les aptitudes et les goûts de la personne ; l'autre, l'excès, le surmenage. — Il n'est cependant pas niable que certaines corvées sont plus désagréables que d'autres, ou plus périlleuses. Mais l'ingéniosité savante de l'homme a le pouvoir d'atténuer la peine et le péril ; la science qui découvre les risques enseigne aussi les précautions.

Un écrivain philosophe du xix° siècle, E. Caro, s'est efforcé de montrer quel plaisir est inhérent au travail.

« En réalité, dit-il, le travail, quand il a vaincu les premiers ennuis et les premiers dégoûts, est par lui-même, et sans en estimer les résultats, un plaisir et des plus vifs. C'est en méconnaître le charme et les douceurs, c'est calomnier étrangement ce maître de la vie humaine, qui n'est dur qu'en apparence, que de le traiter comme le traitent les pessimistes, en ennemi. Voir sous sa main ou dans sa pensée croître son œuvre, s'identifier avec elle, comme disait Aristote, que ce soit la moisson du laboureur ou la maison de l'architecte, ou la statue du sculpteur, ou un poème, ou un livre, qu'importe? Créer en dehors de soi une œuvre que l'on dirige ; dans laquelle on a mis son effort avec son empreinte et qui la représente d'une manière sensible, cette joie ne rachète-t-elle pas toutes les peines qu'elle a coûtées, les sueurs versées sur le sillon, les angoisses de l'artiste soucieux de la perfection, les découragements du poète, les hésitations parfois si pénibles du penseur. »

5. L'indépendance morale. — Quelle dignité peut s'assurer, de quelle confiance peut être l'objet, un homme dont les résolutions et les actes subissent la pression d'autrui, ou qui spontanément subordonne sa pensée, sa conduite à la pensée et à la volonté d'autrui? Ce qu'il y a de plus important et de plus grave, c'est l'indépendance morale. Non point la fausse indépendance qui fait rejeter toute autorité, mais l'indépendance réelle de la volonté, celle qui consiste, par exemple, à refuser un profit qui serait la récompense d'une bassesse ou d'une faute, à renoncer à un avantage légitime, à des droits acquis, si pour les conserver il faut nous rendre complice d'une action honteuse. Or trop souvent le manque de ressources et la nécessité pressante contraignent l'homme à aliéner son indépendance, et sa moralité se courbe. Comme disait Franklin, « il est difficile à un sac vide de se tenir debout ».

De là, nécessité, non pas seulement d'acquérir les biens extérieurs, mais de les conserver par l'économie, et par l'épargne.

6. Le travail personnel comme fonction sociale. — L'individu travaille pour lui-même, mais, à moins de l'imaginer isolé comme Robinson dans son île, sa propre personne n'est pas l'unique objet auquel profite son œuvre. Il ne parvient à perfectionner son travail, à le rendre agréable et utile que par le concours de la société; il s'établit entre elle et chaque travailleur un échange constant. Mon travail est moralisateur pour moi-même, mais s'il ne peut servir à personne, il reste une occupation improductive. Il m'importe donc à moi-même de m'adonner à un travail utile aux autres; cela importe également à la société qui attend de chacun de ses membres un service effectif.

7. Le travail assure l'ordre domestique, la paix sociale et le bonheur individuel. — Le travail est la loi universelle : le riche lui-même n'en est pas exempt; pour conserver sa richesse, il doit la surveiller, l'administrer; et, s'il est d'ailleurs affranchi du travail manuel, il doit reporter son activité vers les occupations de l'esprit.

Le travail n'est pas seulement un moyen de *gagner sa vie*, comme on dit. Il protège aussi contre les tentations, contre les défaillances qu'engendre l'oisiveté. Xénophon, dans les *Entretiens mémorables de Socrate*, a écrit un chapitre souvent cité et qu'il est toujours bon de relire; le voici [1].

« Un jour, Socrate vit Aristarque plongé dans la tristesse. « Il semble, Aristarque, lui dit-il, que quelque chose te pèse; il faut partager le fardeau avec tes amis, peut-être pourrons-nous te soulager. — Socrate, répondit Aristarque, je suis dans un grand embarras : depuis que la sédition a forcé tant de citoyens à se réfugier au Pirée, mes sœurs, mes nièces, mes cousines qui se trouvaient abandonnées, se sont retirées chez moi en si grand nombre, que nous sommes à la maison quatorze personnes de condition libre; nous ne retirons rien de la terre, car les ennemis en sont devenus maîtres, ni de nos maisons, puisque la ville est presque sans habitants; personne ne veut acheter de meubles, et il est impossible d'emprunter nulle part; il serait, je crois, plus facile de trouver de l'argent dans les rues que d'en emprunter. Il est bien triste, Socrate, de voir ses parents périr de misère, et dans une situation pareille on ne peut faire vivre tant de monde. — Mais, dit Socrate, après l'avoir écouté, comment donc se fait-il que Céramon, qui a aussi tant de personnes à nourrir, suffise à ses besoins et aux leurs, et épargne même de quoi s'enrichir, tandis que toi, parce que tu as chez toi plusieurs parentes, tu crains de périr de besoin avec elles? — C'est, par Jupiter, qu'il nourrit des esclaves, tandis que moi je nourris des personnes libres. — Lesquelles crois-tu donc les plus estimables, des personnes libres que tu as chez toi, ou des esclaves qui sont chez Céramon? — Ce sont, je pense, les personnes libres qui sont chez moi. — N'est-il pas honteux que Céramon soit dans l'abondance, lui qui a chez lui des hommes vils, tandis que toi, qui a des personnes beaucoup plus estimables, tu te trouves dans le dénuement? — Non, par Jupiter, car il nourrit des artisans, et moi des personnes qui ont reçu une éducation libérale. — N'appelles-tu pas artisans des hommes qui savent faire quelque chose d'utile? — Assurément. — La farine n'est-elle pas chose utile? — Sans doute. — Et le pain? — Tout autant. — Et

<hr>

1. Traduction Sommer, Hachette, édit., in-12.

les vêtements d'hommes et de femmes, d'enfants, les robes,
les tuniques, les manteaux? — Certes, tous ces objets sont
utiles. — Et tes parentes ne savent rien faire de tout cela?
— Au contraire, je crois qu'elles savent tout faire. — Eh
bien, ne vois-tu donc pas qu'en exerçant une de ces indus-
tries, en faisant de la farine, Nausicyde se nourrit lui et ses
esclaves, entretient en outre des troupeaux de porcs et de
bœufs et met assez de côté pour aider souvent l'État dans
ses besoins? Cyrèbe fait du pain, il nourrit toute sa maison
et vit largement; Déméas de Collyte fait des tuniques, Ménon
des manteaux; la plupart des Mégariens font des robes
courtes, et tous se soutiennent. — Oui, par Jupiter; c'est
qu'ils achètent des esclaves étrangers qu'ils forcent à travailler, et ils font bien, tandis que moi, je n'ai sous la main
que des personnes libres et des parentes. — Mais quoi!
parce qu'elles sont de condition libre et tes parentes, penses-
tu qu'elles ne doivent rien faire que manger et dormir?
Vois-tu que les autres personnes libres qui vivent dans une
telle oisiveté aient une meilleure existence? trouves-tu
qu'elles soient plus heureuses que celles qui s'occupent des
choses utiles qu'elles savent? Te semble-t-il que la paresse
et l'oisiveté aident les hommes à apprendre ce qu'ils doivent
savoir, à se rappeler ce qu'ils ont appris, à donner à leur
corps la santé et la vigueur, à acquérir et à conserver tout
ce qui est utile à la vie, tandis que le travail et l'exercice
ne leur servent de rien? Ont-elles appris ce que tu dis
qu'elles savent comme des choses inutiles et dont elles ne
feraient point usage, ou au contraire pour s'en occuper un
jour et en retirer du profit? Quels sont donc les hommes les
plus sages, de ceux qui restent dans l'oisiveté ou de ceux
qui s'occupent de choses utiles? les plus justes, de ceux qui
travaillent ou de ceux qui rêvent, sans rien faire, aux moyens
de soutenir leur vie? Mais, à ce que je pense, dans l'état où
vous êtes, tu ne peux les aimer, et elles ne peuvent t'aimer
non plus, toi parce que tu les regardes comme un fardeau
pour toi, elles parce qu'elles voient qu'elles te sont à charge.
Il est donc à craindre que la haine ne se mette entre vous
et que votre ancienne reconnaissance ne se perde. Mais, si

tu les fais travailler sous tes yeux, tu les aimeras en voyant qu'elles te sont utiles, et elles te chériront à leur tour, parce qu'elles s'apercevront que tu es content d'elles; vous vous rappellerez avec plaisir les services que vous vous êtes déjà rendus, vous en augmenterez la reconnaissance, et vous deviendrez par là meilleurs amis et meilleurs parents. S'il fallait faire quelque chose de honteux, la mort serait préférable; mais tes parentes ont, à ce qu'il paraît, des talents honorables, ceux qui conviennent le mieux à leur sexe; ce qu'on sait, on le fait facilement et vite, on le fait bien et avec plaisir. N'hésite donc pas à leur proposer un parti qui te sera avantageux autant qu'à elles et qu'elles embrasseront sans doute avec joie. — Par les dieux, Socrate, répondit Aristarque, ton conseil me semble excellent; je n'osais pas essayer d'emprunter, sachant bien qu'après avoir dépensé je ne pourrais pas rendre; mais maintenant, pour commencer notre travail, je crois pouvoir me décider à le faire ».

« Bientôt on se fut procuré des fonds, on eut acheté de la laine; les femmes dînaient en travaillant, soupaient après le travail, et leur tristesse avait fait place à la gaieté; au lieu de se soupçonner mutuellement, elles se voyaient avec plaisir; elles aimaient Aristarque comme un protecteur, Aristarque les chérissait pour leurs services. »

CHAPITRE II

COMMENT CHOISIR ET EXERCER SA PROFESSION

Sommaire. — 1. Le choix de la profession. — 2. Les vertus professionnelles. — 3. Il faut avoir les talents de son état. — 4. Esprit d'initiative et esprit d'association. — 5. Il faut avoir deux métiers et des goûts.

1. Le choix de la profession. — Tout travail forcé paraît dur et pesant. Pour que l'homme se plaise au travail et l'accomplisse avec joie, il faut qu'il l'ait choisi conforme à ses aptitudes et proportionné à ses forces.

Aussi la question la plus importante au temps de l'adolescence est le choix de la carrière. Se bien connaître en est le point fondamental. Le bonheur personnel en dépend, et simultanément l'intérêt social. La formule anglaise, *right man in right place* exprime très heureusement la condition : que chacun soit à la place qui convient à ses aptitudes. Trop souvent, tenté seulement par les avantages visibles d'une profession, le jeune homme s'y destine, et pour n'avoir pas mesuré ses forces en comparaison de la difficulté du rôle, s'impose une excessive et vaine fatigue, ou, s'il réussit à pénétrer dans la carrière enviée, il y reste inférieur, et mécontent lui-même, il a de plus le tort d'occuper la place qu'un autre tiendrait mieux que lui. La prudence, le soin de leur propre avenir, le souci de leur devoir social, prescrivent aux jeunes gens d'écarter l'influence de la vanité et l'illusion des résultats brillants obtenus par tels de leurs devanciers. L'un veut être militaire parce qu'il est ébloui des galons d'or de l'officier; un autre, sans avoir sondé son intelligence et son instruction, décide qu'il sera écrivain ou artiste parce que la renommée et la fortune acquises par un auteur ou par un peintre exaltent son ambition. Le plus souvent de dures déceptions sont la conséquence de cette aberration. Et, à un autre point de vue, ces dévoyés sont pour la société des forces perdues, qui mieux dirigées et sagement employées auraient assuré la satisfaction des individus et accru la somme commune de la félicité humaine.

Commentant ce mot profond de Pascal : « La chose la plus importante à toute la vie, c'est le choix du métier », Henri Marion, dans son beau livre *La solidarité morale*, en met en relief les conséquences : « Qu'on le fasse soi-même, ou que d'autres le fassent pour nous, ou qu'il soit tout déterminé par notre naissance, notre condition, nos liens de toutes sortes, ce choix décide en grande partie de ce que nous vaudrons. Je sais bien que la réciproque est vraie aussi, qu'à toute besogne on montre ce qu'on vaut. Tel était doué pour faire bien sa tâche, quelle qu'elle fût, et eût été homme de bien dans n'importe quelle situation; d'autres sont pareils à ces soldats dont Napoléon disait : « Habillez-les comme « vous voudrez, ils fuiront toujours ». Il n'en est pas moins vrai qu'en entrant dans une carrière plutôt que dans une autre, on engage sa liberté : on détermine plus qu'on ne le croit son avenir moral avec son avenir temporel. Car on ne quitte guère une voie une fois prise ; or, chaque profession a ses exigences, ses usages, ses préjugés qu'on épouse presque nécessairement, qu'on ne discute bientôt plus même quand on les a d'abord subis à contre-cœur. Le plus souvent d'ailleurs on songe d'autant moins à y résister que, dans le choix même de la profession, c'est à des sentiments analogues qu'on a cédé. »

2. Les vertus professionnelles. — Chaque profession exige des aptitudes et qualités particulières, cela va de soi ; mais il est des vertus communes à toutes les professions, et qui sont indispensables tout à la fois au succès de l'individu et à la bonne marche des affaires ou des services qui lui sont confiés. Du plus humble au plus élevé, la condition générale est la même : la ponctualité, l'exactitude, la déférence envers les chefs, la bienveillance envers les subordonnés, l'application spéciale à la besogne acceptée, la probité dans l'exécution du travail, la discrétion, voilà les principales vertus professionnelles, sans lesquelles il n'est ni bons rapports possibles entre les collaborateurs, ni réussite de l'entreprise.

Le devoir professionnel, comme le démontre Jouffroy, intéresse non seulement le succès et la sécurité de l'individu, mais de plus la prospérité de la communauté.

« La patrie vit du concours et du travail de tous ses enfants, et, dans le mécanisme de la société, il n'y a point de ressort inutile. Entre le ministre qui gouverne l'État et l'artisan qui contribue à sa prospérité par le travail de ses mains, il n'y a qu'une différence : c'est que la fonction de l'un est plus importante que celle de l'autre ; mais à la bien remplir, le mérite moral est le même : l'hysope vaut le cèdre, aux yeux du Créateur.

« Que chacun de nous se contente donc de la part qui lui sera échue ; quelle que soit sa carrière elle lui donnera des devoirs, une certaine somme de bien à produire; ce sera là sa tâche. Qu'il la remplisse avec courage et énergie, honnêtement et fidèlement, et il aura fait, dans sa position, tout ce qu'il est donné à l'homme de faire; qu'il la remplisse aussi sans envie contre ses émules.

« Vous ne serez pas seuls dans votre chemin; vous y marcherez avec d'autres, appelés à suivre le même but. Dans ce concours de la vie, ils pourront vous surpasser par le talent, ou devoir à la fortune un succès qui vous échappera : ne leur en voulez pas; et si vous avez fait de votre mieux, ne vous en voulez pas à vous-mêmes. Le succès n'est pas ce qui importe; ce qui importe, c'est l'effort; c'est là ce qui dépend de l'homme, ce qui l'élève, ce qui le rend content de lui-même. »

3. Il faut avoir les talents de son état.

Lettre à un jeune officier.

« Mon cher ami, il faut avoir les talents de son état, ou le quitter.

« Parce qu'on est né gentilhomme, on fait la guerre, quoiqu'on n'ait ni santé, ni patience, ni activité, ni amour des détails, qualités essentielles et indispensables dans un tel métier; ou si l'on est né dans la robe, on s'attache au barreau, sans éloquence, sans sagacité, sans goût pour l'étude des lois; ainsi des autres professions. Si l'on a du mérite d'ailleurs, on s'étonne de ne pas faire son chemin, on se plaint d'une profession ingrate et l'on se dégoûte.

« Un homme de votre âge, qui a des passions, qui n'aime pas les détails, s'impatiente dans les emplois subalternes par lesquels il est nécessaire de passer, lorsqu'on n'est pas né sous les enseignes de la faveur; il se déplaît dans ces occupations frivoles et laborieuses qui sont inséparables des petits services; il néglige même de s'instruire de ce qu'il peut y avoir de grand dans sa profession, lorsqu'il se voit si éloigné de pouvoir mettre en pratique cette théorie, et il préfère à une étude, qui est un peu sèche, des connaissances plus agréables et plus étendues. Par là, il met ceux qui disposent des emplois en droit de négliger son avancement, comme il néglige lui-même son devoir; car il faut se rendre justice : les récompenses militaires ne sont dues qu'à ceux qui ont les vertus militaires; mais parce qu'on ne fait pas cette réflexion, on trouve les ministres et les généraux injustes, et on les accuse de ses propres fautes.

« Si votre métier est trop dur, choississez-en un dont vous soyez à même de remplir tous les devoirs ».

(VAUVENARGUES.)

4. Esprit d'initiative et d'association. — Une certaine paresse ou mollesse de caractère, secondée par l'instinct d'i-mitation, arrête souvent l'homme et le fixe au même point, à la même occupation où ses devanciers ont vécu, « mon père, mon grand-père ont ainsi fait, pourquoi ferais-je autre-ment? »

Parce que, de génération en génération, les conditions générales de la vie extérieure se modifient; celui qui ne s'a-dapte pas aux conditions nouvelles et s'obstine dans la rou-tine est condamné à l'isolement, à l'affaiblissement, à la ruine, à la mort.

Il est permis de soutenir que pour un voyage de vacances une antique « diligence » roulant au petit trot de deux hari-delles est un moyen de locomotion charmant qui laisse le temps de jouir des beautés pittoresques de la route. Mais s'il s'agit de rivaliser dans une affaire avec un concurrent qui accomplit le trajet en train express, le transport par la dili-gence est un sûr moyen d'arriver trop tard. Et ainsi du reste.

En toute chose il faut chercher le mieux; et proportion-nellement à ses forces, il faut savoir oser et risquer. L'homme goûte une joie profonde, toute particulière, à la nouveauté d'une entreprise; il acquiert le sentiment de sa force, et apprend par là ce qu'il vaut; il sait plus exactement s'es-timer, et se faire mieux estimer par les autres.

Très souvent la conception de son entreprise excède les ressources qu'il y peut employer. Dans l'isolement, il se voit condamné à cet amer sentiment de son impuissance. Mais dans les temps modernes l'idée d'association est venue apporter à ceux qui savent la comprendre et la mettre en pratique une force pour ainsi dire illimitée. Il suffit, pour en faire apercevoir la féconde efficacité, de rappeler ce qu'ont pu faire dans le monde les grandes compagnies, telle au xviiiᵉ siècle la Compagnie des Indes, — qui avait donné à la France un si bel empire colonial, — et de nos jours les compagnies de chemins de fer et de navigation, pour ne citer que les types le plus immédiatement visibles.

5. — Il faut avoir deux métiers et des goûts. — Toute profession comporte des déboires; si l'on ne se prémunit d'un dérivatif, on risque de se dégoûter de son métier, de ne le supporter plus que comme une servitude odieuse; dès lors on le fait mal; il s'ensuit des désagréments; conséquence, accroissement de dégoût.

Il peut arriver que la profession, par des causes diverses, ne nourrisse plus son homme; les transformations générales de la vie sociale ruinent parfois une industrie, un commerce, un art. Que deviendra celui qui ne s'était pas préparé un autre gagne-pain? Pour remédier à ce double mal, deux recommandations importantes : se donner des goûts, — s'exercer en deux professions ou métiers.

Les goûts satisfont aux besoins de délassement, engendrés par l'exercice de la profession; ils sont un repos du corps ou de l'esprit; il s'agit de savoir les mettre en harmonie avec le genre de dépenses exigées par le métier : la lecture repose l'ouvrier de ses fatigues corporelles; Victor Hugo se détendait l'esprit en pratiquant l'art du tapissier et de l'ébéniste.

Par leur variété même, les goûts s'adaptent à toutes les conditions, à tous les âges, ils nous enlèvent un moment à la profession, nous en font oublier les soucis et les déceptions, et nous permettent d'y revenir récréés avec plus de courage et d'espoir.

Ensuite ils peuvent, le cas échéant, la remplacer, et nous procurer de nouveaux moyens d'existence.

C'est par le goût développé, cultivé, réglé que nous obtenons le métier auxiliaire recommandé plus haut.

L'adage : « On ne sert pas bien deux maîtres à la fois », n'est pas ici d'application exacte. La vérité est qu'il ne faut servir aucun maître, sauvegarder son indépendance, condition nécessaire de la dignité ; cela ne signifie pas nous soustraire à toute autorité légitime, nous refuser à toute obéissance décente, à toute direction honnête ; pas du tout ; mais être en mesure de nous affranchir d'une autorité abusive, d'un maître injuste, sans que la crainte de manquer de travail, par conséquant de pain, nous réduise à une soumission contre laquelle proteste intérieurement notre conscience, car c'est là le véritable esclavage.

CHAPITRE III

DEVOIRS RÉCIPROQUES
DES SUPÉRIEURS ET DES INFÉRIEURS,
DES MAITRES ET DES SERVITEURS

Sommaire. — 1. Les inégalités sociales. — Droits et devoirs des supérieurs. — 2. L'autorité et la bienveillance. — 3. Le consentement mutuel est la base des rapports entre maîtres et serviteurs. — Devoirs et droits des inférieurs. — 4. L'obéissance, le respect et la probité. — 5. Bonne foi réciproque.

1. Les inégalités sociales. — La nécessité elle-même et la nature sont cause des inégalités sociales ; les hommes naissent inégalement doués de qualités physiques et de facultés intellectuelles ; ils ne sont pas également aptes à tous efforts, à tous travaux, à toutes fonctions ; il est même une cause d'inégalité, la plus simple de toutes, la différence d'âge et l'autorité naturelle que l'expérience donne au plus âgé sur le plus jeune.

Il y a donc, dans toutes les conditions de la vie sociale, des dirigeants et des dirigés, des supérieurs et des subalternes ; l'intérêt de la société, comme le salut des entreprises particulières, exige que de bons et loyaux rapports les unissent.

§ 1. — Droits et devoirs des supérieurs.

2. L'autorité et la bienveillance. — Le premier droit du supérieur, c'est l'autorité ; qu'elle provienne d'origines différentes, elle n'en est pas moins légitime et nécessaire ; le chef d'administration puise la sienne dans sa supériorité technique et dans sa responsabilité plus grande ; le directeur d'une entreprise commerciale ou industrielle ajoute à ces deux considérations celle des capitaux engagés, sans lesquels l'entreprise succombe et avec elle les ressources des employés ; enfin le maître ou le patron, par le prix qu'il donne de leurs services aux serviteurs et aux ouvriers, acquiert le droit de commander et d'être obéi.

Cette autorité doit être le plus possible morale, et dans aucun cas il ne lui est permis de revêtir une forme brutale ou violente ; elle ne doit jamais se tourner non plus contre les intérêts légitimes des inférieurs, ni, à plus forte raison, contre leur moralité. D'ailleurs, leur moralité ne peut être indifférente au chef : mauvaise, elle lui donne une raison légitime de suspecter ou refuser leurs services ; bonne, elle est une garantie du succès ; mais, de son côté, il a le devoir de favoriser autant qu'il se peut leur perfectionnement moral. Il a le droit et le devoir de les rappeler à la vertu, de les éclairer sur les dangers qu'ils peuvent courir, de leur offrir les moyens de s'instruire, de fortifier leur conscience[1].

Au xviie siècle déjà, sous un régime où la distinction des castes et les privilèges nobiliaires ne poussaient que trop les maîtres à se croire d'une espèce supérieure à tous les travailleurs et surtout à leurs domestiques, Fénelon leur rappelait hardiment leurs devoirs :

« Que vos gens soient assurés de trouver en vous du conseil et de la compassion : ne les reprenez point aigrement de leurs défauts ; n'en paraissez ni surpris ni rebuté tant que vous espérez qu'ils ne sont pas incorrigibles ; faites leur

---

1. Voir, dans nos *Problèmes de morale*, IV, 14, La maison de Descartes.

entendre doucement raison, et souffrez souvent d'eux pour
le service afin d'être en état de les convaincre de sang-froid
que c'est sans chagrin et sans impatience que vous leur
parlez, bien moins pour votre service que dans leur intérêt....
On se croit d'une autre nature que les valets, on suppose
qu'ils sont faits pour la commodité de leurs maîtres ; tâchez
de montrer combien ces maximes sont contraires à la modestie
pour soi, et à l'humanité pour son prochain. Faites entendre
que les hommes ne sont point faits pour être servis. Que
c'est une erreur brutale de croire qu'il y ait des hommes nés
pour flatter la paresse et l'orgueil des autres ; que le service
étant établi contre l'égalité naturelle des hommes, il faut
l'adoucir autant qu'on le peut ; que les maîtres qui sont
mieux élevés que leurs valets, étant pleins de défauts, il ne
faut pas s'attendre que les valets n'en aient point, eux qui
ont manqué d'instruction et de bons exemples. »

Dans la société démocratique, comme le remarque Alexis
de Tocqueville, « lorsque les conditions sont presque égales,
les hommes changent sans cesse de place ; il y a encore une
classe de valets et une classe de maîtres ; mais ce ne sont
pas toujours les mêmes individus, ni surtout les mêmes
familles qui les composent ; et il n'y a pas plus de perpétuité
dans le commandement que dans l'obéissance.... A chaque
instant le serviteur peut devenir maître et aspire à le devenir ;
le serviteur n'est donc pas un autre homme que le maître ».
Tocqueville aurait pu compléter l'observation par la réciproque : dans les bouleversements fréquents des fortunes
privées, combien de maîtres et de patrons ruinés sont réduits
à devenir employés, serviteurs, ouvriers.

**3. Le consentement mutuel est la base des rapports
entre maîtres et serviteurs.** — Il faut considérer d'ailleurs
que le subalterne ne peut être assimilé à l'esclave ; c'est par
une sorte de contrat qu'il aliène à des conditions déterminées
une part de sa liberté et son travail intellectuel ou physique ;
il a droit à une rémunération, personne n'en doute ; le devoir
du chef ou du maître est d'avoir souci du bien-être de ceux
qu'il emploie et qu'il dirige, de ne jamais abuser ni de son
autorité, ni de leurs besoins urgents pour diminuer leur

salaire; il doit chercher à se les attacher par sa bienveillance plutôt qu'à les dominer par leur misère, et, loin de les retenir dans sa dépendance par égoïsme, il doit, en récompensant équitablement leurs services, leurs efforts et leur honnêteté, leur préparer un avenir meilleur et les aider à monter dans l'ordre social. En devenant le chef, le *patron*, qu'il songe qu'il devient du même coup le *tuteur* de ceux qui acceptent sa direction.

§ 2. — DEVOIRS ET DROITS DES INFÉRIEURS.

4. L'obéissance, le respect et la probité. — Avant toute chose, les inférieurs doivent l'obéissance et le respect dans les services que leur impose leur condition; pour eux, l'autorité du supérieur existe par le seul fait de sa situation; ils n'ont pas à juger son mérite ni à mesurer d'après cela leur obéissance; elle a pour limites naturelles l'honnêteté et la convention qui met l'un sous l'autorité de l'autre. Ils doivent refuser d'obéir à l'ordre de commettre un acte déshonnête, ils peuvent se refuser à accomplir un service pour lequel ils n'ont pas été engagés. Pour tout le reste, ils doivent fidèlement et ponctuellement remplir toutes les obligations de leur charge, ou s'en démettre.

Tout serviteur ou employé doit se considérer comme collaborateur de l'œuvre du maître ou du patron, et comprendre que s'il agit contre l'intérêt de celui-ci, ne serait-ce même que par négligence ou paresse, sa faute est une trahison et un abus de confiance; il ne doit donc jamais décrier la maison où on l'emploie; s'il s'y trouve mal, c'est à lui d'en sortir, en respectant toutefois les termes de l'engagement qu'il a pris et qui fixe la durée de ses services. L'intérêt réciproque est l'origine du contrat d'engagement.

Du reste, c'est l'intérêt réciproque qui en thèse générale détermine l'un à offrir ou à accorder ses services, l'autre à les demander ou à les accepter, ce qui les oblige l'un et l'autre à considérer cette réciprocité lorsqu'ils veulent se séparer; de là l'obligation pour le serviteur ou l'employé de continuer ses services pendant le temps nécessaire à son remplacement, et pour le maître ou le patron de payer les services ou d'indemniser le subalterne, de façon qu'aucun préjudice injuste ne soit causé à personne.

5. La bonne foi réciproque. — Le devoir du patron de récompenser et de rémunérer équitablement les services rendus l'obligent non seulement à ne pas retenir indûment ce que le serviteur a gagné, mais à le payer exactement, au jour dit : c'est la stricte probité. Quant au serviteur, il doit non moins exactement accomplir son service dans l'ordre et à l'heure prescrits, et pendant le temps convenu. Dérober le temps qu'il doit, l'employer à ses travaux personnels ou à son plaisir, est une improbité semblable à un vol d'argent.

L'employé ou le serviteur qui pendant de longues années a concouru à la prospérité d'une maison, dont la vie s'est usée à alléger celle du chef ou du maître, a droit à sa protection effective et à ses secours en cas de maladie, d'infirmité, et dans la vieillesse. Ce n'est pas seulement un devoir de charité qui s'impose à l'un et auquel il ne manquerait pas sans ingratitude; c'est un véritable droit constitué à l'autre par sa fidélité et son dévouement. La longue durée de son service dans la même maison est la preuve manifeste de l'utilité dont il fut et de l'honnêteté de sa vie.

Il faut comprendre et admettre que ceux dont le labeur et le dévouement contribuent au développement et à la prospérité de la famille, la complètent, en font partie de fait, et dès lors les traiter comme tels.

RÉSUMÉ

La vie de l'homme ne peut être heureuse que s'il a les moyens de satisfaire ses besoins physiques et ses inclinations spirituelles. Il ne les obtient que par le travail. Sa dignité et son indépendance y sont attachées. Le travail bien réglé est par lui-même un élément du bonheur; il est l'emploi normal de l'activité et le remède à l'ennui et aux vices qu'il engendre. Il importe extrêmement de bien choisir sa profession appropriée aux aptitudes de la personne et d'en remplir exactement toutes les obligations.

La nature même crée les inégalités sociales en attribuant aux individus des qualités et aptitudes différentes, que l'étude et l'application personnelles fécondent et perfectionnent : de là des supérieurs et des inférieurs dans la société.

Les patrons et les maîtres ne doivent jamais oublier que leurs inférieurs sont des intelligences et des volontés.

Leur devoir est : 1° de leur faciliter l'accomplissement de leurs devoirs envers eux-mêmes et envers la société ; 2° de favoriser leur instruction et leur moralité ; 3° d'être envers eux justes et équitables, en tenant compte des services rendus et de la nature de ces services.

Les subordonnés, employés et domestiques doivent à leurs supérieurs, par le fait même qu'ils acceptent l'emploi : 1° le respect ; 2° l'obéissance ; 3° la probité professionnelle. C'est une égale improbité de dérober le temps qu'on doit et l'argent confié. La loi positive sanctionne tous ces devoirs.

LIVRE IV

LA NATION ET L'ÉTAT

CHAPITRE I

L'IDÉE DE PATRIE

1. Ce qui constitue la patrie. — Le mot *patrie* veut dire *terre des aïeux*; plusieurs éléments concourent à former la patrie. Elle est tout à la fois le sol et le peuple; non seulement le lieu même de la naissance, car on peut naître à l'étranger, mais toute l'étendue de territoire où sont nés ceux dont l'origine est commune et qui parlent une langue semblable, sinon tout à fait la même. A cette communauté s'ajoute celle des mœurs, des intérêts, de la tradition historique, des aspirations et de la destinée. L'homme vit en communion avec les choses qui l'entourent; il en reçoit des impressions qui pénètrent dans son caractère; il approprie son industrie et son génie aux ressources du pays, dont il s'efforce de vaincre les inclémences et les duretés. L'hérédité transmet de génération en génération ces traits qui s'accentuent ou se modifient dans chacun. Ainsi se forme la personnalité d'un peuple; elle est inséparable de la patrie.

2. Qu'est-ce qu'une nation? — Dans une conférence

célèbre, Ernest Renan définit ainsi ce qu'est une nation, comment elle se forme et se conserve :

« Une nation est une âme, un principe spirituel. Deux choses qui, à vrai dire, n'en font qu'une, constituent cette âme, ce principe spirituel. L'une est la possession en commun d'un riche legs de souvenirs; l'autre est le consentement actuel, le désir de vivre ensemble, la volonté de continuer à faire valoir l'héritage qu'on a reçu indivis. L'homme, messieurs, ne s'improvise pas. La nation, comme l'individu, est l'aboutissant d'un long passé d'efforts, de sacrifices et de dévouements. Le culte des ancêtres est de tous le plus légitime; les ancêtres nous ont faits ce que nous sommes. Un passé héroïque, des grands hommes, de la gloire (j'entends de la véritable), voilà le capital social sur lequel on assied une idée nationale. Avoir des gloires communes dans le passé, une volonté commune dans le présent; avoir fait de grandes choses ensemble, vouloir en faire encore, voilà des conditions essentielles pour être un peuple. On aime en proportion des sacrifices qu'on a consentis, des maux qu'on a soufferts. On aime la maison qu'on a bâtie et qu'on transmet. Le chant spartiate : « Nous sommes ce que vous fûtes; nous serons ce que vous êtes », est dans sa simplicité l'hymne abrégé de toute patrie.

« Une nation est donc une grand solidarité, constituée par le sentiment des sacrifices qu'on a faits et de ceux qu'on est disposé à faire encore. »

3. L'amour de la patrie est naturel; l'éducation le fortifie. Avant de faire partie d'une nation, l'homme a une patrie. Instinctivement l'homme s'attache aux premiers objets qui l'ont touché : dans sa mémoire ils restent nets, et le souvenir en est doux. Il éprouve une sorte de reconnaissance pour les causes de ses premières émotions, quand même elles n'auraient pas été des plus agréables, car, quelles qu'elles soient, elles lui ont révélé son existence, et elles lui ont pris quelque chose de lui-même, comme il emporte d'elles quelque chose aussi. Voilà pourquoi à nos yeux le lieu de notre naissance paraît beau, charmant, fût-il un très humble hameau sans beauté pittoresque, sans renom et sans monument. C'est un sentiment bien plus vif qui nous relie aux premières personnes qui ont guidé nos pas, et dès que nous dépassons le cercle de la famille où l'affection ne peut pas ne pas naître, ceux à l'existence de qui nous sommes associés, dont les actions et les paroles ont agi sur notre esprit, dont la langue est comprise par nous et se communique à nous, tous ceux-là s'ajoutent à la famille, nous nous retrouvons en eux, ils ne sont pas seulement nos semblables, ils sont nos *compatriotes.*

On ne peut nier cependant que cette affection-là soit encore restreinte, et, si vivace qu'elle soit, elle demeure quelque temps obscure ; mais, à mesure que nous apprenons ce qu'ont fait nos ancêtres pour rendre cette terre habitable, commode, agréable, ce qu'ils ont souffert pour la protéger contre la conquête, comment ils ont reçu et donné des secours d'hommes, d'armes et d'argent, d'une province à l'autre, nous nous prenons à chérir religieusement cette nation dont nous faisons partie, cette terre qui nous nourrit pendant la vie et nous recouvre après la mort. Alors seulement nous *comprenons* la patrie, et nous l'aimons d'autant mieux.

4. L'amour de la patrie inséparable de l'amour de la liberté. — Pour qu'un peuple aime vraiment sa patrie il est nécessaire qu'il soit libre, c'est-à-dire que tous les individus soient considérés comme des personnes, et que chacun sente bien qu'il a sa part de l'honneur, ou du déshonneur, de la prospérité ou de la ruine du pays ; qu'il contribue enfin à l'achèvement de son destin par sa participation à son gouvernement.

S'il renonce à cette liberté et à cette indépendance, un peuple perd sa patrie. Comme l'esclave, comme le serf à qui il est indifférent d'appartenir à tel maître ou à tel autre, pourvu qu'il ne porte pas double fardeau, il n'a plus qu'un pays natal. Il pourra se dévouer à un prince, et sous un autocrate habile servir d'instrument à de glorieux desseins ; mais ce n'est plus lui qui agit, et qui se glorifie : sa personnalité est absorbée dans la personnalité royale.

Dès lors l'affection individuelle pour un homme, l'intérêt

et l'ambition pourront susciter de grandes entreprises, de beaux sacrifices. Ce n'est plus cet élan spontané, généreux et unanime d'une nation pour défendre son indépendance, cette abnégation du patriote qui consent à mourir pour conserver à ses frères une terre qu'il ne reverra pas.

5. L'éducation civique. — Aussi chacun doit-il se former pour la patrie : l'éducation civique a précisément ce but. Elle consiste à apprendre comment on sert son pays, et surtout comment on l'aime et pourquoi il faut l'aimer. S'ils savent l'aimer, les citoyens sauront le servir. Il faut connaitre l'histoire, afin de se relier par l'intelligence à la pensée des ancêtres, de se retrouver dans le passé, d'y puiser la fierté légitime qu'inspire aux enfants l'honneur de leurs parents, et même sentir l'obligation de n'y point faire de tache. La gloire littéraire, artistique, militaire, est le patrimoine commun : c'est un héritage auquel on n'a pas le droit de renoncer et qu'il est nécessaire de restituer intact et, s'il se peut, accru à nos descendants.

La géographie de la patrie nous aide à l'aimer en nous montrant ses richesses et ses beautés naturelles ; la biographie des grands hommes nous en montre le génie créateur.

L'éducation civique comprend tout cela ; si l'éducation en général fait de nous des hommes, celle-ci fait de nous quelque chose de plus : des *citoyens*. c'est par là que nous connaissons la place que nous occupons dans l'univers.

6. Le sentiment de la patrie dans l'accomplissement des devoirs professionnels. — Le devoir professionnel exactement rempli a pour premiers effets de contribuer à la valeur propre de l'individu et de servir à l'amélioration de son état, ainsi qu'à la prospérité particulière de l'entreprise à laquelle il est attaché. Mais il a une portée plus lointaine et plus large ; l'océan n'est qu'un amas de gouttes d'eau, dans la patrie chaque citoyen est une unité agissante, non indépendante du reste. Rien dans sa conduite n'est indifférent ni insignifiant pour le caractère de la vie nationale. Donc dans l'exercice de sa profession chacun doit penser qu'il agit non seulement dans son intérêt étroit mais dans l'intérêt de son pays. C'est à cette condition qu'il apparaît du mérite civique dans tous les états, professions et métiers. L'ouvrier soigneux de son ouvrage, le commerçant exact, complaisant et probe, aide à la fortune publique en inspirant et justifiant la confiance, ce par quoi s'étendent au dehors les transactions commerciales et se propagent les produits nationaux ; tandis que les procédés contraires amènent de contraires résultats ; un petit nombre de mauvais ouvriers, quelques négociants malhonnêtes, c'est assez pour discréditer l'industrie et le commerce d'un pays ; car il ne faut pas perdre de vue que les nations concurrentes en tireront un argument.

De même l'artiste, le savant, l'écrivain ne fonde pas seulement sa réputation pour la satisfaction de son ambition, et parfois pour l'édification de sa fortune ; il apporte une contribution précieuse à la gloire et à l'influence de son pays dans l'univers. Inversement aussi la grossièreté ou l'immoralité de son œuvre fait rejaillir sur l'esprit national le mépris qu'elle soulève.

Ce sentiment de la patrie toujours présent même dans nos occupations les plus personnelles en rehausse le prix, nous aide souvent à en supporter la fatigue ou les déboires, et à payer la dette de gratitude que par le seul fait de la naissance d'abord, puis par la protection reçue sous toutes les formes, chacun, fût-il le plus humble, le plus pauvre, a contractée envers la Patrie.

L'utopie humanitaire. — De soi-disant philanthropes ont opposé l'humanité à la patrie et enseigné que l'idée patriotique était étroite et mesquine en regard de l'étendue, de l'universalité de l'idée humanitaire. C'est une erreur dangereuse. Les peuples ont chacun leurs mœurs, leur caractère, leur destinée ; chacun est le développement d'une famille, et, pour être logiques, les humanitaires devraient demander le sacrfice de la famille à l'humanité. Arrivés là, ils s'arrêtent : l'absurde dresse un mur devant eux.

Les peuples sont frères tant qu'ils se respectent les uns les autres et n'usurpent aucun des avantages légitimes de leur voisin. Dès que l'un convoite la propriété de l'autre, il est un ennemi. Le citoyen, pour se convaincre de la fausseté de la thèse du cosmopolitisme, n'a qu'à comparer ce qu'il a reçu et ce qu'il reçoit tous les jours de sa patrie, de ses compatriotes, et ce que lui donne l'humanité. Il saura tout de suite que si l'homme est en soi l'objet du respect de l'homme, le devoir de le respecter cède, en certaines circonstances, devant un autre devoir, celui de la reconnaissance qui nous oblige d'abord envers ceux dont nous avons reçu le plus. Prétendre qu'on aime le monde entier n'est qu'une hypocrite excuse de n'aimer personne.

CHAPITRE II

L'ÉTAT ET LES LOIS

Sommaire. — 1. L'État : sa formation. — 2. L'origine de la société politique est la nécessité de la protection mutuelle. — 3. Division du service social dans l'État. — 4. L'autorité : son fondement et son but. — 5. La constitution de l'État. — 6. Principe de la séparation des pouvoirs. — 7. Le sens du mot loi. — 8. La loi positive définit des droits et des devoirs. — 9. Caractères de la loi positive. — 10. Les lois positives sont spéciales au peuple qui se les donne. — 11. Elles sont sujettes à des transformations. — 12. Le législateur doit être le mandataire du peuple.

1. L'État : sa formation. — L'État est une association politique, un organisme. Réunissez cent mille individus, empêchez qu'ils ne s'éloignent, et laissez chacun vivre à son gré sans loi, vous n'aurez pas fondé un État, quand même ces cent mille individus seraient de la même race et se joindraient par des liens de famille. L'État existe surtout par la *communauté de la loi* : tous ceux qui reconnaissent la même autorité, obéissent aux mêmes lois et participent aux charges communes, entrent dans l'association. Ils sont *citoyens*. C'est donc un contrat qui engendre l'État, la loi en est la formule. La protection réciproque des intérêts communs, voilà son but.

Aussi la différence est sensible entre la patrie et l'État.

La patrie est naturelle : on ne la choisit pas, et l'on n'en peut créer une autre.

L'État est contractuel; il est donc possible d'adhérer successivement à plusieurs États. La naturalisation n'est pas autre chose. Un étranger peut devenir mon concitoyen, il ne sera jamais mon compatriote.

2. L'origine de la société politique est la nécessité de la protection mutuelle. — Les hommes se sont rapprochés sous une double influence : l'une morale, la *sociabilité*, le besoin d'exprimer des sentiments et des idées et le désir de connaître; l'autre physique, la *nécessité* de s'aider et de se protéger mutuellement dans les travaux indispensables à la vie.

De là vient la division du travail et la division des fonctions dans l'organisation sociale.

Avant l'association et l'échange, chacun était obligé de pourvoir à tous ses besoins : abri, nourriture, vêtement, défense contre les animaux, et aussi défense contre les hommes. L'entretien physique absorbait tous les moments, toutes les forces. Nul instant de loisir, nul regard réjoui sur la terre à laquelle l'homme est contraint d'arracher péniblement sa subsistance. Quelle révolution le jour où deux hommes s'entendirent pour échanger leurs services! L'un, plus adroit chasseur, offrit de son gibier à l'autre, qui, plus habile constructeur, établit une hutte plus solide et plus commode. Mais tandis que l'un chassait, qui gardait sa hutte? Un troisième eût pu l'en déposséder. Celui qui restait en devint le gardien. Le *principe d'association* était trouvé. Ce ne fut plus deux hommes, mais dix, vingt, cent, mille, qui pactisèrent ainsi : et ce pacte permit à chacun de se perfectionner dans le labeur spécial auquel il se sentait plus d'aptitude. Les uns s'adonnèrent à construire des demeures, les autres à confectionner des vêtements, les autres à capturer des animaux et à les élever, d'autres enfin se constituèrent les gardiens du travail, de la propriété et des familles. La *division du travail* était organisée, et elle engendra le progrès en toute chose.

3. Division du service social dans l'État. — Si quelque danger menace le petit État, soit du fait des bêtes, soit du fait des hommes, ceux qui d'habitude manient les instruments de défense combattent; cela devient leur profession;

leur charge : ainsi se forme la classe des *guerriers* protégeant la classe des *travailleurs*. Un différend surgit un jour entre les membres de cette société; la force sans doute est le premier moyen auquel on a recours, mais elle n'est pas la meilleure raison, et l'issue même en peut rester douteuse : les hommes le reconnaissent; ils sont nés à la vie intellectuelle et à la réflexion. Ils sentent d'ailleurs par l'expérience la nécessité de l'ordre : la querelle a interrompu les travaux qui font vivre. On convient de s'en remettre à la décision des plus âgés; ils ont plus d'expérience, on connaît leur passé, on choisit ceux qui en toute circonstance ont témoigné le plus de courage et de prudence. Voilà une nouvelle classe : celle des *magistrats*.

L'État ainsi laborieusement enfanté est-il complet? Ses destins sont-ils assurés? Chacun peut-il librement et sans inquiétude vaquer à sa besogne? Il reste un danger à prévoir : les guerriers n'abuseront-ils pas de leur puissance? les magistrats ne commettront-ils ni erreur ni prévarication dans leurs sentences? Comment établir une commune mesure et une même base des jugements, et aussi une délimitation exacte des attributions?

Ou bien un seul, ayant acquis la prépondérance sur tous, impose comme règle sa volonté : c'est le *principe du pouvoir personnel*. Ou bien tous cherchent ensemble à définir la règle et s'engagent à s'y soumettre dans l'intérêt commun : c'est l'autorité de la *loi*.

4. L'autorité : son fondement et son but. — Dans tout corps organisé, une tête est nécessaire; un État ne peut s'en passer. Les intérêts publics sont mal gérés si personne n'est spécialement chargé d'y veiller; chacun, même ayant de la bonne volonté, s'en trouve trop facilement détourné par ses propres affaires. Voilà une raison de *nécessité*.

En outre, les intérêts publics sont compliqués, tiennent à beaucoup de choses, dépendent des actions des États voisins, et, comme le corps politique est de beaucoup plus considérable qu'un individu, de même les affaires publiques souffrent plus longtemps d'un seul jour de mauvaise administration. Il est donc plus difficile de gérer les intérêts de l'État; par conséquent, il est sage de les confier à ceux qui ont une grande expérience et sont préparés à l'administration par une longue étude des ressources et des besoins du pays. Voilà une raison de *prudence*.

Mais ceux à qui seront confiées les affaires publiques auront besoin d'une certaine liberté d'action plus étendue que celle des simples citoyens, et il faudra les revêtir d'une autorité par laquelle ils puissent exiger qu'on fasse ce qu'ils croient utile au bien de l'État. C'est là une inégalité qui peut devenir dangereuse, si les dépositaires de cette puissance en usent mal, — à leur profit, au détriment du bien commun. Il ne suffira donc pas de choisir les plus capables, mais parmi ceux-ci les plus *justes*.

Ainsi voilà les trois bases d'une autorité légitime : l'*utilité publique*, la *capacité* et la *justice*.

5. La constitution de l'État. — La constitution d'un État comprend deux choses : le classement des citoyens et leur rôle; le fonctionnement de l'autorité.

a. CLASSEMENT DES CITOYENS. — Nous avons vu comment la nécessité avait amené la distribution des citoyens par classes : artisans, guerriers, magistrats. Pourra-t-on passer de l'une dans l'autre? ou sera-t-on enfermé à jamais dans celle où l'on est entré? Cette impossibilité d'en sortir s'étendra-t-elle jusqu'aux enfants nés dans l'une ou dans l'autre? Les diverses solutions donnent naissance à autant de formes politiques et sociales. La constitution de l'État par castes définies et fermées est celle qui fut le plus longtemps adoptée par les peuples anciens et par les modernes; elle a le grave inconvénient de créer des privilèges, de supprimer l'émulation et de priver parfois l'État des talents les plus utiles. Tel né avec de grandes aptitudes militaires pourrait devenir un excellent général et se trouve réduit à demeurer potier, ou tout au moins condamné à végéter dans un grade inférieur.

La Révolution française de 1789 a renversé les castes : le droit public de presque toutes les nations européennes admet l'accession de tous à tous les emplois, à toutes les fonctions de l'État, sous la seule condition du talent et de la moralité;

il n'interdit à personne de préférer aux fonctions civiles ou militaires le commerce ou l'industrie.

Dans un État bien constitué où les idées morales dominent la politique, on ne reconnaît que deux façons de classer les citoyens : les instruits et les ignorants; les honnêtes et les malhonnêtes. Chacun dans sa fonction et à sa place doit et peut devenir un bon citoyen.

b. LE FONCTIONNEMENT DE L'AUTORITÉ. — A qui appartiendront les pouvoirs publics? La forme de l'État dépend de cette question.

Si un seul tient dans sa main l'autorité suprême, l'État est monarchique; les citoyens sont des *sujets. La monarchie est absolue* si le prince ne reconnaît d'autre loi que sa volonté et ne doit compte à personne de ses actes. Si le pouvoir lui est conféré par le peuple à la condition d'en user d'une façon définie et de n'imposer comme lois que les décisions acceptées par les représentants de la nation, *la monarchie est constitutionnelle.* Absolue ou constitutionnelle la monarchie a le plus ordinairement pour caractère propre d'être héréditaire; parfois, rarement, elle est élective et viagère.

Si, au lieu d'un seul, quelques-uns exercent l'autorité sans contrôle, on donne à cette forme le nom d'*oligarchie.* Elle offre tous les inconvénients de la monarchie absolue, en y ajoutant les dangers de la contradiction possible des volontés des *oligarques.*

Le pouvoir peut ne pas appartenir de droit à un individu ni à une famille déterminée, mais cependant ne pas sortir d'un groupe ou d'une classe, de telle sorte que toujours il sera aux mains d'un représentant du groupe ou de la classe. Une telle organisation est *aristocratique.*

Enfin, dans un pays où tous les citoyens sans exception selon leur mérite sont appelés à exercer les fonctions publiques et reçoivent du vote populaire la consécration de leur mandat, la constitution est *démocratique.*

Dans celle-là, chacun, depuis les ministres jusqu'aux infimes employés, est responsable de sa gestion. C'est celle qui a régi la France à diverses époques et qui fut définitivement établie en 1871.

Elle porte le nom de République, qui veut dire *chose publique*, et rappelle ainsi à tous les citoyens qu'ils servent l'intérêt commun, le bien de tous, et non la fortune d'un seul ou de quelques-uns.

6. Principe de la séparation des pouvoirs. — Le caractère de la monarchie absolue est de concentrer dans une seule personne toutes les formes de l'autorité : celle qui ordonne ou fait la loi, *pouvoir législatif*; — celle qui veille à l'exécution des lois et exerce le droit de contrainte, *pouvoir exécutif*; — celle qui applique aux citoyens dans les cas particuliers les dispositions de la loi, *pouvoir judiciaire*.

Celui qui est investi d'une telle autorité est le maître sans conteste de la vie, de la liberté et des biens des citoyens.

Dans l'État où l'on veut établir le règne de la justice et empêcher le plus possible les abus d'autorité et les violations du droit public ou privé, la séparation des pouvoirs est un principe inscrit dans la constitution.

Les gouvernants se répartissent alors en trois catégories : le législateur, le fonctionnaire, le magistrat.

7. Le sens du mot loi. — Dans l'ordre physique, *la loi est la formule des faits universellement constatés* : toutes les fois qu'une barre ou une sphère de métal est soumise à l'action de la chaleur, son volume augmente. On exprime ce fait constant en disant que la chaleur a la propriété de dilater les métaux. C'est une loi physique : de même pour la chute des corps, pour la tension des vapeurs, etc.

Dans l'ordre moral, *la loi est la raison humaine en tant qu'elle gouverne tous les peuples de la terre*, dit Montesquieu, et la définition est vraie si l'on y ajoute l'idée d'obligation.

Enfin, dans l'ordre politique, la loi est l'expression régulière de la volonté nationale en ce qui concerne les intérêts de l'État.

8. La loi positive définit des droits et des devoirs. — La conséquence immédiate de la loi, c'est la définition des droits et des devoirs des citoyens. Il ne faut cependant pas croire que la loi les crée. Elle leur donne une formule, elle en marque la limite, elle en réglemente l'exercice. La justice préexiste à la loi. « Dire qu'il n'y a rien de juste ni d'injuste que ce qu'ordonnent ou défendent les lois positives, c'est dire qu'avant qu'on eût tracé le cercle tous les rayons n'étaient pas égaux.... » (Montesquieu). Elles sont une confirmation des lois naturelles, leur but est d'imposer également à tous une même interprétation des principes du droit naturel, et par là d'imprimer un caractère d'unité à la vie politique de la cité. Et, dans cet ordre d'idées, *le droit est un pouvoir conféré par la loi; le devoir, une obligation imposée par la loi.*

Ainsi, en droit naturel, les hommes peuvent se marier, posséder, acquérir et transmettre des biens; en droit naturel aussi, ils se doivent une mutuelle protection, d'autant plus précise et directe que les services échangés sont plus importants et plus nombreux. La loi positive vient fixer les conditions dans lesquelles se contracteront les mariages, se concluront les achats, les ventes, et se transmettront les héritages, et celles suivant lesquelles les citoyens s'acquitteront du service militaire.

9. Caractères de la loi positive. — Pour être bonne et valable, une loi doit revêtir plusieurs caractères, à défaut desquels elle ne saurait être obligatoire :

1° Elle doit émaner du pouvoir législatif reconnu par la constitution que le peuple a adoptée.

2° Elle doit être conforme à la loi morale et ne rien ordonner de contraire à la justice.

3° Elle doit être faite en vue de l'intérêt général et des besoins du pays et ne constituer aucun privilège spécial.

4° Enfin il faut qu'elle soit armée d'une sanction qui en assure l'exécution.

Égalité des citoyens devant la loi. — La loi n'admet pas d'exception parmi les citoyens; elle est établie pour tous, sans restriction. Dès qu'on admet des catégories de citoyens, des castes, l'unité de l'État disparaît, et avec elle sa force. Il se forme plusieurs États dans l'État. Chaque classe ne tend qu'à prédominer et à étendre ses privilèges. L'idée même de la justice est faussée.

Le principe de l'égalité des citoyens devant la loi fortifie au contraire la communauté ; la loi devient un véritable lien. Et de là cette maxime des anciens que *se servir des mêmes lois est un degré de parenté entre les hommes.*

10. Les lois positives sont spéciales au peuple qui se les donne. — Par définition, la loi est l'expression de la volonté nationale : d'où suit clairement qu'elle ne peut obliger que la nation qui la vote. Elle doit correspondre aux besoins de la société qui se la donne. Son action est naturellement restreinte à cette société ; telle loi répond aux besoins du peuple français, à son génie, à son économie, et serait impraticable chez les Anglais ou les Russes. Elle n'a de vigueur que chez nous ; mais là elle étend son pouvoir sur tous, même sur les étrangers qui, jouissant de notre hospitalité et de la protection de nos lois, ont le devoir de se conformer à leurs dispositions.

11. Les lois positives sont sujettes à des transformations. — La perfection des lois positives consiste, outre les conditions nécessaires énoncées plus haut, dans l'observation des mœurs, du génie et des intérêts propres du peuple qu'elles régissent. Les conditions d'intelligence, de dignité, de moralité en un mot se modifient graduellement, comme aussi les conditions économiques de l'industrie, du commerce, etc. Dès lors, on comprend pourquoi, après une période plus ou moins longue, certaines lois tombent en désuétude et sont remplacées par d'autres mieux appropriées aux besoins d'une société nouvelle. Elles ne peuvent imiter la fatale immutabilité des lois de la nature physique qui régissent des êtres sans intelligence et sans liberté. Elles ne sont cependant pas *arbitraires* si l'on entend ce mot dans le sens de bon plaisir du législateur. Il n'édicte pas une loi parce que telle est sa volonté, mais sa volonté est telle parce que les conditions de l'existence sociale la dirigent et lui marquent le but.

12. Le législateur doit être le mandataire du peuple. — Quand la volonté nationale ne peut être exprimée par le vote direct de la population, — comme il arrive le plus souvent, — le pouvoir législatif est délégué à des mandataires. Il est nécessaire que cette délégation soit réelle et sincère; sinon la loi perd son essence. Si c'est le gouvernement qui choisit le corps législatif, autant vaut dire qu'il érige ses volontés en lois, car il ne choisit d'autres que ses amis, ses dévoués. Il en était ainsi en 1838 au Canada, où le gouvernement anglais nommait les membres de la chambre législative, et c'est ce qui amena la révolte des colons français dans laquelle périt héroïquement le docteur Chenier.

La loi est le véritable souverain d'un pays libre.

Le suffrage populaire librement exprimé doit être la source de l'autorité du législateur. Quant au mode de suffrage, il est réglé par la constitution et les lois organiques de chaque pays.

CHAPITRE III

DROITS ET DEVOIRS DU CITOYEN

Sommaire. — 1. A quelles conditions on est citoyen. — 2. Droits du citoyen : droits civils et droits politiques. — 3. Liberté individuelle. — 4. Les citoyens forment une association dont l'État est la raison sociale. — 5. Discipline sociale. — 6. Si la loi est mauvaise, que faire? — 7. Tous les devoirs du citoyen sont des contributions. — 8. Dans quelle mesure chacun contribue-t-il aux dépenses de l'État. — 9. L'établissement de l'impôt. — 10. Le service militaire. — 11. Le service militaire pendant la guerre. — 12. Le service militaire en temps de paix : l'instruction technique. — 13. La discipline et l'esprit militaire. — 14. Le vote. — 15. Le patriotisme.

1. A quelles conditions on est citoyen. — Pour simplifier la question nous supposerons le cas le plus général : l'État et la patrie sont confondus.

Dans chaque pays la loi ou la volonté qui en tient lieu spécifie les conditions auxquelles on acquiert la qualité de citoyen. Mais au moins est-il deux conditions qui résultent de la nature même de l'association politique et de son objet : être né dans le pays de parents y étant nés eux-mêmes, et participer aux charges publiques.

Ces deux points sont nécessaires pour qu'on possède les droits du citoyen; mais l'exercice de ces droits exige de plus la capacité et l'honnêteté.

Au point de vue de l'organisation politique d'un pays ses habitants naturels sont *sujets* sous le régime de l'autorité monarchique; ils sont *citoyens* avec le régime républicain.

12. Droits du citoyen : droits civils et droits politiques. — Entré dans l'association politique, l'homme ne perd aucun de ses droits naturels, et il en acquiert de nouveaux. Les uns et les autres sont définis par les lois, et on les range en deux grandes classes : les droits civils et les droits politiques.

Les *droits civils* sont ceux qui concernent la vie privée et les intérêts personnels, nos relations avec notre famille et nos concitoyens en général. Ils comprennent le droit de se marier, le droit de se créer une paternité soit naturelle, soit légitime, soit par adoption, le droit de posséder, d'hériter ou de tester, d'acheter ou de vendre et d'échanger, etc.

Les *droits politiques* sont ceux qui concernent la vie publique et les intérêts de l'État : tels le droit de voter, le droit d'occuper une fonction civile ou militaire, le droit de recevoir un mandat électoral, etc.

L'exercice de tous ces droits est soumis aux lois de la morale, de telle sorte que nous n'abusions pas de la légalité contre la stricte honnêteté.

Mais nous ne les possédons qu'à la condition expresse de respecter les lois qui nous les confèrent, c'est-à-dire à la condition de remplir nos devoirs.

3. La liberté individuelle. — Le premier et le plus important des droits du citoyen, car sans celui-là tous les autres restent précaires, illusoires — c'est la liberté individuelle. Que faut-il entendre par là? l'inviolabilité de la personne et l'inviolabilité du domicile. Nul ne doit être arrêté et incarcéré, par mesure arbitraire ou préventive, même sous inculpation de crime ou de délit, sans que, dans le plus bref délai, notification lui soit faite du motif de l'arrestation et que facilité lui soit donnée de se disculper, ou tout au moins de présenter sa défense avec ou sans l'aide d'un avocat, et d'obtenir son élargissement provisoire sans contrat. En Angleterre, la conquête la plus sérieuse de l'évolution libérale a été le bill ou loi sur l'*habeas corpus* (expression latine signifiant *Emparez-vous de la personne*), qui ordonne : 1° qu'un mandat d'arrestation ne peut être délivré que par l'une des trois cours supérieures, même pendant les jours fériés, tant par le grand-juge que par tout autre membre de la cour, mais uniquement sur requête expresse, et non en vertu de sa charge; — 2° que l'ordre d'arrestation doit énoncer les motifs; — 3° que le détenu doit être immédiatement mis à la disposition du tribunal.

Dans la *pétition des droits* de 1627, cette antique pratique du droit anglais fut expressément rappelée et confirmée.

En France la liberté individuelle est proclamée en principe, et nullement garantie en pratique.

L'article 10 du chapitre 5 du titre 3 de la Constitution de 1790, supprimant l'arbitraire royal en matière d'arrestation et les lettres de cachet, était ainsi conçu : « Nul homme ne peut être saisi que pour être conduit devant l'officier de police et nul ne peut être mis en arrestation ou détenu qu'en vertu d'un mandat des officiers de police, d'une ordonnance de prise de corps d'un tribunal, d'un décret d'accusation du corps législatif, dans le cas où il lui appartient de le prononcer, ou d'un jugement de condamnation à prison ou à détention correctionnelle. »

La Constitution de l'an III, faisant déjà une concession à l'arbitraire du pouvoir politique, mais la limitant strictement, accorda au Directoire le droit de détenir les individus suspects de machinations contre le gouvernement, mais *pendant deux jours seulement*; à l'expiration il était obligé de les renvoyer par devant l'officier de police.

L'article 46 de la Constitution de l'An VIII étendit à *dix jours* la durée de l'arrestation préventive.

Enfin, après diverses autres modifications, le progrès croissant de l'autorité politique aboutit à l'article 10 du Code d'Instruction criminelle, autorisant les atteintes à la liberté individuelle; il est ainsi conçu : *Les préfets des départements et le préfet de police à Paris pourront faire per-*

sonnellement ou requérir les officiers de police judiciaire, chacun en ce qui le concerne, de faire tous actes nécessaires à l'effet de constater les crimes, délits et contraventions et d'en livrer les auteurs aux tribunaux chargés de les punir, conformément à l'article 8 du Code pénal.

D'où il suit qu'un fonctionnaire d'ordre administratif peut violer ou faire violer le domicile, saisir les papiers et supprimer la liberté d'un citoyen sur un simple soupçon, et sans lui donner connaissance des faits dont on l'accuse. C'est dire que, sous une forme moins nette, le citoyen est soumis en fait à l'arbitraire du pouvoir politique comme sous l'ancien régime.

Or sans la garantie absolue de la liberté individuelle, l'indépendance morale du citoyen est nécessairement très rare.

4. Les citoyens forment une association dont l'État est la raison sociale. — Puisque l'État est une association en vue des intérêts communs, les citoyens se doivent les uns aux autres ce qu'on se doit entre associés; on ne prend part aux bénéfices qu'à la condition de supporter les charges. Les devoirs des citoyens dans l'État ne nous obligent pas envers chacun individuellement, car ce que nous devons à chacun comme homme fait l'objet de la morale sociale; ils nous obligent envers l'État lui-même considéré comme personne collective. Seulement ces devoirs se divisent en devoirs communs à tous les citoyens et en devoirs spéciaux à la fonction de chacun dans l'État.

5. Discipline sociale. — Tous les citoyens indistinctement, par cela seul qu'ils jouissent de la protection des lois, doivent respecter ces lois. Elles sont, nous l'avons expliqué, la formule du contrat social qui unit l'individu à la communauté; elles sont l'expression de l'idée de la justice, telle que la conçoit la majorité et d'après laquelle s'établissent toutes les transactions et conventions particulières. Désobéir à la loi, c'est donc renoncer injustement à l'association, car un contrat ne peut être rompu que du consentement de tous les contractants, et nul n'est admis à se décharger par sa seule volonté des conditions de l'association pour en laisser retomber le poids sur les autres.

Celui qui refuse l'obéissance à la loi semble de sa propre autorité créer à son profit une loi particulière, un privilège; par le fait même, il impose sa volonté à ses égaux, ce qui est proprement rompre l'égalité.

L'État n'existe que par la loi; et c'est déjà, comme dit Cicéron avoir une sorte de parenté que de se soumettre aux mêmes lois. Toute association en effet tire sa vitalité non pas d'un rassemblement plus ou moins considérable d'individus, mais de ses statuts et de la fidélité avec laquelle les observe chacun des membres de l'association. La désobéissance à la loi équivaut à la destruction de l'État. Il est donc naturel et juste que l'association qui veut durer se défende contre les membres indociles ou révolutionnaires et les mette *hors la loi*, ce qui veut dire nettement qu'ils n'ont plus droit à réclamer le bénéfice de certaines lois de l'État lorsqu'ils refusent de se soumettre aux autres. La loi, principe idéal, que chacun peut porter en soi, devient, pour le citoyen qui en comprend l'essence et le but, tout le contraire d'une contrainte, elle est la condition même de la liberté et de la dignité. J'obéis en effet à moi-même, à ma raison, quand j'obéis à la loi puisque, par le fait de mon adhésion à l'État, à l'association, j'ai adopté et fait miens les statuts. On est libre précisément quand on obéit à soi-même : la servitude commence avec l'obéissance forcée à la volonté d'un autre. Or la violation de la loi amène inévitablement la répression. La violation individuelle, accidentelle, provoque l'intervention du gendarme; et bien des gens envisagent les choses tellement de travers qu'irrespectueux envers la loi, ils vivent dans la crainte du gendarme : la violation collective et habituelle de la loi engendre la tyrannie; la généralité de la notion troublée dans ses intérêts, menacée dans sa sécurité, prend en dégoût la liberté dégénérée en licence, et en vient à préférer un despotisme protecteur.

6. Si la loi est mauvaise, que faire? — Mais, dit-on, si la loi est mauvaise? Elle peut être mauvaise de deux manières générales, soit qu'elle blesse des intérêts légitimes, soit qu'elle ordonne des actions déshonnêtes. Nous verrons quelles conditions la loi doit remplir pour être bonne. Étant admise l'hypothèse d'une loi mauvaise, quelle conduite tiendra le citoyen?

Si la loi lèse des intérêts respectables, il faut cependant lui obéir, afin d'éviter le trouble que cause dans l'État la résistance aux lois; et l'on peut considérer que le tort causé à quelques-uns, tout en étant regrettable, est cependant moins considérable et moins grave que le tort éprouvé par la communauté tout entière. Mais les citoyens pourront et même devront appeler l'attention du législateur, protester pacifiquement, car l'intérêt de l'État lui-même réside dans des lois justes, prudentes et équitables.

Si la loi ordonne des actes déshonnêtes, on peut à bon droit la considérer comme une tyrannie; elle n'est plus vraiment la loi, qui doit être la raison écrite, et dès lors il est non seulement permis, mais obligatoire de lui désobéir. Il est beau, dans ce cas, d'exposer pour la justice sa fortune, sa liberté, sa vie. Toutefois doit-on s'en tenir au simple refus d'optempérer aux prescriptions d'un législateur immoral, ou bien est-on excusable d'agir par la force, afin de renverser un pouvoir abusif?

Pour que cette dernière solution soit acceptée, il est nécessaire que la loi qui la provoque soit manifestement contraire à la morale universelle, ou que l'abus du pouvoir compromette la sécurité et l'honneur de la nation. Mais encore faut-il rentrer dans la légalité au plus tôt.

L'obéissance à la loi est une sorte d'impôt sur la liberté et la volonté; c'est une part de notre indépendance individuelle dont nous faisons le sacrifice à la communauté, afin qu'il y ait une règle commune et fixe des actions et que par là soit protégé ce que nous n'abandonnons point volontairement.

Les citoyens sont tenus de concourir au maintien du respect des lois. Ce n'est pas tout que de ne pas violer la loi : il est de l'intérêt commun que personne ne la viole. Tous les citoyens sont solidaires du désordre introduit dans l'État par la désobéissance à la loi. Ils peuvent être requis de lui prêter main-forte. Et leur devoir est de donner le concours de leur énergie à l'autorité, lorsqu'elle y fait appel afin d'assurer la répression des crimes et des délits.

Celui qui refuse son assistance en pareil cas accorde sa complicité aux perturbateurs, aux malfaiteurs.

7. Tous les devoirs des citoyens sont des contributions. — La Révolution française de 1789 substitue en matière fiscale le terme *contribution* au terme *impôt*, c'est très significatif, impôt implique l'idée de la pression d'une volonté étrangère sur celui qui le paie; contribution, l'idée d'un consentement.

En effet le régime nouveau repose sur le principe du consentement du citoyen qui vote directement ou indirectement les contributions et se les impose à lui-même.

Les contributions ont pour objet de faire vivre ou prospérer l'association.

La diversité des besoins de l'association détermine la diversité des contributions.

L'association, c'est-à-dire l'État, a pour cause vitale ses statuts, c'est-à-dire les lois; l'on n'est sociétaire ou citoyen qu'à la condition d'adhérer aux statuts ou lois et de les respecter : premier devoir, première contribution; restriction volontaire de la liberté personnelle dans le double but d'assurer l'ordre général et de sauvegarder ainsi la plus grande part de la liberté personnelle, c'est une *contribution morale*.

L'association entreprend, exécute, entretient les grands travaux, organise les services publics qui facilitent à chaque citoyen la vie et les affaires. Il faut de l'argent; les *contributions pécuniaires* constituent le trésor public.

La vie, la liberté, les biens de chaque citoyen, peuvent être menacés par les malfaiteurs intérieurs ou par les ennemis extérieurs. Nécessité d'une force de police et d'une force armée : de là, nécessité d'une *contribution personnelle* à la défense commune, c'est-à-dire obligation de prêter main forte aux agents de la police intérieure, si besoin est, et de fournir chacun à son tour le service militaire.

L'organisation et la prospérité de la cité dépendent de l'instruction, de l'éducation, du progrès intellectuel et moral de ses membres. Il est donc obligatoire pour chacun d'apporter sa *contribution intellectuelle et morale* au perfectionnement de tous.

Toutes ces contributions ont-elles un égal degré de nécessité? — Non; il est possible d'imaginer un État assez riche des revenus des propriétés publiques pour suffire à toutes les dépenses, assez bien géré pour ne payer aucune dépense inutile. La contribution pécuniaire y serait superflue. On cite la principauté de Monaco comme exemple d'un État pourvu de revenus propres assez abondants pour n'imposer aucune charge pécuniaire à ses membres.

Ne peut-on aussi rêver la société idéale où tous les humains justes et charitables, s'abstenant de toute infraction aux lois de la morale et à celles de l'État, rendraient vaine l'institution d'une force de police et d'un système de répression judiciaire? et même rêver un État garanti si sûrement contre toute attaque du dehors que le service militaire n'y aurait aucune raison d'être?

Cette hypothèse n'est malheureusement réalisée en aucun point du monde.

Mais la contribution intellectuelle et morale, nous nous la devons mutuellement dans toutes les conditions; l'État n'existât-il même pas, les hommes se la devraient entre eux par principe d'humanité.

Enfin la contribution de la volonté à l'obéissance aux lois, celle-là impossible de l'abolir, même de la restreindre; elle est la condition fondamentale de l'existence de l'État.

En résumé on appelle impôt, d'une manière générale, la part de ses ressources que chaque citoyen apporte à l'État, pour l'exécution des travaux d'utilité publique, l'organisation et l'entretien des administrations, le développement de l'éducation publique et la défense nationale.

L'impôt peut être considéré comme une prime d'assurance contre les risques de la vie sociale et comme un abonnement à tous les grands services qui la rendent plus facile, plus agréable, plus productive.

8. Dans quelle mesure chacun contribue-t-il aux dépenses de l'État. — La justice veut que la répartition des charges soit proportionnelle aux ressources du contribuable. Rien de plus inique, rien de plus propre à provoquer les révolutions, que l'attribution de tous les bénéfices, de tous les avantages à certaines catégories de citoyens, et l'imposition de toutes les charges à certaines autres. Il est bien naturel que celui qui possède le plus, ayant bien plus à protéger, donne davantage; mais les biens qui sont purement personnels, comme la vie, la réputation, la moralité, ont sans doute un semblable prix pour tous indistinctement. La contribution exigible pour l'entretien des moyens de défense ou de protection de ces biens supérieurs peut donc être la même pour tous; mais, quand il s'agit d'assurer la propriété sous toutes ses formes, celui qui possède un million assure en réalité dix fois plus que celui qui possède cent mille francs, et celui-ci dix fois plus que le propriétaire de dix mille francs. Il est donc nécessaire qu'à cet égard l'impôt croisse en raison du capital et du revenu. L'économie politique a pour mission de déterminer ces proportions mathématiques; la morale, d'indiquer les conditions dans lesquelles il est juste.

9. L'établissement de l'impôt. — Dans les États autocratiques, l'impôt n'a d'autre mesure réelle que la volonté du chef, et l'on ne peut favoriser l'équitable répartition qu'en agissant sur l'esprit du maître, à qui l'on rappelle les lois de la justice et de l'humanité; mais il manque une règle fixe, une proportion définie, et le sujet ne sait jamais d'une année pour l'autre à quelle obligation il est astreint.

Dans un État où l'autorité se concilie avec la liberté, la perception des impôts est soumise à des lois connues de tous. On ne les acquittera volontiers que si l'on sait à quoi ils servent. Or ils ne doivent servir qu'aux intérêts communs; la nation est donc admise, même en droit naturel, à approuver ou à désapprouver l'emploi des ressources publiques.

C'est à ses représentants qu'il appartient de voter le *budget*, c'est-à-dire d'accepter les dépenses proposées par le gouvernement, les moyens d'y faire face et de pourvoir à l'alimentation du trésor public. C'est donc par une loi, expression de la volonté nationale, que les impôts doivent être établis. Chaque citoyen est dès lors tenu de payer sa contribution, car il a pour ainsi dire pris lui-même cet engagement, puisqu'il a délégué ses pouvoirs aux législateurs. Payer ses impôts, c'est simplement faire honneur à sa signature.

10. Le service militaire. — Les mêmes principes obligent les citoyens à concourir à la défense de la patrie; le service militaire, qu'on appelle l'impôt du sang, est obligatoire pour tous, puisque tous sont également intéressés à la sécurité et à l'indépendance du pays. Jeunes, nous avons été protégés par nos aînés; devenus vieux, nous le serons encore par les jeunes gens. Il est donc juste que, dans la force de l'âge, nous soyons à notre tour les défenseurs de ceux à qui nous devons d'être vivants et libres, et de ceux qui plus tard reprendront notre rôle.

Cette considération n'exprime que la mutualité des services; il en est une beaucoup plus haute : c'est celle de la patrie elle-même! Les hommes passent et se succèdent; la patrie demeure, agrandie ou diminuée après chaque génération, selon l'effort, le courage et le dévouement que les citoyens ont dépensés.

Il faut avoir présente à l'esprit cette loi de la succession des événements : les fautes des pères sont expiées par les enfants. Mal servir son pays est donc, en même temps qu'une ingratitude envers les devanciers et envers les contemporains, une injustice dont on fait souffrir ses descendants. Rien de plus faux que de croire que la brièveté et la fragilité de la vie nous justifient de nous désintéresser de la patrie; nous revivons en elle, c'est une raison de plus de vivre pour elle.

11. Le service militaire pendant la guerre. — Quand l'ennemi armé menace de mort la patrie et foule au pied le sol sacré, qui oserait dénier son devoir et refuser de combattre? Il en est cependant qui l'osent : la patrie les renie, la loi militaire les frappe. C'est juste.

Risquer sa vie, recevoir des blessures, voilà dans le sens propre l'impôt du sang. Mais encore il s'agit de mourir utilement. Le service militaire en campagne exige deux qualités supérieures : la bravoure, qui consiste à ne pas reculer devant le danger; le sang-froid, grâce auquel nul ne s'expose mal à propos, par bravade. Le rôle de l'officier est d'épargner la vie de ses soldats; car un homme est une force; la patrie en a besoin pour se défendre. Lui-même, sans être avare de son sang, a le devoir de ne pas se jeter sans nécessité dans le péril, car il est la tête qui commande, qui dirige. Le rôle du soldat est d'obéir ponctuellement, sans s'attarder à pénétrer le secret des ordres : il doit avoir fait d'abord le sacrifice de sa vie, mais la rendre le plus utile qu'il peut.

12. Le service militaire en temps de paix : l'instruction technique. — Parmi ceux qui comprennent la nécessité du service militaire pendant la guerre, il en est encore beaucoup qui objectent : « Mais, en temps de paix, pourquoi astreindre les citoyens au métier des armes? Ne serait-il pas temps d'appeler les hommes quand la patrie serait en danger? »

La réponse est aisée : Sait-on jamais certainement le moment où la patrie sera en danger. Du jour au lendemain, si l'on est désarmé, l'ennemi qui se prépare à l'avance n'aura-t-il pas envahi le territoire? Si l'on attend le moment précis où la patrie est reconnue et proclamée en danger, il est trop tard pour la préserver.

« Labourer, semer à temps, être aux champs, dès le matin, ce n'est pas tout, il faut ramasser la récolte, disait Paul-Louis Courier aux paysans : Aligne tes plants, mon ami, tu provigneras l'an qui vient, et quelque jour tu feras du bon vin; mais qui le boira? Rostopschine, si tu ne te tiens pas prêt à le lui disputer. »

Puis, comme tous les métiers, le métier militaire doit être appris. On ne s'improvise pas soldat, encore moins officier. L'habitude et l'exercice régulier sont indispensables pour rompre les hommes à la fatigue, les former au maniement des armes, à l'exécution des mouvements stratégiques. — Sinon, le jour où l'armée se réunit, ce n'est que désordre et confusion, c'est-à-dire le gage de la défaite.

13. La discipline et l'esprit militaire. — Dans une armée, la faute d'un seul peut entraîner la perte de tous. Il est nécessaire qu'une même règle inflexible plie tous les soldats au même devoir : c'est la discipline. Elle exige la soumission, l'obéissance passive, comme on dit. Cette abdication relative de la volonté, il faut s'y préparer et s'y accou-

tumer : voilà pourquoi aussi le service militaire est obligatoire en temps de paix.

Mais, alors, dit-on, c'est l'abrutissement, l'abandon de sa
personne! Mauvaise objection : l'obéissance n'est passive
que dans la forme. Il dépend du soldat de la transformer en
obéissance raisonnée : qu'il songe en lui-même combien il
est nécessaire qu'il en soit ainsi; le sort de la patrie est lié à
la discipline de l'armée; qu'il y adhère volontairement, qu'à
chaque commandement il exécute l'ordre en répétant dans
son cœur : « Pour la patrie! pour mes aïeux, mes parents,
mes frères, mes amis! » Alors il sentira une joie intense à
ce sacrifice de son initiative, il ne se croira plus une machine
mue par un ressort indépendant d'elle-même. Il se verra l'ouvrier agissant de l'honneur et de la liberté du pays. Il ne se
contentera pas d'éviter les infractions fécondes en punitions;
il s'efforcera de se perfectionner dans son métier, dans son
instruction technique comme dans son instruction générale;
il apprendra à commander après avoir su obéir, il conservera
la noble ambition de devenir officier après avoir eu la courageuse résignation du soldat.

Il ne faut pas confondre d'ailleurs, avec les passions guer-
rières qui poussent des peuples grossiers à la déprédation,
l'esprit militaire, qui est une mâle fierté, éloignée de la for-
fanterie, et une disposition constante à préférer à notre fortune et à notre existence particulières l'honneur commun.

14. Le vote. — Dans les États démocratiques, tous les
citoyens participent à l'administration du pays, à la gestion
de ses intérêts et à la confection des lois. Tous sont considérés comme également responsables, également intéressés et
par conséquent également en droit de manifester leurs opinions et leurs préférences, et cela, comment? Au moyen du
vote et de la délégation des pouvoirs.

Les citoyens ont donc le droit de confier à des représentants le pouvoir de faire les lois, de veiller à leur application,
et par cela même ils signent pour ainsi dire l'engagement
positif de respecter la loi, puisqu'ils sont censés l'avoir faite
eux-mêmes. Telle est la première conséquence du droit de
vote.

Pourquoi le peuple lui-même ne vote-t-il pas directement la loi? Dans les États où les électeurs sont peu nombreux, le peuple vote la loi lui-même dans ses comices, comme dans les républiques antiques ; mais le peuple politique ne comprenait là que les *hommes libres*, par conséquent ceux qui d'abord ont pu recevoir une instruction et qui de plus jouissent de loisirs, grâce auxquels ils étudient les affaires, acquièrent la connaissance de l'histoire et de l'économie du pays. C'est une élite.

Dans les grands États où le suffrage est universel, la plupart ne possèdent que des idées vagues, ne conçoivent que des désirs ; mais ils n'ont ni le temps ni la capacité de démêler moyens pratiques de réaliser les unes et les autres ; il est donc nécessaire que la masse, tout en manifestant ses tendances, remette à des citoyens de son choix le mandat d'exercer son droit législatif. Dès lors on voit clairement quels sont ceux à qui la confiance populaire devra déléguer le pouvoir : ce sont les *plus dignes au double point de vue de la capacité et de l'honnêteté*.

Devoirs concernant l'exercice du droit de voter. — Nous verrons quels devoirs s'imposent au législateur. Quant à l'électeur, le premier de tous est de s'appliquer à bien choisir ; son bulletin déposé dans l'urne contribue au bonheur ou au malheur du pays. Sa part de souveraineté n'est pas un mot, mais une réalité, et sa responsabilité n'est pas moins réelle. Bien voter suppose donc une préparation, une connaissance générale des besoins de la patrie et une connaissance précise des aptitudes, des services, des tendances et du caractère du candidat.

En second lieu, l'électeur doit n'avoir en vue que le bien de l'État. Le droit de voter ne lui a été accordé que sous cette condition, et non pour offrir à chacun un moyen de faire prospérer ses affaires, de favoriser ses ambitions personnelles, sans souci, voire au détriment, du bien commun. Outre que c'est une indignité déshonorante, c'est un crime de lèse-patrie que de trafiquer de son vote, et la loi peut justement déclarer déchu de ce droit quiconque en a mésusé.

Voter est un devoir. — D'ailleurs voter n'est pas seulement un droit du citoyen, c'est un devoir. L'abstention est une faute commise contre l'État : elle provient soit de la négligence et de l'indifférence : par quels arguments se justifiera-t-on d'être indifférent au sort de son pays? soit d'une réserve fondée sur l'impuissance à discerner le véritable intérêt de l'État; mais c'est une raison d'ignorance. Un citoyen ne doit rien ignorer de ce qui met en jeu l'honneur et la prospérité de la nation; il commet la faute de ne pas voter parce qu'il a commis la première faute de ne pas s'instruire.

D'autres enfin s'abstiennent du vote dans la pensée de décliner toute responsabilité. Ils pensent seulement assurer leur tranquillité de conscience par un sophisme. On est responsable de son abstention, parce qu'on n'a pas concouru soit à faire le bien, soit à empêcher le mal.

15. Le patriotisme. — Aimer son pays, c'est bien, mais ce n'est pas assez, il faut donner la preuve de cet amour : le *patriotisme pratique*, voilà ce qu'il est nécessaire d'apprendre. C'est la forme la plus noble du courage; c'est cette vertu qui soutient le soldat pendant la guerre et qui lui ôte l'envie de se plaindre des dangers, et de ce qu'on supporte parfois moins bien que le danger, privations, souffrances de toutes sortes, physiques et morales, la faim, la soif et la fatigue, l'angoisse et le deuil. En temps de paix, c'est cette ardeur patriotique qui entraîne le soldat à la caserne et lui rend la discipline tolérable, et c'est elle qui attache à leurs devoirs spéciaux tous les fonctionnaires de l'État; par elle ils sont préservés de cette mesquine idée qu'ils ne doivent travailler qu'en proportion de leurs traitements; ils aiment leur besogne et leur fonction pour l'utilité qu'en retire la patrie et considèrent comme une simple indemnité leurs émoluments. Les citoyens de tout ordre trouvent dans cette généreuse affection de la patrie ce qui les relève de l'obscure vulgarité de leur commerce, de leur industrie. Tous deviennent de véritables organes du corps social. On en vient à faire son devoir non par stricte obéissance à la loi, mais avec amour et par amour de la patrie : alors seulement on est capable de faire plus que son devoir, de sacrifier sa vie, ses affections pour l'honneur du pays, sans que ce soit un ordre de la loi. Ceux-là sont les plus méritants et les plus dignes de mémoire qui étant, soit par leur âge, soit par leur sexe, soit par les services rendus, dans une situation qui les dispense honnêtement d'affronter les périls, vont au-devant d'eux d'un mouvement spontané afin de donner l'exemple du dévouement et du sacrifice.

Plus qu'aucune autre la nation française a le droit de se glorifier du patriotisme de ses enfants. A toutes les époques de son histoire, on trouve des pages lumineuses éclairées par la gloire du sacrifice volontaire. Pour évoquer quelques rayons de cette gloire. il suffit de citer au hasard de la mémoire, Eustache de Saint-Pierre, Alain Blanchard, la dame de la Roche-Guyon, Jeanne d'Arc, Jeanne Hachette, Bayard, d'Assas, Plélo, Michel de l'Hospital, La Tour d'Auvergne, Hoche, Marceau, Coriolis, et de plus humbles dont le patriotisme n'est pas moins admirable, les Debordeaux, les Debergues, les Leroy, modestes instituteurs qui se firent tuer plutôt que de montrer à l'ennemi les chemins de France, et Mlle Dodu, qui, receveuse d'un bureau télégraphique, rétablit par trois fois, au risque de sa vie, les communications de son bureau avec l'armée française et l'avertissait des mouvements des Prussiens.

CHAPITRE IV

LES FONCTIONS DE L'ÉTAT

SOMMAIRE. = LES OBLIGATIONS DE L'ÉTAT. — 1. Principe de mutualité. — 2. La sécurité publique. — 3. La fortune publique. — 4. Création des voies commerciales, etc., et propagation de l'instruction et de la moralité. — 5. Encouragement aux lettres, aux sciences et aux arts. — 6. Limite de l'intervention de l'État. = LE POUVOIR LÉGISLATIF. — 7. Devoirs du législateur. — 8. Ses droits : inviolabilité de sa personne. — 9. Le droit d'enquête, le vote et l'impôt, le vote de la paix ou de la guerre. = LE POUVOIR EXÉCUTIF. — 10. La légalité. — 11. Le gouvernement est une tutelle. — 12. Droit de nomination et de révocation des fonctionnaires. — 13. Est-on tenu d'accepter une fonction du gouvernement? = LE POUVOIR JUDICIAIRE. — 14. Qualités intellectuelles du magistrat : science juridique et discernement. — 15. Qualités morales : intégrité, indépendance. — 16. Substitution de la société à l'individu. — 17. Le droit de punir. — 18. C'est une convention qui établit la proportion des peines.

§ 1. — LES OBLIGATIONS DE L'ÉTAT.

1. Principe de mutualité. — Les citoyens doivent leur concours à l'État ; mais, en retour, l'État a des devoirs envers eux. On ne comprend pas les obligations des uns sans la réciprocité de l'autre. Il est faux d'ailleurs d'envisager l'État comme un être abstrait, ayant une existence indépendante de celle des individus ; le jour où les citoyens sont dispersés ou divisés en factions politiques, ou encore dépouillés et maltraités par l'étranger, l'État se désorganise ; les membres une fois disjoints et desséchés, le corps ne vit plus.

2. La sécurité publique. — La première obligation de l'État est d'assurer la sécurité des citoyens : contre les attaques extérieures, par sa vigilance à les prévoir et par sa vigueur à les réprimer ; contre les troubles de l'intérieur, par une sage administration qui les prévienne en supprimant les abus, et au besoin par son énergie à maintenir le respect des lois.

La sécurité est le moindre avantage que les citoyens

puissent exiger, leur liberté n'est pas moins précieuse; l'État a pour mission de garantir à chacun sa part légitime de liberté, ce qui comporte le double devoir pour lui : d'abord de ne pas absorber au profit de l'autorité la liberté compatible avec l'ordre public; ensuite d'empêcher les empiétements de l'un ou de l'autre sur la liberté d'autrui.

S'il est interdit de se faire justice soi-même [1], soit contre les individus, soit contre les États, c'est que la société à qui nous confions nos intérêts aura souci de nous défendre; elle doit donc veiller sur l'honneur commun du pays comme sur la sécurité de son territoire, de son commerce, de son industrie, etc., et aussi garantir le respect de l'honneur de chacun autant que de sa fortune et de sa personne. Comment d'ailleurs la liberté serait-elle assurée si nous n'étions préservés de l'insulte et de l'outrage? Puisqu'il se substitue à l'individu, l'État doit prendre en main la défense de tous ses droits, empêcher qu'on ne les viole ou sévir contre les violateurs.

3. La fortune publique. — L'État est le gérant de la fortune publique, constituée non seulement par le trésor qu'alimentent les contributions pécuniaires et par le domaine national, eaux et forêts, palais, musées, etc., mais de plus par toutes les ressources que l'intelligence et l'activité des citoyens tirent de la culture, de l'industrie, du commerce et des arts; son devoir est d'administrer avec sagesse et économie. Toutes les mesures qui amoindrissent ou rendent incertaine la valeur de la propriété privée, mobilière ou immobilière ont pour conséquence un affaiblissement des ressources et du crédit de l'État. Et lorsque les finances publiques sont mal dirigées, gaspillées, les fortunes privées — et sous ce terme il faut entendre non pas uniquement la richesse des gros possesseurs, mais la situation financière de tous les citoyens de toute condition, — se rétrécissent, disparaissent, et la misère générale devient une cause de paralysie de toute la nation. Le devoir de l'État est de dresser le *budget* avec clairvoyance et modération.

---

1. Voir, dans nos *Problèmes de morale*, V, 11, le cas du cordonnier justicier de Messine.

4. Création des voies commerciales, etc., et propagation de l'instruction et de la moralité. — L'État aura-t-il rempli toute sa tâche, et le but que s'est proposé l'association politique sera-t-il complètement atteint lorsqu'ainsi le mal aura été empêché ou réprimé? Ce n'est pas suffisant; la communauté dispose des ressources que chaque membre lui apporte; elle en doit faire usage en faveur du développement intégral de la nation, pour faciliter les transactions commerciales et la production industrielle, en perçant ou en entretenant les routes, les canaux; en établissant des voies et moyens de communication rapides et en concluant avec les autres États des conventions qui protègent équitablement les intérêts des citoyens. L'État a la charge plus haute encore d'aider les citoyens dans l'accomplissement de leurs devoirs; l'instruction et l'éducation nationales doivent être par lui encouragées et favorisées; en multipliant les écoles, les bibliothèques, les musées, il donne à tous le moyen d'instruire leur esprit et de perfectionner leur moralité; il importe qu'aucune classe de citoyens ne soit dans l'impossibilité de parvenir à la connaissance de ses devoirs et réduite à ignorer comment se forme une société, quels services elle rend aux individus et en échange de quelles obligations elle acquiert le droit de les contenir et de les diriger.

5. Encouragement aux lettres, aux sciences et aux arts. — Enfin, comme il ne doit rien négliger de ce qui fait la grandeur morale d'un pays et son influence dans le monde, l'État doit sa protection la plus large aux manifestations de la pensée et du génie, aux œuvres d'art, aux travaux scientifiques, et surtout aux grandes œuvres littéraires qui, tout à la fois, répandent des idées généreuses et fécondes et portent au loin la langue et, avec la langue, l'esprit de la nation.

6. Limite de l'intervention de l'État. — L'État, c'est tout le monde ou ce n'est personne. C'est une égale utopie de vouloir sacrifier l'individu à l'État ou anéantir l'État au profit de l'individu. Sans les individus, l'État n'est qu'un être chimérique, un mot vide; sans l'État l'individu est condamné à l'impuissance et à la mort. Toutefois il est bien certain que l'État a été constitué pour le bonheur des individus. Son action a pour but de grouper les forces et de les faire servir sous une direction précise et constante à l'œuvre commune. Il doit se borner dans ce rôle et ne pas envahir la vie privée, ne pas supprimer l'initiative individuelle. Il garde un droit de contrôle; mais qu'il ne le fasse pas dégénérer en vexations, en abus d'autorité qui détruiraient la liberté. Tout ce que l'individu peut faire seul et sans nuire à personne, l'État doit le permettre, et mieux encore, si l'entreprise individuelle est utile au bien public, il doit l'aider, l'assister, mais sans l'absorber.

En laissant aux individus cette liberté d'entreprendre, l'État se préserve de cet excès des individus qui prétendent tout demander et tout obtenir de l'État.

§ 2. — Le pouvoir législatif

7. Devoirs du législateur : il doit être instruit des besoins du pays et inaccessible à la corruption. — Autant valent ses lois, autant vaut un peuple : bonnes, elles le font grand et prospère; mauvaises, elles l'abaissent et le ruinent. Les lois ne seront pas bonnes si le législateur n'est intelligent, instruit, sage et honnête.

Le premier devoir du citoyen qui aspire à l'honneur de représenter son pays dans l'assemblée législative est d'étudier soigneusement tout ce qui concerne l'administration, l'économie, l'histoire et la législation. Rien de ce qui touche aux intérêts de la patrie ne lui doit être ignoré. Socrate, comme nous le présente Xénophon, raille avec son ironie pénétrante ceux qu'une ambition personnelle, plus que le dévouement au bien public, pousse à solliciter les suffrages avant qu'ils aient acquis la capacité et l'expérience nécessaires. Il entreprend le jeune Glaucon, qui pérore dans les réunions électorales et, vide d'idées, jette des mots en abondance; il lui fait avouer qu'il ne connaît rien des ressources militaires du pays, rien de la marine ni des colonies, rien des finances, pas plus des dépenses utiles ou inutiles que des revenus certains ou aléatoires, rien non plus du commerce ni de l'agriculture, rien des relations de la république avec les autres puissances, et finalement il lui demande sur quel objet il pourra bien faire une loi puisqu'il est ignorant de tout ce par quoi vit un État.

La moralité du législateur n'est pas moins nécessaire que sa compétence. Dans l'exercice de son mandat, son premier devoir est de n'en pas excéder la mesure : et s'il a été nommé, par exemple, pour élaborer seulement des lois d'ordre et d'administration, il lui est interdit de sortir de ce cadre et de changer la forme de la constitution. Il reçoit ses pouvoirs de ses mandants ou électeurs, et, s'il les dépasse, il commet un abus.

De ce même principe ressort l'obligation pour l'élu de respecter scrupuleusement le programme qu'il présenta étant candidat. C'est pour ainsi dire le contrat passé entre lui et les électeurs. S'il n'y est pas fidèle, le lien qui les unit est rompu, l'élu ne représente plus vraiment ses clients. Jamais il ne doit songer à l'avantage ou au désavantage personnel que lui apporterait une loi : l'intérêt public et la justice, voilà les deux seuls motifs qui auront du poids sur sa conscience. Il n'est rien de plus criminel, il n'est pas d'abus de confiance plus odieux que celui qu'il commettrait en faisant fléchir du côté de sa fortune la loi dont il a reçu mission de définir l'esprit et d'écrire le texte.

Envers le pouvoir exécutif, la conduite du législateur est tracée par la nature même de sa fonction, qui est de contrôler, de contenir et de circonscrire l'action de ce pouvoir ; il faut donc qu'il évite toute compromission, qu'il ne sollicite ni n'accepte du gouvernement aucune faveur qui enchaînerait sa conscience ou seulement laisserait suspecter son indépendance. Il est contraire à la moralité même du législateur qu'il soit fonctionnaire, c'est-à-dire soumis à une autorité hiérarchique ; il n'est qu'une fonction non incompatible avec son mandat : c'est celle de ministre, précisément parce que dans ce cas il n'a pas de supérieur hiérarchique. En toute circonstance enfin, qu'il se souvienne qu'il n'est plus seulement lui-même, mais une fraction du peuple.

8. Ses droits ; la personne du législateur est inviolable. — Il est nécessaire qu'aucune préoccupation des rivalités des individus ou des partis ne dérange l'esprit du législateur de la considération du droit. Il doit être inaccessible à la crainte et à la corruption ; mais il faut aussi le garantir dans l'exercice de son mandat. L'inviolabilité de sa personne est un droit pour lui, un devoir pour tous, gouvernement et citoyens. Que seront les lois si les représentants de la nation les votent sous l'empire de la terreur, s'ils peuvent redouter que leurs biens, leur liberté, leur vie ne soient en danger, exposés aux attaques de ceux dont la loi réprime les abus ou les coupables appétits ?

Il ne suffit pas que cette garantie soit donnée à leurs délibérations et que la sécurité soit assurée dans la salle où ils délibèrent. Qu'ils les retrouvent au dehors, en tous endroits et à toute heure ; sinon l'inviolabilité est illusoire et la liberté de leur conscience par là même incertaine.

9. Le droit d'enquête, le vote de l'impôt, le vote de la paix ou de la guerre. — Parmi les autres droits des législateurs figure le droit d'enquête. C'est à eux que revient la charge de *vérifier les actes du gouvernement* et de prononcer si l'on peut ou non avoir confiance en sa sagesse. A eux aussi appartient le droit de *voter le budget*, d'approuver les dépenses et d'établir les impôts ; enfin le gouvernement d'un pays libre ne peut de sa propre autorité lancer la nation dans les aventures de la guerre. Les chambres élues sont dans une question aussi grave le seul pouvoir capable de déclarer ce qu'exige le salut de la patrie : la déclaration de guerre et les traités de paix doivent être soumis à leur sanction et revêtir ainsi un caractère légal.

§ 3. — LE POUVOIR EXÉCUTIF : DEVOIRS ET DROITS DU GOUVERNEMENT ET DES FONCTIONNAIRES.

10. La légalité. — Le pouvoir exécutif appartient à ceux à qui la Constitution remet le soin de faire exécuter les lois.

Il comprend le droit d'ordonner toutes les mesures d'ordre et de police et d'employer, en cas de besoin, la force armée.

Son caractère et ses limites sont nettement indiqués : un seul mot les résume, la *légalité*.

La loi elle-même désigne les qualités exigibles des citoyens appelés au gouvernement, les attributions de chaque ordre de fonctionnaires et par conséquent l'étendue de leurs pouvoirs respectifs et de leur responsabilité.

Le chef de l'État, les ministres et sous leur dépendance tout le personnel administratif ont pour première obligation de respecter scrupuleusement la lettre et l'esprit de la loi, puisque leur mission est de la faire respecter par tous les citoyens. Toute infraction, même la moindre, est de leur part plus grave et plus corruptrice, et cela doublement : elle est à la fois un abus de confiance, puisque les citoyens se sont fiés à eux en leur accordant l'autorité, et un exemple pernicieux, qui corrompt la moralité publique et désorganise le service des intérêts de l'État.

11. Le gouvernement est une tutelle. — Le gouvernement a pour raison d'être et pour objet le bonheur des citoyens : ceux qui en ont l'honneur et la charge ne doivent sous aucun prétexte le détourner de son but et faire servir à leurs passions, à leur fortune personnelle la puissance dont ils sont dépositaires. Ce que Platon et Cicéron disent excellemment des chefs d'État s'applique exactement à tous les fonctionnaires, de quelque ordre et de quelque degré qu'ils soient. Ils doivent observer ces deux préceptes : « le premier, de se dévouer à l'intérêt de leurs concitoyens au point d'y rapporter toutes leurs actions sans jamais songer à eux-mêmes ; le second, d'embrasser dans leur sollicitude tout le corps politique, afin de ne pas consacrer leurs soins à une seule partie au préjudice des autres. Il en est de l'administration de l'État comme d'une tutelle, qui doit être gérée dans l'intérêt des pupilles et non dans celui du tuteur. Ceux qui servent une partie des citoyens en négligeant les autres introduisent dans la cité le plus redoutable des fléaux, la sédition et la discorde. »

Plus la situation du fonctionnaire est élevée et son autorité étendue, plus il est nécessaire qu'il possède la notion exacte des droits de chacun, la ferme résolution d'être juste envers tous, et l'expérience des affaires, qui écarte les erreurs et les préjudices.

Le caractère moral du fonctionnaire importe beaucoup au bien de l'État : il est nécessaire qu'il soit scrupuleux observateur des règlements, mais non moins nécessaire qu'il possède la liberté d'esprit et l'indépendance personnelle, sans lesquelles il fléchirait devant les rivalités, les compétitions, les promesses, et se préoccuperait de gagner par des complaisances la faveur de ses chefs ou l'appui de quelques-uns plutôt que la reconnaissance publique par son désintéressement et son équité.

12. Droits de nomination et de révocation des fonctionnaires. — Le gouvernement a le droit de choisir ses agents, ses fidéicommissaires, mais un de ses devoirs les plus importants est de les bien choisir, ce qui implique le droit de les révoquer. La sagesse et l'honnêteté sont les règles qui doivent présider au recrutement du personnel dans toutes les branches de l'administration. Mépriser l'intrigue, fermer la porte à la brigue, oublier les affections et les intérêts individuels afin de n'avoir en vue que l'utilité commune et la récompense du mérite et des services rendus, ces devoirs sont éminemment ceux du gouvernement.

Dans un pays libre, où, sans distinction d'origine ni de fortune, tous les citoyens participent aux charges onéreuses, l'accès des emplois publics, dans l'armée et dans l'ordre civil, doit être ouvert à tous, et la préférence accordée à la supériorité du talent et de la probité.

Respect dû au pouvoir exécutif. — En retour des obligations que leur impose leur charge, les gouvernants ont droit au respect et à la reconnaissance du peuple.

Par notre respect et notre obéissance, nous leur facilitons l'accomplissement de leur tâche, dont le succès importe à l'État. Il est juste aussi de réfléchir que ceux-là ont bien mérité de nous qui, pour maintenir notre sécurité et favoriser la prospérité de nos affaires, ont volontairement renoncé à leur tranquillité, à l'accroissement de leur fortune, à leurs plaisirs, à leurs études personnelles, parfois même risqué leur salut.

13. Est-on tenu d'accepter des fonctions du gouvernement? — Le gouvernement n'est sans doute pas la Patrie, il n'est pas même l'État : on ne lui doit donc pas les mêmes choses qu'à la Patrie et à l'État. Mais il les représente, et leur sort est parfois lié au sien, c'est ce qui interdit de combattre et de déconsidérer le gouvernement quand il ne cesse pas d'être fidèle exécuteur des lois. Mais sommes-nous obligés de lui prêter notre concours effectif? On peut dire en principe que tout citoyen doit faire profiter l'État et la Patrie de ses lumières et de son activité; mais les fonctions conférées par le gouvernement ne sont pas le seul moyen de coopérer à la grandeur et au bien-être publics. D'où le droit de refuser notre aide et notre collaboration à un gouvernement qui n'a pas notre sympathie.

Seulement, une fois que la fonction a été acceptée, le devoir positif est de s'y dévouer et de ne travailler en aucune façon contre le gouvernement. Ce serait, à vrai dire, une trahison : s'il advient que sa conduite contredise nos opinions et nos sentiments, que les ordres donnés répugnent à notre conscience, le devoir est de nous démettre de nos fonctions. On n'est jamais tenu d'agir contre sa conscience, ni de l'asservir à des mesures qu'on réprouve. Redevenu libre de tout engagement par sa démission, l'ex-fonctionnaire recouvre le droit, en tant que citoyen, de combattre selon les moyens légaux les actes qui lui étaient imposés comme fonctionnaire.

§ 4. — LE POUVOIR JUDICIAIRE.

A côté du législateur, qui est le fondateur et le conservateur de la cité, il n'est pas dans l'État de situation plus importante ni plus auguste que celle du magistrat. Il est le gardien des lois et de la morale publique. A lui incombe la tâche de poursuivre les coupables, de découvrir la fraude, de discerner le droit de chacun et de lui rendre justice. Il est le médiateur dans les différends des individus entre eux et dans les contestations entre les individus et la société : il applique la justice distributive.

Les conditions de compétence et de probité exigées du législateur ne peuvent faire défaut au magistrat : l'un comme l'autre, par leur insuffisance ou leur indignité, enlèvent de l'autorité à la loi et énervent la justice.

14. Qualités intellectuelles du magistrat : la science juridique et le discernement. — Le vrai magistrat est un homme qui connaît toutes les lois, non seulement les nouvelles, mais les anciennes, qui en a étudié les origines et les effets, qui a pénétré jusqu'au fond des institutions des divers temps, et même ne s'est pas borné à celles de son pays, mais a étendu sa science à celles des pays étrangers, afin de comparer. Il en a vu non seulement la lettre, mais l'esprit. Et il saura débrouiller les arguties des plaideurs habiles à contourner la loi, à la fausser.

Ce n'est pas encore assez : de quoi lui servira cette science de juriste s'il ne possède en même temps un discernement exercé, l'art de découvrir à travers l'entremêlement des faits et les allégations suspectes des ayants-cause la vérité pure? Une longue expérience des hommes lui est donc nécessaire, à moins que des qualités natives exceptionnelles n'y suppléent.

15. Qualités morales : l'intégrité et l'indépendance. — Intelligent, instruit, le magistrat n'est pas encore l'homme que la magistrature exige, s'il n'a l'amour désintéressé de la justice en toute chose. Sur son siège, le juge n'a plus ni famille ni amis; il devient impersonnel et ne connaît plus les noms de ceux qu'il juge; il n'a même plus de concitoyens; dans un débat entre un citoyen et un étranger, il ne voit que deux hommes, l'un ayant raison, l'autre ayant tort. Il ne connaît plus davantage la distinction de l'individu et de l'État, du gouverné et du gouvernement. Si l'État a outre-passé son droit, il ordonne restitution à l'individu; si le gouvernement est sorti de ses attributions, il remet sur pied le droit du gouverné : il est sans passion, sans intérêt, sans crainte. Il n'aime que la justice; on peut lui arracher la langue, on ne peut le forcer à prononcer un arrêt inique.

Le suprême devoir et le premier droit du magistrat, c'est l'*indépendance* : indépendance de caractère et de fortune, indépendance de travail. Il ne doit jamais donner naissance au soupçon : il faut qu'il plane au-dessus des luttes et des intérêts des partis politiques et des parties plaidantes, et demeure l'incorruptible arbitre, également respecté de tous. Pour cela, il faut qu'il s'abstienne de toute immixtion dans les affaires industrielles ou commerciales, qu'il ne puisse être mêlé à aucun agiotage, afin qu'aucun de ceux qu'il juge ne soit excité à révoquer en doute l'impartialité et l'incorruptibilité du magistrat. Pour la même cause, il doit vivre en dehors de toute querelle politique ; indépendant envers le pouvoir exécutif comme à l'égard des simples particuliers, il ne doit cumuler aucune autre fonction ; il faut qu'aucune faveur ne puisse monter jusqu'à lui.

Le magistrat qui se laisse gagner par les présents ou les promesses ou intimider par les menaces, de quelque part qu'elles viennent, et rend un jugement vénal, est prévaricateur. Celui qui refuse de juger commet le déni de justice : il a forfait. Devant la conscience publique comme devant les codes des nations, sa forfaiture est condamnée, et des peines sévères lui sont réservées.

16. Substitution de la société à l'individu[1]. — Le pouvoir judiciaire concentré dans la conscience des magistrats retire aux individus le droit de se faire justice eux-mêmes ; dans la personne du juge, la société se substitue à eux, dans le double but de l'ordre public et d'une meilleure distribution de la justice.

Si chacun à son gré et selon l'occasion entreprenait de régler ses différends de sa propre autorité, la vie sociale serait bientôt transformée en une guerre ouverte et continuelle. Nul terme ; qui prononcerait le dernier jugement ? Chacun se croirait toujours en arrière de son droit.

Ajoutons que l'offensé, en proie au ressentiment, ne trouverait jamais de punition assez forte pour venger son injure. La sensibilité émue corromprait fatalement son jugement : il ne saurait être impartial et par conséquent juste.

Dans l'ordre des affaires civiles, il est nécessaire qu'une

---

1. Voir dans nos *Problèmes de morale*, VI, 6.

décision supérieure tranche le différend ; cela est si vrai que d'elles-mêmes le plus souvent les parties choisissent un arbitre. Quel arbitre sera plus sûr que la société elle-même, qui porte autant d'intérêt à l'un qu'à l'autre, puisque de chacun elle attend même service ? Le juge qui la représente est l'arbitre en qui doivent avoir confiance les adversaires, puisqu'avant de lui conférer la fonction l'État a exigé de lui des garanties de savoir et d'intégrité.

17. Le droit de punir [1]. — Dans l'ordre des affaires criminelles, la répression du mal ne peut être laissée au choix ni à l'action personnelle des individus. Dans bien des cas, elle manquerait de proportion et d'équité ; dans beaucoup d'autres, elle serait impossible.

Pendant longtemps on admit l'idée que la société, en punissant les coupables, exerçait une vengeance, et l'on n'était pas loin d'accepter le principe de l'équivalence ou de la similitude des tortures, œil pour œil, dent pour dent, ou le principe du châtiment instantané, sans jugement — que les Américains ont appelé loi de Lynch —. Cette apparente justice n'est au fond qu'une injustice, les circonstances et les causes n'étant jamais identiques.

Après de longs siècles seulement, un criminaliste milanais, Beccaria, posa le vrai principe du droit pénal : « Pour qu'une peine quelconque ne soit pas un acte de violence d'un seul ou de plusieurs contre un citoyen ou un particulier, elle doit être essentiellement publique, prompte, nécessaire, la plus légère possible eu égard aux circonstances, proportionnée au délit, édictée par les lois. »

Ce principe fait perdre à la pénalité le caractère de la passion et de la vengeance, pour lui imprimer celui de la raison et de la moralité. On ne dira pas la *vindicte publique*, mais la justice publique. En punissant les malfaiteurs, la société exerce un double droit de répression et de protection.

Tous ceux qui vivent dans un pays sont reliés entre eux par les lois de ce pays : nul n'est censé les ignorer, car tous

---

1. Voir dans nos *Problèmes de morale*, La faute et l'expiation, VII, 1.

peuvent les connaître s'ils le veulent. Parmi les lois en vigueur se trouvent les lois pénales qui spécifient les actes défendus et réputés crimes ou délits et les peines, soit afflictives, soit infamantes, ou à la fois afflictives et infamantes, attribuées à ces actes. Dès lors quiconque transgresse la loi tombe sous le coup de la peine; il a préféré risquer le châtiment plutôt que de renoncer à sa passion. C'est un trouble pour l'État; s'il n'y met bon ordre, la loi est affaiblie; il faut que la sanction réprime l'abus et empêche l'imitation, qu'encouragerait l'impunité.

La société s'engage envers chacun de ses membres à le protéger, puisqu'elle exige de lui, dans l'intérêt de l'ordre public, l'abandon de sa vengeance personnelle. Cet engagement, elle doit le tenir; son propre salut est en jeu; elle a donc le droit de mettre hors d'état de nuire le pervers que le frein de la loi n'arrête pas.

18. C'est une convention qui établit la proportion des peines. — Le principe posé par Beccaria écarte tout arbitraire. Il n'y aura pas de juridictions exceptionnelles, de peines imprévues, de tortures secrètes, ni débordement de cruauté. La loi établit une échelle graduée des délits et des peines. Rationnellement? Non tout à fait, mais le plus possible. Conventionnellement plutôt. Mais la convention est publique et générale : chacun sait à quoi il s'expose.

Ainsi, est-il rationnel absolument que le vol soit puni des travaux forcés, soit à perpétuité, soit à temps, ou de la réclusion, ou de la simple prison, selon les circonstances de lieu, d'heures et de moyens, tandis que la calomnie sera réprimée par des peines inférieures, ou même impunie? Non sans doute, le législateur ne croit pas avoir découvert la formule idéale de la pénalité. Mais il a apprécié de son mieux le rapport entre l'action coupable, les circonstances où elle se produit, et la punition applicable. Il a proclamé, promulgué sa décision. La convention tient lieu de la raison, puisque tous y adhèrent implicitement.

CHAPITRE V

LA DÉMOCRATIE

Sommaire. — 1. Principe de la démocratie. — 2. L'esprit de 1789. — 3. La famille démocratique. — 4. L'exercice des droits suppose l'accomplissement des devoirs du citoyen. — 5. Le vrai sens de l'égalité démocratique. — 6. Idéal de la démocratie. — 7. L'esprit de parti.

1. Principe de la démocratie. — Le régime politique de la *démocratie* répond au désir naturel d'égalité qui germe dans le cœur de tous les hommes tant qu'il n'a pas été gâté par la jouissance du pouvoir et des privilèges. L'égalité n'existe ni dans les facultés intellectuelles et les talents, ni dans les forces physiques. La formule démocratique « un homme en vaut un autre », n'est vraie qu'en ce qui concerne l'*unité civique* que représente chaque citoyen. Ainsi le principe démocratique se fonde sur la considération de l'homme à sa naissance : *tous les hommes naissent égaux en droit*, et affirme qu'il *est des droits nécessaires* dont tous les hommes doivent jouir, quelles que soient d'ailleurs les inégalités de mérite ou de fortune déterminant des situations diverses dans la société. Ces droits nécessaires sont la liberté individuelle, la propriété personnelle, l'admissibilité à concourir aux fonctions publiques ; nul n'en saurait être privé à moins d'indignité. En conséquence le régime démocratique interdit les privilèges, l'hérédité des charges et emplois publics, les tribunaux exceptionnels et les lois d'exception, ouvre à tous la participation à la gestion politique de l'État et répartit les impôts entre tous proportionnellement aux ressources de chacun.

2. L'esprit de 1789. — Le régime démocratique s'est définitivement établi en France depuis la révolution de 1848, mais sa première manifestation positive et concrète remonte à la révolution de 1789, préparée par l'expansion des doctrines libérales des philosophes du xviiie siècle, Voltaire, J.-J. Rousseau, Montesquieu, Diderot, Condorcet, etc. Les principes rationnels ordinairement désignés sous le nom de

« principes de 89 », ont été résumés par l'assemblée Constituante dans la *Déclaration des droits de l'homme et du citoyen*. Les articles essentiels sont à citer et à retenir; ils forment la base du droit public français.

« Les hommes naissent et demeurent libres et égaux en droits.

« Ces droits sont la liberté, la propriété, la sûreté et la résistance à l'oppression.

« La liberté consiste à pouvoir faire tout ce qui ne nuit pas à autrui.

« Le principe de toute souveraineté réside essentiellement dans la nation.

« La loi est l'expression de la volonté générale. Tous les citoyens ont le droit de concourir personnellement ou par leurs représentants à sa formation. Elle doit être la même pour tous, soit qu'elle protège, soit qu'elle punisse.

« Tous les citoyens, étant égaux à ses yeux, sont également admissibles à toutes dignités, places et emplois publics, selon leur capacité, et sans autre distinction que celle de leur vertu et de leurs talents.

« Nul homme ne peut être accusé, arrêté, ni détenu que dans les cas déterminés par la Loi, et selon les formes qu'elle a prescrites.

« Nul ne doit être inquiété pour ses opinions, même religieuses, pourvu que leur manifestation ne trouble pas l'ordre public établi par la loi.

« La libre communication des pensées et des opinions est un des droits les plus précieux de l'homme; tout citoyen peut donc parler, écrire, imprimer librement.

« Pour l'entretien de la force publique, et pour les dépenses d'administration, une contribution commune est indispensable; elle doit être également répartie entre tous les citoyens en raison de leurs facultés.

« Tous les citoyens ont droit de constater par eux-mêmes ou par leurs représentants la nécessité de la contribution publique, de la consentir librement, d'en suivre l'emploi, et d'en déterminer la quotité, l'assiette, la recouvrance et la durée.

« Les contributions publiques sont délibérées et fixées chaque année par le Corps Législatif.

« La propriété étant un droit inviolable et sacré, nul ne peut en être privé, si ce n'est lorsque la nécessité politique, légalement constatée l'exige, évidemment, et sous la condition d'une juste et préalable indemnité.

3. La famille démocratique. — Les principes de 1789 ont profondément modifié l'organisation légale de la famille et par suite les mœurs domestiques. Alexis de Tocqueville en trace un tableau favorable.

« A mesure que les mœurs et les lois sont plus démocratiques, les rapports du père et du fils deviennent plus intimes et plus doux : la règle et l'autorité s'y rencontrent moins souvent ; la confiance et l'affection y sont souvent plus grandes, et il semble que le lien naturel se resserre tandis que le lien social se détend.

« Dans la famille démocratique le père n'exerce guère d'autre pouvoir que celui qu'on se plaît à accorder à la tendresse et à l'expérience d'un vieillard. Ses ordres seraient peut-être méconnus, mais ses conseils sont d'ordinaire pleins de puissance. S'il n'est point entouré de respects officiels, ses fils du moins l'abordent avec confiance. Il n'y a point de formule reconnue pour lui adresser la parole mais on lui parle sans cesse, et on le consulte toujours. Le maître et le magistrat ont disparu ; le père reste. Il suffit pour juger de la différence des deux états sociaux sur ce point de parcourir les correspondances domestiques que les aristocraties nous ont laissées. Le style en est toujours correct, cérémonieux, rigide, et si froid que la chaleur naturelle du cœur peut à peine s'y sentir à travers les mots. Il règne au contraire dans toutes les paroles qu'un fils adresse à son père chez les peuples démocratiques quelque chose de libre, de familier et de tendre à la fois, qui fait découvrir au premier abord que des rapports nouveaux se sont établis au sein de la famille. La démocratie attache aussi les frères les uns aux autres, mais elle s'y prend d'une autre manière.

« Sous les lois démocratiques les enfants sont parfaitement égaux, par conséquent indépendants ; rien ne les rapproche

forcément, mais aussi rien ne les écarte, et comme ils ont
une origine commune, qu'ils s'élèvent sous le même toit,
qu'ils sont l'objet des mêmes soins et qu'aucune prérogative
particulière ne les distingue ni ne les sépare, on voit aisément naître parmi eux la douce et juvénile intimité du premier âge. Le lien ainsi formé au commencement de la vie, il
ne se présente guère d'occasions de le rompre; car la fraternité les rapproche chaque jour sans les gêner. Ce n'est donc
point par les intérêts, c'est par la communauté des souvenirs et la libre sympathie des opinions et des goûts, que la
démocratie attache les frères les uns aux autres. Elle divise
leur héritage, mais elle permet que leurs âmes se confondent.

« La douceur de ces mœurs démocratiques est si grande
que les partisans de l'aristocratie eux-mêmes s'y laissent
prendre, et que, après l'avoir goûtée quelque temps, ils ne
sont point tentés de retourner aux formes respectueuses et
froides de la famille aristocratique. Ils conserveraient toujours les habitudes domestiques de la démocratie pourvu
qu'ils pussent rejeter son état social et ses lois. Mais ces
choses se tiennent et l'on ne saurait jouir des unes sans
souffrir les autres. »

**4. L'exercice des droits suppose l'accomplissement
des devoirs du citoyen.** — Il ne serait ni prudent ni honnête d'exalter l'orgueil de l'homme et l'orgueil du peuple en
ne leur enseignant que leurs droits. Il faut ne les laisser
pas ignorer leurs devoirs ou les oublier. L'égalité naturelle
n'a qu'une portée et un sens relatifs; elle ne peut être raisonnablement maintenue qu'à la condition de l'égalité de la
valeur morale des citoyens.

Un penseur du xixe siècle, Joubert, a fort bien marqué la
signification de l'égalité *en droit* : « Les hommes, dit-il,
naissent inégaux; le grand bienfait de la société est de
diminuer cette inégalité autant qu'il est possible, en procurant
à tous la sûreté, la propriété nécessaire, l'éducation et les
secours. »

Procurer l'éducation, c'est enseigner les devoirs[1].

1. Dans la *Déclaration des Devoirs*, que Merlin de Douai fut
chargé de présenter à la Convention (séance du 23 germinal

Montesquieu a dit aussi : « Il ne faut pas beaucoup de probité pour qu'un gouvernement monarchique ou un gouvernement despotique se maintienne et se soutienne. La force des lois dans l'un, le bras du prince dans l'autre, règlent ou contiennent tout. Mais dans un état populaire, il faut un ressort de plus, la vertu. »

5. Le vrai sens de l'égalité démocratique. — La liberté et l'égalité tournées au dérèglement deviennent non plus l'essence mais le poison de la démocratie. « Le principe de la démocratie, dit Montesquieu, se corrompt non seulement lorsqu'on perd l'esprit d'égalité, mais encore quand on prend l'esprit d'égalité extrême, et que chacun veut être égal à celui qu'il choisit pour le commander. Pour lors le peuple ne pouvant souffrir le pouvoir même qu'il confie, veut tout faire par lui-même, délibérer pour le Sénat, exécuter pour les magistrats, et dépouiller tous les juges.

« Il ne peut plus y avoir de vertu dans la République. Le peuple veut faire les fonctions des magistrats : on ne les respecte donc plus. Les délibérations n'ont plus de poids, on n'a donc plus d'égards pour les sénateurs, et par conséquent pour les vieillards. Que si l'on n'a plus de respect pour les vieillards, on n'en aura plus pour les pères; les mères ne méritent pas plus de déférence ni les maîtres plus de soumission. Tout le monde parviendra à aimer le libertinage : la gêne du commandement fatiguera comme celle de l'obéissance. Les femmes, les enfants, les esclaves[1] n'auront de

an III — 12 avril 1795), comme *principes essentiels de l'ordre social et de la République*, il est dit :

« *Celui qui parle aux citoyens de leurs vertus sans les avertir de leurs erreurs, ou de leurs droits sans leur rappeler leurs devoirs, est, ou un flatteur qui les trompe, ou un fripon qui les pille, ou un ambitieux qui cherche à les asservir.*

« Le véritable ami du peuple est celui qui lui adresse courageusement des vérités dures; c'est lui que le peuple doit chérir, honorer et préférer dans les élections. »

1. Montesquieu emploie ce terme, de même que celui de *Sénat* parce qu'il prend ou feint de prendre pour type la société antique; au lieu de *Sénat* disons *Parlement*, au lieu d'*esclaves* disons *serviteurs*, l'idée reste aussi vraie.

soumission pour personne. Il n'y aura plus de mœurs, plus d'amour de l'ordre, plus de vertu. »

La démocratie a donc deux excès à éviter : l'esprit d'inégalité qui la mène à l'aristocratie et au gouvernement d'un seul ; et l'esprit d'égalité extrême, qui la conduit au despotisme d'un seul comme le despotisme d'un seul finit par la conquête...

Telle est la différence entre la démocratie réglée et celle qui ne l'est pas, que dans la première, on n'est égal que comme citoyen, et que dans l'autre, on est encore égal, comme magistrat, comme sénateur, comme juge, comme père, comme mère, comme maître. » (*L'Esprit des Lois*, liv. VIII, chap. ii.)

Et Jean-Jacques Rousseau prend bien soin de délimiter aussi l'égalité : « Il ne faut pas entendre par ce mot que les degrés de puissance et de richesse soient absolument les mêmes ; mais que, quant à la puissance, elle soit au-dessus de toute violence, et ne s'exerce jamais qu'en vertu du rang et des lois ; et, quant à la richesse, que nul ne soit assez opulent pour en pouvoir acheter un autre, et nul assez pauvre pour être contraint de se vendre : ce qui suppose du côté des grands, modération de biens et de crédit, du côté des petits, modération d'avarice et de convoitise. »

6. **Idéal de la démocratie.** — Faire l'égalité par l'abaissement des éléments moralement supérieurs de la nation, ce serait contre-sens et crime de lèse-nation et de lèse-humanité. Un grand écrivain libéral du xixe siècle, Edgar Quinet, dans une page éloquente, a magistralement dépeint et prescrit l'idéal de la démocratie. « Gardez-vous, dit-il, d'abaisser le niveau moral, croyant par là rendre plus aisé l'avènement de la démocratie ; vous ferez précisément l'opposé de ce que vous voulez faire. J'ai bien peur, je l'avoue, de ces facilités de mœurs, que l'on érige en théories sublimes. Vous voulez surmonter la bourgeoisie ; ne commencez pas par lui emprunter ses vices. Tout serait perdu, si, par je ne sais quelle fascination, la misère morale des riches devenait l'objet de la convoitise des pauvres.

« Car ne pensez pas qu'à aucun prix l'homme, le genre

humain, consente à déchoir du beau moral qu'il a une fois entrevu. Il ne suffirait pas que du fond de l'abîme un grand peuple criât : j'ai faim et j'ai soif. Dieu lui jetterait la pâture du corps, mais il lui retirerait la magistrature du monde. L'avènement de la démocratie ne peut être qu'un nouveau progrès de l'esprit, de la civilisation, de l'ordre universel. Ou elle sera tout cela, ou elle ne sera jamais rien, ce qu'il est impie de supposer.

« Que faut-il pour hâter l'avenir? Qu'une contradiction manifeste éclate entre la dignité intérieure d'un peuple et sa condition réelle, que cette opposition aille toujours en s'accroissant, jusqu'à ce que, par la force des choses, elle ne puisse plus subsister, de telle sorte que l'esprit émancipe forcément le corps; car c'est ainsi que se sont accomplies toutes les émancipations durables que le monde connaît.

« Vous voulez émanciper le peuple de la plèbe; relevez donc sans relâche son esprit à la hauteur du nouveau ciel moral. Que sont ces théories par lesquelles chacun sera dispensé tôt ou tard de toutes les vertus? L'homme fera tout ce qui lui plaira, dites-vous, et jamais rien qui lui coûte. Eh ! ne voyez-vous pas que vous détruisez jusqu'au dernier ressort de l'âme ! »

7. L'esprit de parti. — Le droit égal d'exprimer librement leurs opinions et de prétendre au gouvernement amène inévitablement parmi les citoyens des groupements, nommés *partis*. La division du peuple en partis est, un fait inhérent à la liberté; il résulte de la fatale diversité des opinions, il peut être un grand mal ou un bien : Jules Barni, dans son beau livre *La morale dans la démocratie*, analyse très judicieusement le rôle des partis.

« Il peut être bon, dit-il, qu'il y ait au sein des démocraties de grands partis, je ne dirai pas un parti aristocratique et un parti démocratique, puisque, au sens propre de ces mots, cette distinction n'a plus de raison d'être dans l'État démocratique, mais un *parti conservateur*, attaché aux anciens usages, ne les modifiant pas volontiers, ayant pour devise que le mieux est l'ennemi du bien, et un parti *du progrès*, ennemi de la routine, ami des réformes, cherchant toujours le mieux ; le second poussant le premier qui sans lui n'avancerait pas ; le premier tempérant et modérant le second, qui sans lui irait trop vite ; tous deux concourant ainsi, chacun à sa manière, au bien public. Mais si les partis, au lieu de concourir ensemble au bien général, sacrifient l'intérêt public à leurs intérêts particuliers ou à leur haine réciproque, si chacun d'eux ne reconnaît de patriotisme, d'honnêteté, de mérite que chez les siens, et si, dans chacun, l'esprit de parti tient lieu de toute vertu, alors ce n'est plus un bien, mais un fléau que leur existence. On peut admettre des partis dans l'État, mais il faut repousser l'esprit de parti qui est le contraire de l'esprit public. Celui-ci engendre l'union et la concorde ; celui-là n'enfante que la haine et la discorde. Et la discorde appelle le despotisme. »

RÉSUMÉ

La patrie est la terre des aïeux. Plusieurs éléments concourent à former la patrie : la communauté du sol, des mœurs, de la tradition historique, des intérêts et de la destinée.

La patrie est naturelle, l'État est contractuel : c'est une association d'hommes réunis sous la double impulsion de l'instinct social et du besoin de mutuelle protection.

L'amour de la patrie est naturel, il n'est pas contraire au respect de l'humanité ; mais nous devons davantage à ceux qui nous touchent de plus près. L'éducation civique développe et règle l'amour de la patrie.

Dans l'État, il faut une autorité qui surveille et dirige les intérêts communs. Cette autorité peut revêtir différentes formes, monarchie ou république, aristocratie ou démocratie, mais, pour être légitime, elle doit toujours s'appuyer sur l'utilité publique, la capacité du gouvernant et la justice.

Dans un État bien constitué, il n'existe pas d'autre classement des citoyens que d'après leur mérite. Tous sont égaux devant la loi, qui est la formule du contrat social. Et les pouvoirs publics, l'exécutif, le législatif et le judiciaire, ne sont pas concentrés dans une seule main; la sécurité privée et publique y est intéressée.

Le citoyen possède deux ordres de droits, les uns civils, relatifs à la vie privée, les autres politiques, relatifs à la vie publique. Il exerce les uns et les autres conformément aux lois qui les lui confèrent et qui doivent s'inspirer du droit naturel. Ces lois sont la formule du contrat qui relie les citoyens dans cette association appelée l'État. Le premier devoir du citoyen est donc de respecter les lois et de leur obéir; il doit payer exactement l'impôt sous ses diverses formes. Il est pour ainsi dire la cotisation au prix de laquelle on s'assure à l'État comme à une compagnie contre les risques de la vie sociale.

D'ailleurs l'impôt n'est pas établi arbitrairement dans les États libres, et dans les autres la volonté qui le taxe doit le proportionner aux besoins réels du pays, et, ici comme là, il faut qu'il soit réparti équitablement.

Le service militaire est une sorte d'impôt sur la vie, sur le sang, destiné à maintenir la défense commune : chacun à son tour et tous sans distinction de rang sont obligés d'acquitter cette dette. Il importe au salut du pays que l'esprit militaire et l'éducation civique n'y dépérissent pas.

Dans l'ordre politique, les droits et les devoirs des citoyens se confondent presque. Car ils ont le devoir d'user de leurs droits, mais avec le plus de lumière et d'honnêteté possible. Dans les États où le suffrage des citoyens détermine le choix des représentants législateurs, c'est une obligation stricte pour tout électeur de voter scrupuleusement, et une faute réelle de s'abstenir.

Pour remplir tous ces devoirs et n'y point trouver d'amertume, il faut développer en soi le patriotisme, qui est l'amour sincère, sage et constant de la patrie et de son honneur.

La loi écrite est l'expression positive de la justice idéale ; elle définit les droits et les devoirs des hommes en société. Elle est, quant à sa préparation, la formule de la volonté nationale. Comme telles, c'est seulement sur le peuple qui se les donne que ces lois règnent. Elles doivent s'approprier à ses besoins et conditions : d'où vient qu'elles sont variables.

Le législateur doit offrir des garanties de savoir et de probité. Il faut qu'il soit déclaré inviolable, afin qu'il s'élève pour l'intérêt public au-dessus de toute considération de crainte ou de faveur. Il établit la loi, et il a le droit de contrôler les actes du gouvernement ; bien plus, c'est son devoir.

Le pouvoir exécutif voit ses droits et ses devoirs dans la légalité. Le gouvernement doit user du pouvoir comme d'une tutelle. Gouverner est une charge et un honneur : c'est avilir le rang suprême que d'en faire un profit. Mais les gouvernants, pour accomplir leur tâche, ont besoin de prérogatives spéciales ; ils peuvent choisir leurs agents ; mais ils doivent les choisir parmi les plus honnêtes et les plus capables. Ils ont droit au respect et à la reconnaissance des citoyens dans l'intérêt de qui ils gèrent les affaires publiques.

C'est toujours une faute grave que de décrier, de mépriser et d'affaiblir le gouvernement quand il n'agit pas contre la légalité ni contre la justice.

Le pouvoir judiciaire n'est confié qu'aux magistrats : ils n'ont dû monter sur leur auguste siège qu'à cause de leur vertu et de leur science. Ils doivent apaiser les différends entre particuliers en rendant bonne et complète justice. Même contre le pouvoir exécutif, ils ont la mission de maintenir intacts les droits des citoyens et le respect absolu de la loi.

Le magistrat représente la société, qui, impartiale envers tous, rend à chacun ce qui lui est dû et punit les coupables, et se substitue à l'individu qui serait mauvais juge en sa propre cause.

L'État doit aux citoyens la protection et l'assistance en vue de quoi ils se sont associés et payent l'impôt. La bonne gestion des intérêts communs est le devoir strict des gouvernants. Ils doivent maintenir et agrandir la fortune publique et l'intelligence de la nation, mais aussi prendre garde à cet excès : de trop absorber dans l'administration et ne laisser aucune initiative aux particuliers.

Parmi les diverses formes de gouvernement, la constitution démocratique est celle qui répond le mieux à l'idée de dignité du citoyen; elle suppose dans tout le peuple la connaissance et la pratique de la vertu. Le principe de la démocratie est que tous les hommes naissent égaux en droit; elle n'admet ni castes, ni privilèges, et ne reconnaît que deux causes, nécessairement unies, de l'attribution des fonctions publiques et des honneurs civiques, le talent et la vertu. *La Déclaration des droits de l'homme et du citoyen*, qui est comme la charte de la Révolution française de 1789, en représente l'esprit. La démocratie veut l'égale répartition des charges publiques entre les citoyens, l'élaboration de la loi par les représentants de la nation, et la liberté individuelle avec tous les droits sans lesquels elle n'est qu'un mot. Elle soumet au contrôle du Parlement l'autorité gouvernementale déléguée au chef de l'État et aux ministres par mandat temporaire.

LIVRE V

L'HUMANITÉ

———

CHAPITRE I

L'AMOUR DE L'HUMANITÉ

Sommaire. — 1. Définition et origine de l'amour de l'humanité. — 2. Il est distinct de l'amour de la patrie et de la famille, mais ne les exclut pas. — 3. La raison transforme en devoir ce sentiment.

1. Définition et origine de l'amour de l'humanité. — L'humanité est l'affection que nous devons aux êtres de notre espèce, comme membres de la société universelle; à qui, par conséquent, la justice veut que nous montrions de la bienveillance, et que nous donnions les secours que nous exigeons pour nous-mêmes. Avoir de l'humanité, comme le nom même de cette vertu l'indique, c'est connaître ce que tout homme, en cette qualité, doit à tous les êtres de son espèce; c'est la vertu de l'homme par essence.

« Un être sensible qui aime le plaisir et qui fuit la douleur, qui désire d'être secouru dans ses besoins, qui s'aime lui-même et veut être aimé des autres, pour peu qu'il réfléchisse reconnaîtra que les autres sont des hommes comme lui, forment les mêmes vœux, ont les mêmes besoins; cette analogie ou conformité lui montre l'intérêt qu'il doit prendre à tout être son semblable, ses devoirs envers lui, ce qu'il doit faire pour son bonheur et les choses dont l'équité lui ordonne de s'abstenir à son égard.

La justice m'ordonne de montrer de la bienveillance à tout homme qui se présente à mes regards, parce que j'exige des sentiments de bonté des êtres plus inconnus parmi lesquels le sort peut me jeter. Le Chinois, le Mahométan, le Tartare ont droit à ma justice, à mon assistance, à mon humanité, parce que, comme homme, j'exigerais leur secours si je me trouvais moi-même transplanté dans leur pays. » (D'HOLBACH.)

2. L'amour de l'humanité est distinct de l'amour de la patrie et de la famille, mais ne les exclut pas. — La distinction de ces sentiments, Jules Simon l'a montrée de façon claire et concrète dans ce passage.

« Outre les sentiments de la famille et le patriotisme, l'amour de l'humanité comprend encore tous les sentiments qui nous attachent à nos semblables par leur seule qualité d'hommes. Je rencontre un indigent qui souffre de la faim ; je m'empresse de le secourir. Que m'importent son nom, son pays ? je ne le reverrai jamais ; mais il est homme. Dans une tempête, un navire voit à côté de lui un navire en détresse ; il risque pour le sauver sa vie et celle de son équipage ; demande-t-il si les naufragés sont des Anglais ou des Français ? Ce sont peut-être des ennemis, mais à coup sûr ce sont des malheureux. Un médecin entend des cris de douleur ; il accourt : c'est son ennemi mortel ! Oui, mais il souffre, il y a là un homme à sauver ; et le médecin se dévoue. La sœur de charité prend l'habit de Saint-Vincent de Paul et entre dans un hôpital : qui va-t-elle soigner, consoler, guérir ? Elle n'en sait rien : des membres de la famille humaine ! Tout homme est sûr d'être accueilli, s'il a besoin de son dévouement.

« Voilà l'amour de l'humanité. « Un sage recueillit un pirate naufragé, le vêtit, le nourrit. On lui en fit un reproche. Ce n'est pas l'homme, dit-il, que je vois en lui, c'est l'humanité. » Juge il aurait puni le pirate ; homme, il protégeait le malheureux.

« L'amour de l'humanité, dans une âme bien réglée, existe à côté de l'amour de la famille et de l'amour de la patrie. Dans quelles limites faut-il contenir chacun de ces trois amours, pour qu'ils ne se blessent pas ? C'est une science difficile ; et l'on voit bien, quand on regarde de près, que la règle doit venir d'ailleurs, et qu'elle n'est pas dans les sentiments eux-mêmes. Pourquoi suis-je repréhensible si, généreux au dehors, je laisse au dedans pâtir ma famille? Et pourquoi suis-je criminel si je n'abandonne pas ma famille lorsque ma patrie a besoin de mon sang? Pourquoi, dans une guerre, dois-je faire le plus de mal possible à l'ennemi armé? Et pourquoi, si je découvre le vaccin, dois-je en faire don à l'humanité entière et non à la France? »

Mais on ne saurait prouver par d'honnêtes et solides raisons que l'amour de l'humanité suffit au cœur de l'homme et exclut l'amour de la famille et l'amour de la patrie. D'Holbach, que nous avons cité d'abord, a bien dit : « L'humanité, fondée sur l'équité, condamne les antipathies nationales, ces haines religieuses, ces préjugés odieux qui ferment le cœur de l'homme à ses semblables; elle condamne cette affection resserrée qui ne se porte que sur les hommes connus; elle proscrit cette affection exclusive pour les membres d'une même nation, pour les membres d'un même corps, pour les adhérents d'une même secte. »

Et il proteste contre le propos lancé comme un trait de satire sur les *humanitaires*, que l'amour du genre humain est un prétexte pour n'aimer personne.

Mais, pour ne pas laisser de doute sur le sens de sa pensée, il ajoute dans le même chapitre : « Il est sans doute dans nos affections des degrés fixés par la justice : nous devons plus d'amour à nos parents, à nos amis, à nos concitoyens, à la société dont nous sommes les membres, à ceux, en un mot, dont nous avons un besoin continuel, qu'à des étrangers qui ne nous tiennent par d'autres liens que ceux de l'humanité. »

3. La raison transforme en devoir précis ce sentiment. — LE DROIT DES GENS [1]. — La morale internationale, ou droit des gens, est l'application des règles de justice et de charité aux rapports des nations entre elles et des États entre eux.

Le *droit des gens naturel* est fondé sur la raison universelle; il n'a d'autre sanction que l'estime ou la réprobation,

____
[1]. *Jus gentium*, droit des nations.

et bon nombre d'attentats à ce droit condamnés par la justice la plus éclairée du genre humain ne laissent pas même quelquefois un remords aux barbares qui les ont commis.

Mais les peuples entre eux signent des traités, des conventions, se concèdent des prérogatives et des avantages, entretiennent des rapports dont le caractère est défini par un pacte. Tout cela forme comme un code des nations : c'est *le droit des gens positif.*

CHAPITRE II

DROIT DES GENS NATUREL

Sommaire. — 1. Qu'est-ce ce qu'une nation, une race, un État? — 2. Les nations possèdent, comme les individus, des biens matériels et des propriétés morales. — 3. Droits de contrainte et de répression exercé par les nations. — 4. Lois de la guerre. — 5. Règles qui régissent la conclusion des traités de paix. — 6. Les guerres légitimes.

1. Qu'est-ce qu'une nation, une race, un État? — Une *nation* est une association d'hommes fondée depuis plusieurs générations, de sorte qu'ils sont reliés par la communauté du sang, la communauté de la langue, des intérêts, de l'histoire, et de là vient qu'ils tendent à une même destinée et que la fortune de chacun ne saurait être indifférente à aucun d'eux.

Une nation, dans l'ordre moral, est donc un être spirituel, mais collectif, une véritable personne possédant les mêmes droits, soumise aux mêmes devoirs que l'individu.

Une *race* est aussi composée d'individus issus du même sang, portant les mêmes caractères physiques héréditaires, et aussi les mêmes aptitudes ou dispositions intellectuelles et morales; mais, entre les individus d'une même race, il n'y a pas nécessairement cette association qui forme la nation ou l'État; elle peut être dispersée sur les différents points du globe sans perdre son type, pourvu que les unions contractées par les individus ne l'altèrent pas par le mélange des races, par exemple la race juive.

Un *État* est une association *politique* d'hommes qui obéissent aux mêmes lois, au même gouvernement.

La différence est grande entre l'État et la nation, en ce que la nation est d'origine naturelle, l'État d'origine contractuelle, c'est-à-dire qu'il repose sur une convention.

De là vient qu'une nation, tant qu'elle conserve son indépendance, peut constituer un État; que, même ayant perdu son indépendance, elle reste une nation.

Par contre, un État peut être constitué par l'agglomération de plusieurs nations ou de plusieurs parties de nation, selon les vicissitudes de la guerre et les traités.

2. Les nations possèdent, comme les individus, des biens matériels et des propriétés morales. — Considérée comme une personne, toute nation possède :

Des moyens matériels d'existence : son territoire et ce qu'il produit; son industrie et son commerce.

Des propriétés morales : son indépendance, son honneur et son influence.

Ces propriétés doivent être respectées, et l'on commet, à l'égard des nations comme à l'égard des individus, de véritables crimes, en les dépouillant de ces biens légitimes. Le vol, la fraude, l'empêchement du travail, la diffamation, l'outrage, l'asservissement, le droit des gens les condamne, et il en permet la répression.

3. Droit de contrainte et de répression exercé par les nations. — Lorsqu'une nation méprise ou renverse les droits d'une autre, elle mérite d'être punie. La difficulté, voire l'impossibilité d'obtenir pacifiquement la réparation du dommage causé, telle est l'origine du droit de contrainte, autrement dit du *droit de guerre*.

La guerre est toutefois soumise à des lois; la morale ne la tolère que comme une nécessité pénible. Elle l'accepte au même titre que la légitime défense et ne permet pas d'oublier que, même dans les luttes les plus acharnées, ce sont encore des hommes qui combattent.

Comme il y a deux manières de faire valoir ses droits,

l'une par la discussion, l'autre par la force, et que la discussion convient à l'homme et au contraire à la bête la force, il ne faut jamais en appeler à celle-ci que lorsque tout recours à l'autre est devenu impossible.

Ainsi ne doit-on entreprendre la guerre :

1° Que pour vivre en paix à l'abri de l'injure ;

2° Qu'après l'avoir déclarée, de façon que les deux ennemis soient dans le cas de légitime défense.

Toute attaque qui précède la déclaration de guerre est un attentat en tous points semblable au brigandage.

. **4. Lois de la guerre.** — Une fois la guerre commencée, il est encore des règles dont on ne peut s'écarter sans commettre des crimes. Elles concernent à la fois le caractère de ceux qui la font et la manière de la faire. Ceux-là seuls sont considérés comme belligérants qui sont régulièrement enrôlés. On comprend en effet que l'excuse des meurtres commis pendant la guerre, c'est le risque égal couru de part et d'autre.

Celui qui ne croit pas avoir affaire à un ennemi ne se tient pas sur ses gardes ; il y a donc lâcheté à l'attaquer si nous l'avons trompé sur notre caractère. Le tuer est un assassinat. De là l'obligation de respecter la vie des vieillards, des femmes, des enfants, des malades et des blessés ; il est injuste de les traiter en ennemis, puisqu'ils ne peuvent pas agir comme tels.

Quant à la manière de faire la guerre, elle doit se rapprocher le plus possible des lois ordinaires de l'humanité. Il est interdit de sévir par cruauté et d'exercer des violences inutiles, telles que l'emploi d'armes secrètes et de moyens de destruction qui occasionneraient non seulement l'incapacité de combattre, mais des tortures, des mutilations, etc.

Par exemple, s'il est permis de détourner d'une ville assiégée le cours d'eau qui l'alimente de boisson, c'est un crime d'empoisonner cette eau.

De même l'humanité réprouve la barbarie raffinée qui attaque et détruit non pas les hommes dans le combat, mais leurs monuments, leurs œuvres d'art, bibliothèques, musées, etc., parce que c'est un attentat contre la pensée humaine, et c'est faire alors la guerre, non plus à un peuple, mais à l'humanité entière, à la civilisation universelle.

Le droit des gens ordonne de respecter même l'ennemi désarmé, et toutes les fois qu'un adversaire dépose les armes et offre réparation ou dédommagement raisonnables, conclure la paix est un devoir, puisque la guerre n'est excusable que comme un moyen d'établir et d'assurer la paix.

Enfin c'est une obligation formelle de respecter la parole donnée à l'ennemi, car tout serment est prêté au nom de la bonne foi et devant l'humanité tout entière, et il n'y aurait jamais moyen de rétablir la paix si l'on considérait comme vaine et violable la parole donnée à l'ennemi.

5. Règles qui régissent la conclusion des traités de paix. — Après la victoire, il faut épargner ceux qui n'ont été ni cruels ni barbares, ménager ceux qu'on a vaincus et n'exiger d'eux que des compensations légitimes, telles que contributions de guerre, indemnité pécuniaire ou tribut en nature, mais rien qui soit contraire à leur honneur ou à leur indépendance ; sinon un tel traité n'est pas un gage de paix, mais une semence de guerre.

6. Les guerres légitimes. — Nulle guerre n'est légitime si elle n'a été *déclarée* et si celui qui la déclare n'a laissé à son ennemi l'alternative de la lutte armée ou bien d'une concession ou réparation pacifique. Voilà la première condition.

La seconde, c'est que la guerre *ne soit pas entreprise dans un but de conquête*. Ces conditions étant remplies, nous reconnaissons comme légitimes trois espèces de guerres : les guerres *défensives*, les guerres *réparatrices*, les guerres *d'humanité*.

1° La guerre *défensive* est d'abord et évidemment celle qu'entreprend un peuple pour repousser de ses frontières un agresseur armé ; elle est une protection de la propriété territoriale, et dans la même classe rentrent les guerres rendues nécessaires par les entraves apportées au commerce, à l'industrie d'un pays et à ses échanges avec les autres pays : c'est ainsi que chaque peuple peut réclamer la libre navigation sur l'Océan et défendre par les armes ce droit s'il lui est contesté. Il convient ensuite d'étendre la légitimation aux guerres qui ont pour but la défense des propriétés morales d'un État : l'influence acquise dans le monde par un peuple est un élément de sa force et de sa vie. Il a le droit de la maintenir; sa dignité y est attachée. Il ne peut s'en désintéresser sans déchéance; il est donc juste qu'il emploie sa force à la sauvegarder.

2° Il n'est pas impossible que dans une guerre le vaincu soit précisément celui qui était dans le cas de légitime défense : il a dû céder à la force, consentir un traité ruineux pour ne pas périr tout entier et tout d'un coup. Sera-t-il condamné à jamais à souffrir l'injustice, la spoliation? Non, il n'est pas contraire à la justice qu'il se prépare à revendiquer ses droits et les revendique, en effet, les armes en main, s'il n'a pu obtenir satisfaction par la persuasion. Cette guerre est *réparatrice*. C'est en somme la guerre défensive reportée à un délai; le traité qui ne rend pas justice à chaque belligérant n'est pas un véritable et sincère traité de paix. Ce n'est qu'une trêve.

3° Enfin, dans certains cas, un peuple est opprimé par un plus puissant. Seul, il est incapable de se sauver; seul, il sera détruit, absorbé. Dans la vie privée, l'homme est obligé moralement de secourir un faible accablé par un fort. Le même devoir s'impose aux États. Par humanité, ils doivent protéger l'indépendance des petits peuples contre les ambitions et les cupidités des grandes puissances. Les guerres ainsi entreprises sont légitimes, elles sont généreuses, pourvu que les intervenants ne poursuivent pas chacun un intérêt personnel et ne soient pas eux-mêmes disposés à prendre leur part dans un démembrement du plus faible.

Toutefois, ici encore, il est des règles de prudence et de sage libéralité qu'un gouvernement ne doit jamais omettre. Le dévouement, le sacrifice admirable dans un particulier, dans un citoyen, seraient aisément de graves fautes de la part d'un État, qui n'est pas autorisé à compromettre et moins encore à sacrifier sa sécurité, son existence pour le salut d'autrui. Car les malheurs publics se répercutent de génération en génération, et nous n'avons pas le droit d'engager sans nécessité l'avenir de nos descendants.

CHAPITRE III

DROIT DES GENS POSITIF

Sommaire. — 1. Origines de ce droit. — 2. Progrès de ce droit. — 3. Caractère sacré des ambassadeurs et des missions diplomatiques.

1. Origines de ce droit. — La nécessité fut la première origine du droit des gens positif. Aussi haut qu'on peut remonter dans l'histoire, on voit, dès que deux peuples sont en présence, que la sincérité des transactions est garantie par un gage. L'intérêt de chacun la commande.

La seconde origine de ce droit, c'est la raison. À mesure que les hommes ont davantage pris possession d'eux-mêmes et de leurs facultés, découvert la grandeur de leur destinée, l'idée de la justice a tempéré les mœurs et introduit dans les rapports des nations plus de douceur et de charité. On peut suivre le progrès moral de l'humanité à travers les perfectionnements et les adoucissements du droit des gens positif. Platon ne veut pas que les Grecs se réduisent mutuellement en esclavage; Aristote entreprend de discipliner le droit de conquête; les théologiens et les jurisconsultes du moyen âge et de la Renaissance enseignent qu'entre la guerre et le brigandage il n'est point de différence, si elle n'est purement défensive. Ils proclament les principes d'équité applicables à tout le genre humain et réclament le droit de libre navigation, défendent le droit des neutres et l'inviolabilité des ambassadeurs. Enfin le droit des gens positif forme aujourd'hui une science distincte, dont les premières bases ont été posées dès le XVIIe siècle par Grotius [1], qui publia un *Traité de la guerre et de la paix.* La formule écrite de ce droit est constituée par les traités et conventions.

2. Progrès de ce droit. — Les progrès du droit des gens positifs sont marqués par le développement du commerce international. Les traités de commerce mutuellement con-

---

1. Nom latinisé du jurisconsulte hollandais de Groot.

sentis règlent les conditions de l'importation et de l'exportation et tendent à donner un libre débouché aux produits de tous les pays pour l'avantage de l'humanité. L'unification des monnaies et des tarifs de correspondance; l'admission des étrangers à être traités selon les lois appliquées aux citoyens du pays; la reconnaissance du droit des neutres qui protège ceux qui, dans un conflit entre deux nations, ne prennent parti pour aucune; l'interdiction des blocus fictifs, la suppression de la course en mer, et le principe que le pavillon neutre couvre la marchandise ennemie (traité de Paris, 1856); l'abolition de la traite des noirs; enfin la solidarité établie entre plusieurs nations pour la défense de la propriété et de la liberté des États dont la neutralité est perpétuelle : telles sont les conquêtes de la civilisation inscrites dans le droit des gens positif.

La guerre elle-même se trouve régie par des conventions, telles que celle de Genève, qui ordonne non seulement l'inviolabilité des parlementaires et des médecins et ambulanciers, mais des ambulances et des monuments publics sur lesquels flotte le pavillon international (drapeau blanc à croix rouge).

Enfin l'on s'efforce de diminuer les cas de guerre par la réunion de conférences diplomatiques [1] destinées à résoudre amiablement et sans effusion de sang les difficultés et les contestations internationales. Cette idée a même été mise au jour de constituer un tribunal arbitral où chaque nation

---

1. En 1900, le tsar de Russie prit l'initiative de provoquer un congrès international qui définirait les termes d'un contrat par lequel les nations civilisées s'engageraient à n'entreprendre aucune guerre sans avoir invoqué la médiation des autres puissances. Ce congrès se tint à La Haye. Il y fut prononcé beaucoup de belles paroles. Il suivait la guerre entre les États-Unis et l'Espagne, qui, vaincue, y perdit les plus beaux restes de son empire colonial, l'île de Cuba et les Philippines. Et dans le même temps que siégeait le congrès, l'Angleterre, qui s'y était fait représenter, poursuivait sa guerre acharnée contre l'indépendance des Boers, au Transvaal, et prescrivait à son ministre de déclarer qu'elle entendait que la continuation ou la cessation de cette guerre et les conditions de la paix éventuelle fussent mises hors de cause dans le *Congrès de la Paix*.

serait représentée; il aurait pour mission de juger les différends selon l'équité et la justice, de maintenir la paix, et toutes les nations réunies exerceraient un droit de contrainte sur celle qui ne se soumettrait pas au jugement. L'impuissance d'une seule à résister contre toutes rendrait la guerre impossible; mais il faudrait, bien entendu, que le tribunal lui-même ne rendît que des décisions impartiales.

3. Caractère sacré des ambassadeurs et des missions diplomatiques. — Afin d'éviter les conflits et de protéger les intérêts de leurs nationaux, les peuples ont adopté la coutume d'accréditer des représentants auprès des gouvernements étrangers : ce sont les ambassadeurs, légats, ministres plénipotentiaires, consuls, ou chargés d'affaires. Le titre du fonctionnaire est défini par la hiérarchie diplomatique et ne fait varier que le mot; le caractère intrinsèque est identique : l'envoyé personnifie le gouvernement et la nation qui l'envoient. Son rôle est éminemment pacifique. Son devoir est de faire respecter les droits de sa patrie et de son gouvernement, mais aussi d'aplanir les difficultés qui les mettraient aux prises avec les étrangers. Il doit donc être considéré par les habitants du pays où il réside comme inviolable, car il est chez eux sur la foi des traités, il est un hôte. Si la guerre éclate, on peut l'inviter à quitter sa résidence; généralement il est avant tout rappelé par son gouvernement; mais, ne le fût-il pas encore, le cas de guerre déclaré ne justifierait pas une attaque contre lui ni un mauvais traitement. Il n'est pas l'ennemi armé; il reste même en cette conjoncture le magistrat de la paix, et comme tel il est inviolable, quoi qu'il arrive.

L'ambassade, au lieu d'être permanente, serait seulement temporaire que les mêmes droits appartiendraient à l'ambassadeur et les mêmes devoirs s'imposeraient au gouvernement et au peuple près desquels il se rend. Les anciens avaient coutume, pour mieux marquer le respect dû aux légats, de les choisir parmi les vieillards; afin que les cheveux blancs, l'aspect vénérable de ces magistrats contribuassent à leur concilier la vénération.

Maltraiter un ambassadeur, c'est faire injure à la nation

tout entière qu'il représente ; aussi ce fait est toujours considéré comme un prélude et une cause de guerre.

La demeure même de l'ambassadeur est déclarée inviolable ; une fiction diplomatique, reconnue par le droit international, lui attribue le caractère d'*extranéité*, c'est-à-dire qu'elle est considérée comme territoire de la nation ou du gouvernement que représente l'ambassadeur.

RÉSUMÉ

Les nations sont des personnes : elles ont des droits et des propriétés. C'est pour elles un devoir de se respecter mutuellement. Les injustices et les outrages commis par l'une d'elles attirent une répression légitime, qui est la guerre. Mais il ne faut pas croire que la guerre autorise toutes les violences ; le caractère d'humanité ne doit jamais disparaître entièrement. La guerre est soumise à des lois dictées par la raison ; le progrès moral exige qu'on en adoucisse les rigueurs.

La bonne foi doit présider à la conclusion des traités et à leur exécution. Ces principes constituent le droit des gens naturel.

Le droit des gens positif est constitué par les conventions écrites qu'échangent les nations, traités de commerce, traités de paix ou d'alliance. Il marque les progrès effectifs du droit des gens. Les ambassadeurs et les agents diplomatiques sont les magistrats de la justice internationale et des parlementaires permanents : de là le caractère d'inviolabilité de leur personne et de leur domicile.

CONCLUSION

LA CIVILISATION HUMAINE

La civilisation est essentiellement l'œuvre des idées morales. — Littéralement la civilisation est le perfectionnement de la vie humaine résultant de la société; le *civilisé* est l'homme qui, au lieu d'être nomade ou solitaire, se fixe parmi ses semblables, dans la cité. Les formes extérieures de la civilisation, le bien-être, les applications pratiques des sciences, les œuvres d'art de tout ordre, frappent plus sensiblement les hommes que son principe même. Or si les hommes ont réussi à se grouper, à s'associer, à se servir mutuellement d'instituteurs et d'éducateurs en toutes choses, c'est grâce à l'influence des idées morales, c'est-à-dire des idées de justice et de bienveillance, qui ont dominé leurs instincts égoïstes de défiance et de brutalité.

Il serait inique de nier l'influence moralisatrice de l'art et de la science. Mais la science et l'art ne sont pas *nécessairement* ni *essentiellement* moralisateurs. La preuve en est que des esprits pervers ont fait servir parfois la science au crime et l'art à la corruption des mœurs. Quand Phalaris invente pour plaire au tyran de Syracuse le taureau d'airain où seront brûlées vives les victimes de l'arbitraire cruauté, son œuvre d'art est ingénieuse et plastiquement belle; mais elle est abominable.

L'idée du bien absolu, l'éducation de la conscience, le sentiment éclairé du juste et de l'injuste, les sentiments généreux de famille, de patrie, d'humanité, refoulant tout ce qui dans l'homme provient de l'animal, voilà l'origine véritable de la civilisation, la garantie de son progrès et de sa durée.

FIN

TABLE DES MATIÈRES

LIVRE II

LA FAMILLE

LIVRE III

LA PROFESSION

LIVRE IV

LA NATION ET L'ÉTAT

LIVRE V

L'HUMANITÉ

CONCLUSION

La civilisation humaine.

878-02. — Coulommiers. — Imp. PAUL BRODARD. — 12-02.

J. MASSON	D. ROUSTAN
Directeur d'école à Paris	Agrégé de l'Université
Secrétaire de la rédaction	Professeur de philosophie
du *Manuel général*	

NOUVEAU LIVRE

DE

MORALE PRATIQUE

LECTURES MORALES ET LITTÉRAIRES

À L'USAGE DES

Cours moyen et supérieur des Écoles primaires

La Famille. — La Patrie. — Solidarité. — Devoirs envers les animaux. — Les habitudes morales : hygiène et tempérance. — Emploi du temps et des biens, nécessité et dignité du travail. — Devoirs des écoliers. — Respect de la vérité, modestie, fermeté d'âme, prudence, patience, discipline, etc. — La Justice.

Un volume in-16, contenant **165 récits** extraits d'écrivains français et étrangers, avec un grand nombre de gravures inédites, cartonné. . . . . 1 fr.

PRÉFACE

Toutes les personnes qui ont quelque expérience de l'enseignement élémentaire s'accordent à déclarer que les leçons de morale à l'école primaire ne seront fructueuses que si elles sont concrètes. Aussi les instituteurs et les institutrices s'efforcent-ils de fonder leur enseignement moral sur des *exemples*. C'est ce qui explique le grand succès obtenu par certains ouvrages qui ne sont que des recueils de belles actions comme l'antique *Morale en action* et la *Morale pratique* de Barrau. Mais ces livres, excellents en leur temps, ne sont aujourd'hui conformes ni à l'esprit ni à la lettre de nos programmes.

S'ils ont d'ailleurs l'avantage d'avoir été écrits d'un bout à l'autre par le même auteur et d'offrir ainsi une forte unité de doctrine, ils présentent aussi l'inconvénient, inévitable en pareil cas, de révéler trop franchement aux écoliers l'intention dans laquelle ils ont été composés. Pour rendre notre pensée d'un mot familier, ils annoncent trop le sermon. Leur lecture ne se suit pas sans une certaine monotonie. Un auteur, quelles que puissent être son ingéniosité et les ressources de son talent, ne saurait varier à l'infini sa manière de raconter. Sur les deux ou trois cents récits que contient un ouvrage de ce genre, un grand nombre ressemblent trop à ceux qui les précèdent ou les suivent, au moins par la forme sous laquelle ils sont présentés.

Nous avons pensé qu'il serait utile de mettre entre les mains des élèves, comme *lecture courante*, un livre de morale en exemples composé suivant les indications du programme officiel, afin de pouvoir s'adapter à tous les cours théoriques de morale en usage dans nos écoles, et formé de morceaux empruntés à différents auteurs, par conséquent très varié de ton et de style. Tel est, croyons-nous, l'ouvrage que nous soumettons au jugement des maîtres.

Dans notre pensée, cet ouvrage est également destiné à servir de livre de lecture pour les élèves des cours d'adultes.

———

G. LANSON
Maître de conférences à la Faculté des lettres de Paris.

Histoire
de la
Littérature française

depuis les origines jusqu'à nos jours

6ᵉ ÉDITION, REVUE, CORRIGÉE ET COMPLÉTÉE

Contenant :

UNE BIBLIOGRAPHIE RAISONNÉE DES ÉDITIONS PRINCIPALES
ET DES OUVRAGES A CONSULTER
DES TABLEAUX CHRONOLOGIQUES DES PRINCIPALES ŒUVRES
DE LA LITTÉRATURE FRANÇAISE
ET UN INDEX ALPHABÉTIQUE DES NOMS PROPRES CITÉS

1 fort volume in-16 de 1200 pages, broché............... 4 fr.
Le cartonnage toile se paye en plus, 50 centimes.

OPINION DE LA PRESSE

G. Paris, *Romania*, juillet 1895.

Dans ce très remarquable ouvrage, qui conduit l'histoire de notre littérature de ses premières origines jusqu'aux œuvres les plus récentes, le moyen âge occupe une place justement proportionnée (216 pages). Cette place est extrêmement bien remplie. On sent que l'auteur, fidèle aux principes qu'il proclame dans sa Préface, tout en se servant judicieusement des travaux antérieurs, a lu par lui-même au moins tout ce qu'il y a d'essentiel et de caractéristique, et a toujours jugé par lui-même. Il est en général parfaitement informé.... Les jugements sont très personnels, souvent extrêmement originaux, parfois d'une profondeur ou d'une justesse frappante, quelquefois, comme il est naturel, contestables ou empreints de partialité; ils méritent tous d'être pris en sérieuse

considération. Une idée générale pénètre et vivifie le livre; celle de
la continuité de l'esprit français à travers les âges. Écrite pour les
étudiants, mais nullement restreinte à leurs besoins et fort élevée
surtout au-dessus des *postulata* d'un examen, la nouvelle histoire
de la littérature française, par la solidité du savoir, la composition
habile et claire, la valeur des idées et la qualité de l'exposition,
dépasse de beaucoup tout ce qui l'a précédé dans le même genre.
On peut, au nom de la science, lui reprocher un point de vue
peut-être trop exclusivement « littéraire », mais c'est après tout
un des points de vue auxquels on peut légitimement envisager
l'histoire d'une littérature, et d'ailleurs M. L. ne s'interdit pas de
rattacher, par plus d'une intelligente explication, l'histoire de la
littérature à celle des idées, des croyances et des mœurs. Une
bibliographie, qui pourrait naturellement être rectifiée et surtout
complétée, rendra aux étudiants de réels services, et le livre se
termine par un tableau chronologique conçu d'une façon origi-
nale, qui présente sur plusieurs colonnes les dates de notre histoire littéraire depuis la *Vie de saint Léger* jusqu'à M. de Curel.

Francisque Sarcey, *le Temps*, 8 octobre 1894.

Il vient de paraître un gros volume de M. Gustave Lanson, professeur de rhétorique au lycée Louis-le-Grand, qui a pour titre :
Histoire de la Littérature française. Je n'ai lu que la partie afférente
au théâtre et à la critique. C'est un ouvrage très bien fait et très
commode; car l'auteur, outre qu'il pense par lui-même, est au
courant de tout ce que l'exégèse et la philosophie ont apporté de
documents et d'idées sur la matière....

Henri de Curzon, *Revue critique*.

Nous ne saurions trop recommander le précis de M. Gustave
Lanson à tous ceux, étudiants ou lettrés, qui tiennent à posséder,
à s'assimiler des notions claires, nettes, bien conçues et suffisamment complètes sur l'histoire de notre littérature. Ils trouveront
dans ce gros volume un texte serré, mais commodément distribué,
nourri de faits et de choses, sans rien pourtant qui sente la com-
pilation; ils trouveront un véritable fonds de doctrine, bien au courant, juste dans ses jugements, dans ses classifications, personnel
et parfois neuf dans ses idées, muni enfin de tout ce qui constitue
une base solide et féconde d'études. On peut dire qu'un pareil

manuel, à la fois précis classique et livre de fonds et de lecture, mais ceci plutôt encore, car il est littéraire et d'un style alerte et élégant, était tout à fait nécessaire et vient à son heure. Il remplace très avantageusement tout ce qu'on avait fait précédemment dans le même genre, et, quelques petites critiques que nous croyions devoir faire à l'auteur tout à l'heure, on peut dire que son travail est, dans ces proportions, non pas définitif, mais excellent....

Revue de Paris, 15 janvier 1895.

Quelques bonnes éditions des classiques, de beaux travaux sur le théâtre du xviiⁱᵉ siècle, sur Boileau, un plaidoyer pour Bossuet, qui fit du bruit, ont consacré l'autorité de M. Gustave Lanson en matière de critique littéraire. L'*Histoire de la littérature française* qu'il nous offre aujourd'hui est à la fois un cours et un exemple de critique, directe, claire, très personnelle et très impartiale. On y apprendra à lire et à tirer parti de ses lectures, à faire le tour des idées, à en subir ou même éveiller le charme; on y apprendra des noms aussi, et des dates, et beaucoup de choses utiles qu'on ne sait pas assez : car cette histoire, attrayante et vivante, est encore et surtout l'œuvre d'un érudit.

Albert Cahen, *Revue pédagogique*, décembre 1894.

Ce livre n'a rien du tout du *manuel* ou du *traité*. C'est l'œuvre d'un écrivain, qui révèle l'originalité de son esprit par l'allure toute personnelle de son style; et tandis que les uns iront d'abord chercher, comme il est juste, dans cette *Histoire de la Littérature française*, l'enseignement d'un maître érudit et profond, les autres seront tout étonnés d'y trouver, sous l'auteur, un homme qui les *amuse*, parce qu'il *s'amuse* lui-même, et qui, du même coup, les force à penser.

Émile Trolliet, *Moniteur universel*, 9 novembre 1894.

L'ouvrage de M. Lanson s'adresse tout ensemble et à ceux qui veulent savoir et à ceux qui savent. Il sera lu avec fruit et par ceux qui travaillent en vue d'un examen et surtout par ceux qui n'en préparent pas ou n'en préparent plus. Il mérite d'être étudié par tous les candidats, et d'être goûté par ceux qui, n'étant plus des candidats, restent des lettrés et veulent devenir des humanistes....
... M. Lanson fait de la critique, non en savant ou en péda-

gogue, mais en psychologue et en moraliste. Rejetant au bas des pages tout ce qui est encombrement professoral et scolaire, biographies, éditions, ouvrages à consulter, cela, du reste, très concis et très précis, il ne laisse dans sa rédaction que ce qui est vraiment littéraire : impressions vives et spontanées, intuitions personnelles et pénétrantes, analyses vigoureuses et hardies, portraits vivants, brillants, surtout ressemblants....

... Dans cette immense galerie littéraire qui part du seuil du X° siècle pour aboutir au seuil du XX°, il a marqué de traits exacts les figures et de traits caractériques les âmes, il a expliqué les œuvres, non seulement par le milieu, l'époque, la race, mais surtout par les dedans, les dessous, le tréfonds des intelligences ou des cœurs, en un mot il a essayé d'atteindre la vraie personnalité de tous ces prosateurs ou poètes qui ont fait honneur à l'esprit français et à l'esprit humain.

OUVRAGES DU MÊME AUTEUR

Principes de composition et de style : Conseils aux jeunes filles sur l'art d'écrire. Un vol. in-16, cart. toile. . . . . 2 fr. 50

Conseils sur l'art d'écrire. Principes de composition et de style à l'usage des élèves des lycées et collèges et des candidats au baccalauréat. Un vol. in-16, cart. toile. . . . . 2 fr. 50

Études pratiques de composition française, sujets préparés et commentés pour servir de complément aux *Principes de composition et de style* et aux *Conseils sur l'art d'écrire.* Un vol. in-16, cartonnage toile . . . . 2 fr.

Choix de lettres du XVII° siècle, publié avec une introduction, des notices et des notes. Un vol. petit in-16, cart. . . . . . . 2 fr. 50

Choix de lettres du XVIII° siècle, publié avec une introduction, des notices et des notes. Un vol. petit in-16 cart. . . . . . . 2 fr. 50

Racine : *Théâtre choisi,* contenant *Andromaque, les Plaideurs, Britannicus, Bérénice, Bajazet, Mithridate, Iphigénie, Phèdre, Esther* et *Athalie,* publié avec une introduction, une notice et des notes. Un vol. petit in-16, cart. . . . . 3 fr.

Boileau (collection des *Grands Écrivains français*). Un volume in-16, broché. . . . . 2 fr.

Corneille (collection des *Grands Écrivains français*). Un volume in-16, broché. . . . . 2 fr.

878-02. — Coulommiers. Imp. PAUL BRODARD. — 12-02.

878-02. — Coulommiers. Imp. PAUL BRODARD. — 12-02.